EL M.A.S. Y EL M.A.P.

una teoría psicológica

martin ross

COLECCION CIENCIA PSICOLOGICA

"Hasta que el inconsciente no se haga consciente, el subconsciente seguirá dirigiendo tu vida, y tú lo llamarás destino" Carl Gustav Jung.

"¿Por qué? Porque ellos tienen miedo de que haya más realidad que la que han confrontado. Que existen puertas que temen cruzar, y no quieren que nosotros tampoco lo hagamos, porque si entramos posiblemente aprendamos algo que ellos no, y eso nos hace estar un poco fuera de su control". Ken Kesey

1- INTRODUCCION.

El M.A.S. (Mapa de la Autoestima Social) corresponde a los valores del entorno de una persona, mientras que el M.A.P. (Mapa de la Autoestima Personal) se refiere a sus valores propios. Ambos, junto con la posición que cada persona ocupa y el estado de su autoestima, influyen de manera decisiva en el impacto de poderosas fuerzas emocionales que moldearán su personalidad, su forma de relacionarse en pareja y en grupos, sus proyectos e incluso su destino.

En este libro se presenta, de manera muy resumida y clara, la herramienta M.A. (Mapa de la Autoestima), que hoy es intensamente utilizada por coaches para cambiar la vida de otras personas y permitirles lograr sus objetivos, así como también en psicología, sociología y en la comunidad de seducción.

Con su lectura, el lector, entonces, podrá conocer esta mirada nueva de la propia consciencia y convertirse en un experto en M.A.

Se presenta todo explicado de la manera más sencilla y con el idioma más llano para que lo pueda entender cualquier persona, incluyendo a quienes nunca hayan escuchado nada acerca de M.A.

Hoy hay investigaciones en psicología empresarial, organizacional, educativa, de la autoestima e infantil, publicadas por prestigiosas universidades como la Universidad Técnica de Ambato, la Universidad Técnica del Norte, la Universidad Central "Marta Abreu", la Universidad Externado, la Universidad de Cuenca, la Universidad Central del Ecuador, la Universidad de Barcelona y la Universidad Los Libertadores, entre otras, todas ellas basadas en el M.A. También se ha incorporado ampliamente en comunidades de seducción y en talleres que fomentan habilidades sociales y liderazgo, generando técnicas aplicadas a la pareja, el abandono y el amor romántico. El libro que lo dio a conocer, El Mapa de la Autoestima, fue reconocido en el catálogo del Observatorio de la Familia de la Universidad de Navarra, España. Además, se han realizado seminarios y talleres en Guatemala, México y España, entre otros países.

A pesar de ser una teoría psicológica muy nueva, se ha ido consolidando un grupo mayor de personas que piensan desde M.A. y, a partir de ahí, hoy se realizan nuevas hipótesis y nuevas investigaciones en temas tan variados como ciencia política, liderazgo y psicopatología.

Por esta razón, era necesario un libro resumido y corto que presente de manera más técnica los conceptos y muestre su relación con experimentos clásicos de la psicología y con conocimientos de la sociología, la filosofía y la antropología.

Era importante, en suma, exponer de forma clara, pero sobre todo precisa, los conceptos principales del M.A.

Hacía falta un libro que sea como un documento que precise –con la máxima concisión y claridad posible- los conceptos más importantes.

Esta herramienta se presentó por primera vez, de manera bastante artesanal, en el libro El Mapa de la Autoestima, pensado para el público general y con el único objetivo de ayudar al lector a lograr cambios prácticos en su vida. En realidad, fue una "locura" muy personal: solo buscaba compartirla, sin ninguna expectativa de repercusión. Era, simplemente, un libro práctico lleno de historias reales que ilustraban los conceptos. Muchos lo consideraron un libro de "autoayuda".

No obstante, el uso que ha tenido la teoría que presenta dicho libro, ha excedido dicha pretensión original.

Por esta razón, se hacía necesario un libro corto que

resuma los postulados más importantes del M.A.un libro corto que resuma los postulados más importantes del M.A., para que quienes utilizan esta herramienta para producir nuevas miradas de comprensión de la consciencia, de los grupos, de las limitaciones emocionales y de su superación, puedan encontrar un documento donde se establezcan con toda precisión todos sus conceptos.

Al menos necesitábamos un libro provisorio. Quizá seas tú el que pueda recoger estas inquietudes, mejorarlas y hacer el libro definitivo.

Necesitábamos un resumen de todo lo que sostenemos quienes nos consideramos los primeros Instructores en M.A., o Expertos en M.A.

Tal es el Norte de este pequeño libro.

La tarea de resumir lo indispensable no ha sido sencilla.

En efecto, utilizar el M.A. (Mapa de la Autoestima) como una herramienta de auto-comprensión de nuestras emociones, de nuestras relaciones, equivale a ver un pasillo con muchas puertas.

Cuando abrimos una puerta, aparece otro pasillo, con muchas nuevas puertas. Algunas son especialmente sencillas, no requieren una gran conceptualización para abrir su picaporte de bronce. Otras, sumamente complejas. En esa disyuntiva, siempre prefiero optar por lo más sencillo, priorizando el interés de poder ser entendido.

Lo que más me interesa es que me entiendas con toda claridad. Luego, podrás ser tú quien abra las puertas difíciles y llegue a territorios de la psiquis más inquietantes.

Ir reflexionando desde el M.A. sobre la mente y sus emociones, es como encontrar por cada puerta un nuevo pasillo majestuoso e interesante, con una gran alfombra. Y en cada pasillo, inevitablemente, aparecen muchas nuevas puertas, cada una provoca la misma curiosidad.

La pregunta difícil de este libro fue: *¿A dónde dejar de abrir puertas nuevas que conducen a nuevos pasillos? ¿Hasta dónde vamos a hablar?*

Y esta pregunta se responde *"lo menos posible"*. Porque, en cada tema que tratemos, mostraremos el inicio de un camino -con algunas estelas de niebla-. Será tarea tuya, lector/lectora, si realmente aprendes a dominar esta herramienta teórica, continuar por ese sendero la investigación, o mejor dicho la exploración...

O, quizá, realizar la auto-exploración de tu propia alma. O el diseño de nuevas explicaciones y miradas.

En este libro y a diferencia del otro, encontrarás también mucha información sobre psicología, sociología, política, antropología, terapias y técnicas. Verás también experimentos clásicos de la psicología, meditación, ideas y prácticas que proceden de muy diversas escuelas y paradigmas. Será como un "plus" que ofrecerá más información, pero también como un acto de justicia.

Quienes sostenemos la teoría del Mapa de la Autoestima no pretendemos ser los "descubridores" de temas que otros, con más mérito, ya exploraron. Es justo citar a quienes, navegando por los mares del alma humana, llegaron antes a las mismas conclusiones. En particular, mencionaré varios libros de la "comunidad de seducción", porque esta nueva ciencia de la conquista y del amor coincide con muchos postulados del M.A., especialmente sobre pareja, atracción, magnetismo personal y enamoramiento.

En particular, citaré libros de la "comunidad de seducción", porque esta nueva ciencia de la conquista coincide con muchos postulados del M.A., especialmente sobre pareja, atracción, magnetismo personal y enamoramiento.

Si hay algo que tiene el M.A. es mucha coherencia con mucha información que ya se conoce dentro del tema. A menudo, especulando -o deduciendo- desde esta herramienta, se llega a conclusiones que parecen nuevas, y propias, pero resulta que aparece un investigador, un teórico, un filósofo, que había concluido lo mismo -exactamente lo mismo-, pero llegando hasta ello desde distintos caminos.

¡Eso es lo maravilloso!

Si lo aprendes a dominar, entonces tú también podrás construir otras nuevas ideas en forma de deducciones, y algunas coincidirán con hallazgos ya conocidos, pero otras serán tuyas y completamente nuevas.

Muchas veces, cuando un Instructor en M.A. suministra una explicación basada en M.A. sobre algún territorio esquivo de las profundidades de la mente, le dicen: "*Es evidente que es así*". Se le resta importancia a lo que el Instructor dice, porque la teoría ilumina una parte de la realidad que antes pasaba desatendida pero que, al poco que se le presta atención con el haz de luz de una linterna, surge ya como demasiada claridad y pierde valor por su obviedad.

Eso es muy común que pase. Tengo una explicación especial para este tipo efecto de "*Esto es una perogrullada, es muy fácil*" que sufren los iniciados a M.A.

Se debe a que ellos, antes de estudiar esta herramienta, ya la conocían.

No la conocían formalmente, pero a través de la experiencia de vida ya intuían el impacto de las fuerzas emocionales que estudia el M.A. Eso es inteligencia emocional: saben, sin teorías, muchas de las cosas que aquí se postulan, y por eso sienten un efecto de "déjà vu" cuando se las explicamos. Es como hablarle del agua a un pez: te diría "Es evidente", aunque nunca antes se hubiera detenido a pensar en ella.

De manera intuitiva todas las personas conocen *El Mapa de la Autoestima*: solo que el conocimiento varía en cada persona de acuerdo al interés que le ha prestado a lo largo de su vida a las emociones y nunca llegará a ser tan profundo como el que pueden lograr los estudiosos que, con método, se interesan por el estudio formal de estos asuntos.

Si nuestra alma fuera una gran mansión, el M.A. vendría a ser como un mayordomo que nos lleva a recorrerla. Y, cuando abrimos una puerta de una habitación, a menudo nos encontramos con que, dentro de ella, está sentado en una silla antigua un teórico, o un filósofo, o un investigador que, a través de experimentos, había llegado, antes que nosotros, a la misma conclusión.

Por esta razón, se citarán autores provenientes de tradiciones del pensamiento muy distintas unas con otras.

En cada tema incluiré un breve apartado de "Aplicación Práctica". Sé que no es común en libros de teorías psicológicas y que muchos académicos desconfían de esta preocupación por llevar el conocimiento a la vida cotidiana. Pero prefiero esa mirada práctica: creo que la teoría solo cobra sentido si puede ayudar a mejorar la vida de las personas.

El M.A. es una teoría psicológica y, como tal, parte de la Psicología. Y la Psicología, como toda ciencia, solo tiene verdadero sentido si ofrece resultados concretos que mejoren la vida de las personas.

A la par de muchas de las cosas que iremos viendo, encontrarás una pequeña muestra de utilidad sobre cómo puede usarse en tu vida el concepto presentado.

Tradicionalmente, al proponer una teoría se revisa primero el estado de la literatura sobre el tema. Por ejemplo, si hablamos de prestigio social, correspondería analizar todo lo ya investigado antes de presentar nuestra propuesta, y en ella aclarar en qué coincidimos, en qué diferimos y qué aportamos de nuevo.

No podemos hacerlo aquí porque el M.A. ilumina un espectro demasiado amplio de fenómenos. Sirve para comprender cuestiones muy diversas, y revisar el estado de la técnica de cada una requeriría cientos de libros.

No haremos eso, entonces, en esta oportunidad.

Este, es, entonces, un libro de definiciones. Es verdad que se citan muchos experimentos y muchas investigaciones y autores diversos, pero no como una enciclopedia desordenada de un montón de conocimientos, sino en la medida en que estos hallazgos son relevantes -y pasará muchas veces- con las deducciones que puede hacer cualquiera que conozca y que domine la herramienta M.A. Verás que con solo conocer el M.A. y saber usarlo, puedes llegar a las mismas conclusiones a las que otros han llegado antes por otros medios, o por la observación experimental.

A veces caminaremos acompañados de investigaciones previas o de voces reconocidas como Axel Honneth o Alfred Adler. Otras veces iremos solos, formulando conclusiones que aún no han sido exploradas. Pero, acompañados o no, avanzaremos igual.

Este pequeño libro será, entonces, un resumen. Te mostraré lo más indispensable de todo para poder comprender el M.A., cómo se utiliza y cuál es su enfoque. Luego, serás tú quien use el M.A. para descubrir muchas otras cosas y quizá mucho más complejas que las originales propuestas. O quizá lo uses para cambiar tu vida, o para cambiar una empresa, para cambiar tu forma de relacionarte con tu pareja, o para ayudar a otra persona. Y esto porque, por esta ya mencionada prioridad de abrir las puertas más fáciles, nos mantendremos en el terreno de lo más simple posible.

Este libro no debe entenderse como un manual de salud mental. Aunque el M.A. pueda aportar ideas en ese ámbito, sigue siendo una teoría nueva sin técnicas de tratamiento validadas, y sería irresponsable usarla para ello. Por eso, y aunque muchos profesionales ya investigan su aplicación clínica, aquí nos limitaremos al desarrollo personal y al debate de ideas.

Ahora, si otra persona toma estos caminos y los lleva hacia el tratamiento de trastornos mentales, será su problema ético si lo hace sin haber reunido antes suficiente investigación, no el nuestro. Claro que se dan definiciones que pueden cambiar, potencialmente, casi todo lo que se conoce en psiquiatría, pero todavía se necesitan muchas investigaciones para avalarlas.

Aprendiendo a reconocer las fuerzas emocionales que estudiamos con el M.A., una persona puede reconocer el tipo de cosas a las que atiende y dedica energía habitualmente, puede observarse a sí misma de forma más precisa y desarrollar más conocimiento sobre sí misma y sobre sus grupos y sus relaciones. Mejorando dicho conocimiento, con la ayuda del M.A., una persona puede ejercer mayor elección sobre el propio comportamiento en lugar de entrar en patrones de pensamiento, emoción y comportamiento de forma automática, rutinaria e inconsciente.

Es decir, identificar estos comportamientos manejados por estas fuerzas emocionales es una de las principales ventajas que da el estudio del M.A.

He decidido llamar al libro el M.A.S. y el M.A.P. porque son las siglas de *Mapa de la Autoestima Personal* (M.A.P.), y *Mapa de la Autoestima Social* (M.A.S.).

Y esta perspectiva social y personal es muy trascendente en esta mirada. Nos interesaremos sobre cómo somos nosotros, cómo son nuestras emociones, pero también cómo son nuestros vínculos y cómo nos impacta nuestro entorno.

Esto recuerda me la frase de Sartre: *"Cada hombre es lo que hace con lo que hicieron de él"*. El M.A.S., es decir, los valores de nuestra sociedad y de nuestro grupo, nos moldea como un muñeco tallado a medida: es nuestra circunstancia. Pero solo cuando reconocemos con honestidad ese molde podemos decidir qué hacer con él y en qué transformarlo.

La herramienta M.A. tiene estas dos perspectivas: social e interna. Por eso, nos interesamos con igual énfasis por los fenómenos internos y por los sociales.

Nos preocupamos por la "autoestima" (costado interno) y por el "prestigio social" (costado externo), siendo que sobre ambas cosas, impactan, como las olas del mar sobre un dique, "las hazañas" y "las anti-hazañas".

¿Qué es lo que más nos interesa, entonces, a quienes estudiamos el M.A.?

Cualquiera podría decir "La Autoestima". Pero no. Lo que nos interesa son las emociones. Se trata de avanzar en el reconocimiento, la observación y la aceptación de estas sigilosas y secretas emociones para poder gestionarlas mejor en nosotros mismos, o para predecirlas en los fenómenos de grupos y de masas.

Para ser más específicos, nos interesa un tipo muy especial de emociones que son las emociones vinculadas con lo que llamamos "las hazañas" y "las anti-hazañas".

Aprendiendo a reconocer las hazañas y las anti-hazañas en nuestra vida cotidiana, o en el análisis social de una sociedad, de una época, o de una historia, podemos encontrar más fácil estas emociones que están asociadas, y con ello echar luz a la comprensión de las conductas que estas emociones generan. Muchos problemas, muchas enfermedades psicológicas, muchos problemas en los vínculos sociales o de pareja, muchos hechos históricos, son consecuencia de las emociones que las hazañas y las anti-hazañas originan.

Es que, si bien el marco de estudio del M.A. es por naturaleza limitado, -porque no excede de estas emociones-, es un territorio muy trascendente porque son emociones entre las más poderosas que agitan nuestra alma.

Tan importantes son estas emociones que se han ocupado de ellas los maestros de prácticamente todas las religiones.

Justamente, al final de este libro, y como un Apéndice titulado *"Todos conocen el Mapa de la Autoestima"*, te repasaré citas de sabios y de maestros de distintas tradiciones, donde se refleja el conocimiento que ellos ya tenían de las fuerzas emocionales que nos interesan.

He llevado prácticamente 20 años estudiando las emociones que generan las hazañas y las anti-hazañas y su impacto en nuestros vínculos.

La principal conexión que les veo es con la práctica del budismo. No a nivel religioso, sino por la práctica de la atención plena, del ejercicio de aprender a concentrarnos en el momento presente, pudiendo advertir las emociones que nos están afectando.

Más allá de esta vinculación con algunas tradiciones orientales, lo que te presento como M.A. (Mapa de la Autoestima), es una síntesis de una herramienta teórica que puede ser utilizada para muy distintos fines. Es tu responsabilidad usarla con cuidado y sin sobrepasar sus reales posibilidades.

-2- ALGUNAS INVESTIGACIONES PUBLICADAS POR UNIVERSIDADES Y CASAS DE ESTUDIO QUE UTILIZAN "EL MAPA DE LA AUTOESTIMA".

1- *"Afectación de la autoestima en niños diagnosticados con hipercinesia en edades de 7 a 11 años de consulta externa del Hospital Baca Ortiz en el período de diciembre 2012 junio 2013"* Publicado por la Universidad Central del Ecuador. Facultad de ciencias psicológicas. 2015. http://www.dspace.uce.edu.ec/

2- *" ¿Cómo influye el género en la autoestima de los alumnos del Colegio Santa Clara?, Tegucigalpa, 2015"*. Rolando Ardon Ledesma. Universidad Nacional Autónoma de Honduras. Facultad de ciencias sociales. Escuela de ciencias psicológicas. 2015.

3- *"Aumentar Autoestima"* Cristina Hernández Franco.

Verónica Márquez De León. Boletín científico UAEH. Universidad Autónoma del Estado de Hidalgo. 2015.

4- *"Familias generadoras de autoestima en hijos adolescentes"*. Barreto Heras G. Universidad de Cuenca 2014. www.ucuenca.edu.ec

5- *"La comunicación influye en la satisfacción laboral en la empresa de calzado Pavis del Canton Cevallos de la Provincia de Tungurahua"*. Maribel Carolina Bayas Mesa. Psicología Industrial. Universidad Técnica de Ambato. 2014. www.uta.edu.ec

6- *"La Autoestima y su incidencia en la expresión de emociones y sentimientos en los niños de primer año de Educación Básica de la Escuela "Teresa Flor" de Canton de Ambato"*.Lady Gissela Manobanda Yugcha. Universidad Técnica de Ambato. 2014. www.uta.edu.ec

7- *"Con interés y amor aprendo mucho mejor. Proyecto pedagógico de Aula TIC desarrollado en el marco de la Estrategia de Formación y Acceso para la Apropiación Pedagógica en las TIC en las sedes educativas beneficiadas por el programa computadores para educar"* Zoraida Ortega. Carolina Fernandez Gomez. Centro educativo rural Bocana de Yurilla. Leguizamo. Putumayo. 2013.

8- *"Salud sexual y reproductiva con enfoque de género en jóvenes adolescentes del primero de bachillerato unificado "E" de la unidad educativa nacional Ibarra"*. Ronald Tituaña. Yanina Yacelga. 2013. Universidad Técnica del Norte.Facultad de Ciencias de la Salud. www.utn.edu.ec

9- *"Familias generadoras de autoestima en los hijos adolescentes"*. Barreto Heras, G. A. (2015). Universidad Nacional de Cuenca.

10- *"El cuidado de las mascotas y su relación con el concepto de la responsabilidad en niños y niñas de 4 años de la Unidad*

Educativa Mayor Ambato, Escuela de Educación Básica Eugenia Mera" Angel Rafael Endara Ortega, Geovanna del Pilar Lopez Torres. ENDARA ORTEGA, ÁNGEL RAFAEL, LÓPEZ TORRES, GEOVANNA DEL PILAR. Universidad Técnica de Ambato, Facultad de Ciencias Humanas y de Educación.

11- *"Efectos de la violencia intrafamiliar en el autoestima de los estudiantes de octavo y noveno año de la Escuela de educación básica 11 de Diciembre".* S. Yagual. Editorial La Libertad. Universidad Estatal Península de Santa Elena, 2015. Ecuador.

12- *"Entrenamiento asertivo en la autoestima de los niños de la unidad educativa andes college riobamba, período febrero-julio 2015."* (2015). Guato, Nelson; Brito Chavez, Judith Paola; Hermosa Cepeda, Andrea Valeria. Universidad UNACH.

13- *"La Autoestima y su incidencia en la expresión de las emociones y sentimientos en los niños de primer año de educación básica de la escuela Teresa Flor del Cantón Ambato".* Yugcha, M., & Gissela, L. (2014). Universidad Técnica de Ambato.

14- *"Actitudes disfuncionales y su Relación en el Autoconcepto de los Adolescentes de Bachillerato de la Unidad Educativa Eloy Alfaro"* Cabrera Cabrera, D. E. (2016). Universidad Técnica de Ambato.

15- *"Noviazgos Violentos".* Universidad Nacional de La Plata. Facultad de Periodismo y Comunicación Social. Legnani. Gomez. Bobadilla. Cremona. 2015 En línea en: http://www.perio.unlp.edu.ar/sistemas/biblioteca/

16- *"El deporte adaptado y la autoestima de las personas con discapacidad física del centro comunitario "Jesús Resucitado" del cantón penipe período febrero-julio 2014".* Chango Alarcón, A. E. (2016). Universidad UNACH.

17- *"Feedback between self-esteem and digital activity in the adolescent group."* Bonet Gallardo, L. Huertas Bailén, Amparo. Universidad Autónoma de Barcelona. 2015 En línea en http://ddd.uab.cat/record/142342?ln=en

18- *"Abandono Escolar en el Instituto Ramón Matus*

Acevedo durante el segundo semestre del año Académico 2014" Téllez Cortez, Aldrich Odanel y Ruiz Sánchez. Universidad Nacional Autónoma de Nicaragua. Disponible en línea en: http://repositorio.unan.edu.ni/2169/

19- *"Programa de intervención para el fomento del bienestar emocional"* Polo Gonzalez M.). Journal of Developmental and Educational Psychology. Revista INFAD de Psicología., 1(2), 37-46. 2016. Disponible en línea en: DOI: http://dx.doi.org/10.17060/ijodaep.2016.n2.v1.550

20- *"Desarrollo de la autoestima en un grupo de adolescentes de la Secundaria Básica "Ricardo Zenón Martínez"* Arbeláez Urquiza. Universidad Central "Marta Abreu". 20Cuba. Disponible en línea en: http://dspace.uclv.edu.cu

21- *Autoconcepto y autoestima: ¿sinónimos o constructos complementarios?* Florencia Belén Massenzana, *Revista de Investigación en Psicología Social.* Volumen 3. Nº1. 2017. Facultad de Ciencias Sociales / Universidad de Buenos Aires (UBA). Disponible en: http://publicaciones.sociales.uba.ar/

22- *Una demostración teórica del inconsciente y de la represión de recuerdos con soporte en la psicología experimental.* Martín Ross. *Revista Aperturas Psiconalíticas.* 2017.Nº 11. Disponible en: www.aperturas.org

23- *La teoría de las hazañas escudo. Una hipótesis diferente sobre la psicosis y el contenido de los delirios.* Martin Ross. *Teoría y Crítica de la Psicología.* Nº10. 2018.

24- *Nivel de autoestima y satisfacción laboral en los defensores públicos de la Dirección Distrital de Lima.* Carlos Lopez Velazco. 2018. Universidad César Vallejo.

"Los libros realmente útiles son aquellos en los que los lectores ponen la mitad de su parte; comprenden los pensamientos ni bien se les presenta el germen de ellos, corrigen lo que les parece defectuoso, y dan fuerza, con sus reflexiones, a aquello que les parece débil" Voltaire.

"Los libros solo tienen valor cuando conducen a la vida y le son útiles." Herman Hesse.

-3- EL OBJETO DE ESTUDIO DEL M.A. Y LA TRADICION EN DONDE SE UBICA.

El Mapa de la Autoestima es una herramienta que estudia el impacto de "las hazañas" y "las anti-hazañas" tanto a nivel interno e individual (como fuerzas emocionales y fenómenos psicológicos) como a nivel social (en la interacción y en los procesos colectivos).

Con el "M.A." tu materia de interés son las emociones que genera el impacto en tu persona, y en tus vínculos de dos cosas muy importantes: "las hazañas" y "las anti-hazañas".

Todos tenemos un "Mapa de la Autoestima" que consiste en un registro interno que nos señala e identifica cuáles son "las hazañas" y cuáles son las "anti-hazañas" y qué posición tenemos con respecto a estas.

Se rediseña todo el tiempo tomando toda la información del medio que nos rodea (considerando qué es exitoso en ese medio, qué es apto), los recuerdos que tenemos, y, fundamentalmente, la cultura (o valores imperantes).

Por ello, el objeto de estudio son las hazañas y las anti-hazañas, y, fundamentalmente, las emociones que ocasionan y el efecto que tienen.

Mapa de la Autoestima (M.A.) se ubica en la tradición de

la Psicología Humanista, porque las emociones no hacen al ser humano, sino que cada persona tiene su originalidad, su especialidad y su capacidad de decisión y de construirse a sí misma.

A pesar de eso, las emociones y su conocimiento le dan la posibilidad a cada persona de ampliar su consciencia, y de hacerse dueña de su propia vida. En tanto muchísimas veces no somos conscientes de estos hilos invisibles, entramos en formas de comportamiento pre-establecido y estos comportamientos son los que M.A. puede ayudar a reconocer en nosotros, en nuestros vínculos y en quienes nos rodean.

La Psicología Humanista, a partir de Maslow, y también con la apuesta de Carl Rogers de la *"Aceptación Incondicional"*, ha puesto su interés en la Autoestima, y en la manera en que la necesidad de Autoestima puede influir en nuestra vida.

M.A. se inscribe entonces en la corriente común de la *Psicología Humanista*

-4- LAS HAZAÑAS.

4-1. Hacia una definición de hazañas.

Usamos "hazañas" como palabra técnica de esta teoría *Mapa de la Autoestima*. Por lo tanto, no tiene el exacto mismo significado que el significado popular. No obstante, la elección de la palabra "hazaña" no es caprichosa. La hemos elegido porque lo que pretendemos nombrar es bastante parecido a lo que popularmente se entiende con el nombre de "hazaña".

Es necesario definir con precisión qué entendemos por "hazaña", ya que es un concepto clave en esta teoría.

Veamos primero qué se entiende por hazaña según el lenguaje.

En el diccionario de la Real Academia Española se dice:

"Hazaña. Acción o hecho, y especialmente hecho ilustre, señalado y heroico."

Como se refiere a hecho heroico, podemos ir a la definición de Héroe de la RAE y dice:

"Héroe.

1. m. Varón ilustre y famoso por sus hazañas o virtudes.

2. m. Hombre que lleva a cabo una acción heroica.

3. m. Personaje principal de un poema o relato en que se representa una acción, y especialmente del épico.

4. m. Personaje de carácter elevado en la epopeya.

5. m. En la mitología antigua, el nacido de un dios o una diosa y de una persona humana, por lo cual le reputaban más que hombre y menos que dios; como Hércules, Aquiles, Eneas"

Y también se refiere a hecho ilustre, de modo que

podemos buscar "ilustre".

"ilustre.

(Del lat. illustris).

1. adj. De distinguida prosapia, casa, origen, etc.

2. adj. Insigne, célebre.

3. adj. Título de dignidad. Al ilustre señor."

Todo esto se vincula estrechamente con el prestigio social (hombre famoso, de distinguida prosapia, célebre...) y con la realización de acciones que elevan la posición de quien las lleva a cabo (acción heroica, hecho ilustre).

Por lo tanto, tomado del lenguaje, una hazaña puede ser un hecho que confiere prestigio social, que te convierte en una persona célebre, que te convierte en un héroe.

No obstante, en el diccionario también se relacionaba con estas palabras, a cuestiones que no son hechos pero que igual dan prestigio social: prosapia, casa, origen.

Por eso, nuestra definición es más amplia: consideramos "hazaña" a cualquier hecho, cualidad, característica (innata o adquirida) o circunstancia que otorgue prestigio social.

Si observas en ti mismo y en quienes te rodean, notarás que estos hechos —los mismos que enaltecen a los héroes— suelen generar un sentimiento muy particular: orgullo.

Hablo de un sentimiento de satisfacción o placer que se le llama orgullo, ego, vanidad. Sobre la palabra "Orgullo" dice el diccionario de la RAE:

"Orgullo.

(Del cat. orgull).

1. m. Arrogancia, vanidad, exceso de estimación propia, que a veces es disimulable por nacer de causas nobles y virtuosas."

Lo importante es que esta misma definición dice que este sentimiento puede surgir por causas nobles, y, apuntamos, puede surgir por cualquier otra causa.

En síntesis, llamamos "hazaña" a cualquier hecho, circunstancia, cualidad, acción o posesión que produzca dos efectos: otorgar prestigio social y generar sentimientos de orgullo, ego o vanidad.

4.2 Experimento casero de fácil reproducción para probar El Mapa de la Autoestima. El registro interno de las hazañas.

Ya empezamos a ver qué son "las hazañas".

¿Cómo las reconocemos? Porque tenemos un registro interno.

Hagamos un pequeño experimento. Si yo ahora te dijera que estoy muy orgulloso de que tengo una mancha de humedad en el techo... ¿No te llama la atención?

Te llama la atención y te parece inverosímil.

Sabes bien el tipo de cosas, hechos, o circunstancias que pueden producir sentimiento de orgullo. Y entonces sabes que es raro que yo esté orgulloso, hinchado el pecho de orgullo, de tener una mancha de humedad en el techo.

Si te digo que estoy muy orgulloso de que tengo un grano en el dedo. ¿No te sorprende? Sí, te sorprende.

Porque desde muy joven, estás acostumbrado a interactuar con dos certezas: 1) Tienes un registro interno que te permite reconocer lo que son las hazañas 2) Las otras personas también tienen otro y es, por lo general, medianamente parecido al tuyo.

Por ende, si te digo que estoy super-orgulloso de que hay una hormiga negra caminando por el tronco de un árbol de mi jardín, te parece totalmente inverosímil. Y es verdad, es inverosímil. Lo sabes porque ya, desde hace muchos años, has comprobado que tanto tú como todas las personas que te rodean tienen un registro, un mapa mental, que les permite reconocer a las hazañas.

Ese registro interno es entonces el *Mapa de la Autoestima*.

Te animo a que hagas estos experimentos con personas conocidas. Di frases tales como "*Estoy muy orgulloso, no puedo aguantar tanto orgullo, de que me ha salido un grano en el dedo*", o *"mi vecina está orgullosa de que hay una mancha de humedad en la pared"*... Vas a ver la cara de sorpresa. Si dijeras *"mi vecina está orgullosa del trabajo nuevo que logró"* nadie se sorprendería. Este sencillo experimento casero prueba que todos tenemos un conjunto interno de creencias, valoraciones, un sensor interno, que permite identificar las hazañas y las anti-hazañas.

4.3. Las tres características que distinguen a las hazañas.

Más allá de las definiciones, lo importante es saber cómo identificar empíricamente lo que en el M.A. llamamos, de manera técnica, "hazañas".

Y son dos precisos efectos empíricos los que identifican a la hazaña:

Por un lado, una emoción placentera interna que el lenguaje corrientemente describe como Ego, Orgullo, Vanidad. Y, por el otro lado, la conducta característica: pavonear, presumir, fanfarronear.

En consecuencia, una hazaña es cualquier característica, circunstancia o logro que despierte placer asociado al orgullo y genere el deseo de presumir, fanfarronear o alardear (aunque no siempre se exprese ese deseo).

En síntesis, estos dos efectos —el placer interno (vanidad, ego, orgullo) y la conducta característica (pavonear, presumir o fanfarronear)— son los rasgos distintivos que permiten reconocer y distinguir lo que llamamos "hazañas".

La tercera característica, ya mencionada, es el prestigio social: las personas más admiradas en un grupo suelen ser aquellas que poseen las hazañas más valoradas según los criterios de ese entorno.

4.4. Precisando mejor lo que llamamos hazañas.

"Todo héroe victorioso se cree con derecho a ser audaz".

Friedrich Nietzsche

Lo que entiendes por hazaña según el uso coloquial —por ejemplo, el héroe que vence a un dragón para rescatar a una doncella— es correcto, pero aquí ampliamos ese significado: consideramos "hazaña" cualquier mérito, circunstancia, virtud o logro que despierte sentimientos de orgullo, ego o vanidad, y que genere el deseo de darlo a conocer, ostentarlo o exhibirlo.

Para un análisis objetivo, tanto a nivel social como individual, y para aprender a reconocer "las hazañas", resulta muy útil observar su conducta característica: presumir, hacer alarde y pavonear..

Por ejemplo, un logro es una "hazaña" en tanto provoca orgullo, ego o satisfacción en la vanidad. Pero también hay personas que se pavonean y presumen de su clase social, sus apellidos o su linaje; en este caso no se trata de acciones realizadas, sino de rasgos de nacimiento..

Sin embargo, también es una "hazaña", porque en el M.A. entendemos como tal todo aquello que provoca placer en la vanidad, en el ego o en el orgullo, y que despierta el deseo de hacer alarde o pavonear.

Ben-Ze'ev (2000) señala que el orgullo no es solo consecuencia de logros, sino también de "dones". No solo sentimos orgullo por aquello que alcanzamos con talento y esfuerzo —como un logro deportivo o académico—, sino también por cualidades heredadas, como una habilidad natural para la música o el arte.

Por ende, estos dones, también son lo que llamamos hazañas aquí nosotros, en tanto generan y producen orgullo.

En una serie de experimentos, Tracy y Robbins (2004b; Tracy, Robbins y Lagattuta, 2005) demostraron que las personas identifican con claridad la expresión de orgullo, diferenciándola de otras emociones positivas como la felicidad.

Estos autores hallaron evidencia de una expresión universal

del orgullo: una leve sonrisa acompañada de una postura específica —cabeza hacia atrás, pecho erguido y manos en las caderas o elevadas en el aire—.

Por ende, cuando empiezas a entrenarte en el ejercicio de reconocer las hazañas verificando el sentimiento que las hazañas provocan -orgullo-, podrás agudizar mejor tu mirada y descubrir con más precisión los gestos, los tonos y las posturas que revelan el orgullo, y, por ende, la presencia de las hazañas.

Acuérdate de esto. La forma más fácil de reconocer las hazañas a tu alrededor es, entonces, advertir el principal efecto que producen que es el deseo de hacer alarde, presumir, pavonear, fanfarronear y hablar acerca de ellas, y en segundo lugar, el sentimiento característico que provocan, que es el orgullo.

Referencias extraídas de:

Etxebarria, I., (2009). Las emociones autoconscientes positivas: el orgullo. En E. G. Fernández-Abascal (Ed.), Emociones positivas (pp. 167-180). Madrid. Pirámide. (ISBN: 91-393-89-89)

4.5. La dificultad. Un rasgo asociado a las hazañas. Aplicación práctica.

Un rasgo habitualmente asociado a las hazañas es la dificultad.

Hay hazañas que son sin dificultad. Por ejemplo, en nuestras culturas machistas la belleza suele ser una hazaña fundamental para una mujer que le asegura orgullo y prestigio social. Pero, no obstante, si observamos a nuestro alrededor, podemos advertir que la dificultad es una característica que suele ser atributo de hazañas, o que le suele dar más potencia de hazañas a las hazañas.

En general, cuanto mayor es la dificultad, mayor es el valor de hazaña.

Una persona que hereda riqueza puede ser vista como poseedora de una hazaña —la alta clase social se considera un mérito en sí—, pero quien construye su fortuna desde cero obtiene un reconocimiento mayor, precisamente porque superó mayores dificultades.

Por ejemplo, subir un médano en la playa no se considera una hazaña: nadie presume ni hace alarde de ello. En cambio, escalar montañas como el Aconcagua o el Everest sí se percibe como una gran hazaña. Quien lo logra suele sentir orgullo y satisfacción, y desea compartirlo, como cuando se toma una foto en la cima del Everest para mostrar su logro.

Muchos adolescentes hacen alarde de las peleas que han tenido para demostrar su valentía. Cuando hablan de sus rivales suelen describirlos como oponentes fuertes, porque pelear y vencer a alguien corpulento se considera mucho más hazaña que hacerlo con alguien débil, con una mujer o con un niño.

Este aumento del valor de hazaña según la dificultad también se observa en las relaciones sociales.

Una investigación clásica de Aronson y Mills (1959) mostró que, cuanto más duros son los ritos de iniciación en una fraternidad, mayor es la lealtad y el compromiso de sus miembros

Además, otros investigadores han demostrado que los hombres que tienen altos estándares de exigencia para elegir una mujer, son considerados más atractivos por las mujeres que aquellos que no la tienen (Eastwick, P. W., & Finkel, E. J. (2008)). Es decir. el hombre como hazaña de la mujer.

De estas investigaciones, surge que hazaña puede ser también el ser miembro de ciertos grupos, o incluso el seducir a una persona, pero se potenciará su valor de hazaña cuanto más dificultad tenga.

Por ende, el grado de dificultad potencia la hazaña.

Aplicación práctica: una persona que desea

promocionarse haciendo conocer su hazaña, logrará más prestigio señalando o inventando mayores dificultades que haya tenido que atravesar para alcanzarla...ya que la dificultad potencia la hazaña.

Citas extraídas de *"The Dating Mind: Evolutionary Psychology and the Emerging Science of Human Courtship"*. Nathan Oesch, h, Department of Experimental Psychology, University of Oxford, 2012. www.epjournal.net

4.6.Las hazañas intervienen en nuestro gusto y percepción. Experimento. Aplicación práctica.

El investigador social Robert Trivers nos habla de un experimento en el que se dividió a los aspirantes a un curso sobre sexualidad en dos grupos.

Mientras que los de un grupo no tenían que hacer apenas nada para participar, los miembros del otro grupo tuvieron que pasar una prueba embarazosa consistente en leer en voz alta un texto con contenido sobre sexo explícito. Cuando todos asistieron a un aburrido curso sobre la reproducción sexual de los insectos, los que tuvieron que pasar la prueba embarazosa valoraron el curso como más interesante que aquellos que no habían tenido que superar prueba alguna.

Es decir: el hecho de que haber pasado por una prueba difícil para alcanzar ese curso llevó a los participantes a valorar más ese curso. En 4.6 habíamos planteado que la dificultad potencia una hazaña, o puede crear una hazaña. Estas investigaciones demuestran que si a un servicio le agregas una hazaña, el mismo puede verse más atractivo.

No obstante a ello, en psicología se entiende tradicionalmente esto como parte de la teoría de la disonancia cognitiva. Si ya has hecho un esfuerzo grande por algo, produce disonancia cognitiva -contradicción- advertir que eso no es valioso, y entonces, para justificar, tratas de verlo distinto a lo que es.

Aplicación práctica: Esto es interesante en seducción, donde la dificultad exacerba la hazaña, así como también en ventas y marketing.

Aplicación práctica 2: Si a un niño que llora lo queremos calmar dándole uno de sus juguetes, resulta que al poco tiempo se aburrirá y volverá a llorar. Si, en cambio, le mostramos el juguete pero, apenas lo intenta agarrar, se lo quitamos, y lo obligamos a luchar un rato por el juguete hasta finalmente "ganarlo", entonces pasará más tiempo interesado en ese juguete. Ello porque el juguete tendrá también valor de "hazaña", y eso lo hará más atractivo. El mismo principio se puede aplicar en ventas y otras actividades.

Referencias:

The Folly of Fools. The Logic of Deceit and Self-Deception in Human Life. Robert Trivers. 2011.

4.7. Camuflando el deseo de pavonear y presumir las hazañas. Las tácticas de la vergüenza falsa, del propagandista y del adulador público.

Ya dijimos que una de las tres características que distinguen a las hazañas es el fanfarronear, presumir o hacer alarde de ellas.

Sin embargo, no siempre ocurre así: hay personas que no presumen de sus hazañas y, aun así, siguen siendo hazañas. Las tres características distintivas no tienen por qué manifestarse siempre juntas.

Particularmente, el deseo de fanfarronear, sufre una tendencia opuesta muy potente. Y es el hecho de que, en general, si la hazaña da prestigio social, el hecho de presumir de ella, de alardear, suele generar una reacción de disgusto en muchos casos y hasta de desprecio. Cuando una persona se jacta de su hazaña, muestra que su valor está por debajo de esa hazaña, y por eso necesita mostrarla. Además, veremos que la humillación al soberbio es una constante de muchas culturas, épocas y latitudes.

Más adelante veremos que ello no necesariamente es así, y precisaremos algunas excepciones y matices respecto del presumir (es decir, no siempre causa disgusto presumir, y los líderes saben cuando presumir). Pero sucede que, en líneas generales, muchas personas han advertido que el presumir, fanfarronear, y hacer alarde de las hazañas causa mala impresión, y por eso, resisten su deseo de presumir de sus propias hazañas. Si bien tienen deseo de presumir, es más fuerte el deseo de evitar dar la mala impresión.

Te invito a que lo experimentes mirando a tu alrededor. Verás que la gente todo el tiempo, de forma insistente, intenta presumir de sus propias hazañas. Incluso algunos enumeran sus propias hazañas como una carta de presentación de sí mismo. Por ejemplo, hola, yo soy pepito, tengo tres títulos universitarios, soy amigo de tu mamá.

Una de las típicas hazañas de las que más presume la gente es la dificultad.

Dijimos recién que, cuanto más difícil es la tarea, más valor tiene de hazaña.

Entonces es común escuchar a la gente hablando de sus anécdotas difíciles que tuvieron que sobrellevar, o decir por ejemplo *"Je... ¡en mi época la escuela sí que era difícil!"* o sino decir *"¡yo tuve que estudiar y trabajar al mismo tiempo! ¡eso sí que era difícil en aquel tiempo!"*.

Ahora bien, como diremos muchas veces, *"Todas las personas conocen el Mapa de a Autoestima"*, y por eso, son muchos los que, espontáneamente, han observado estas fuerzas y han advertido que el presumir de las propias hazañas genera irritación y desagrado en las otras personas. Han empezado a ver el hecho de fanfarronear o hacer alarde, como un hecho de falta de elegancia y, por eso, tratan de no presumir.

Sin embargo, estos que supuestamente son humildes y

no presumen, son los primeros que se mueren de ganas de que conozcamos sus hazañas. Quieren que conozcamos sus hazañas, pero, además, quieren que los veamos como personas humildes. Ellos saben las dos verdades: a) si conocemos sus hazañas los respetaremos más o incluso los admiraremos b) pero, si ellos presumen de sus hazañas, su pavonear causará desagrado, y los respetaremos menos. Entre a) y b) elaboran entonces una estrategia que consiste en disimular su intento de presumir de sus hazañas.

Una de las típicas estrategias que se usa para "camuflar el deseo de presumir" es fingiendo que no consideran hazaña... la hazaña que nos están contando. La estrategia de la vergüenza falsa.

Por ejemplo, un hombre que está muy orgulloso de haber sido liero en el colegio, de haberse portado muy mal de joven, y de haber tratado mal a las maestras... experimentará el deseo irresistible de hacernos saber esas hazañas... pero, para esconder que está presumiendo, expresará fingida vergüenza. Podría decir: *"Que desastre que era yo de chico, pobre mi madre, me echaban de todos los colegios, una vez golpee a un profesor, pobre mi madre que mal hijo que fui"* De esta manera, logró que nosotros creamos que está avergonzado de lo que nos cuenta y que, por ende, no está fanfarroneando, y, logró, asimismo, que nos enteremos de sus hazañas.

Otro ejemplo. Un psicólogo que, a resultado de una elección en el colegio profesional, lo eligieron en un cargo electivo: miembro del tribunal de disciplina. Al encontrarse en un ascensor con otro colega que no veía hace mucho tiempo, siente unas ganas irresistibles de comentarle su éxito político. Pero sabe, que si lo hace, "presume" y presumir hazañas es desagradable: produce rechazo y disminuye el valor de las hazañas para dar prestigio. Entonces dice con cara de apenado, suspirando y rezongando: *"Ahora tengo que ir al consejo profesional, me metieron en el tribunal de disciplina"*. A partir de sus protestas, pudo convencer a su colega que le parecía un desastre haber sido elegido en el Tribunal de Disciplina y de esa manera esconder su intento de presumir la hazaña.

Otra estrategia más elaborada es utilizar un "propagandista".

Esto me lo comentaba un Coach de Seducción. Cuando van a discotecas, utilizan a otros compañeros (Alas) que, frecuentemente, son los que cuentan las hazañas (reales o inventadas) del seductor. Por ejemplo, si el hombre tiene un coche lujoso y exclusivo da status social, y eso es hazaña. Ahora bien: si dijera "tengo tal coche", estaría haciendo alarde y quedaría automáticamente desprestigiado. Entonces el propagandista, cuando el seductor no está presente, les cuenta a todos de su hazaña logrando que se enteren y él se prestigie, y, garantizando, además, que él es totalmente humilde.

Muchos líderes recurren a "propagandistas" o aduladores públicos. En un evento, suelen invitar a correligionarios que, al tomar la palabra, enumeran los méritos del líder. Así, la audiencia conoce sus hazañas sin que él mismo tenga que fanfarronear, manteniendo su imagen de elegancia y humildad.

Esta función del "adulador público" también la cumplen los moderadores en las conferencias. Cuando vamos a una conferencia, usualmente hay un moderador que es quien presenta al conferenciante, y, cuando lo hace, enumera todas sus hazañas (por ejemplo, sus títulos, su cv, sus méritos). Es una tarea importante para darle prestigio y que la audiencia lo escuche y evita que el mismo conferenciante sea quien tenga que alardear. En otras ocasiones, cuando no hay un moderador, a menudo el propio conferenciante menciona sus éxitos, sus logros, sus antecedentes académicos (sus hazañas), en el pasar de la charla.... y eso genera una muy mala impresión. De ahí la importancia de la función de "adulador público" cumplida por el moderador, quien presenta al expositor y, al hacerlo, menciona al público todas sus grandes hazañas, permitiendo que aumente su prestigio a los ojos de la audiencia.

Cuando a las hazañas las nombra otra persona, no produce el efecto negativo del acto de fanfarronear.

Así puedes ir viendo las estrategias que usa la gente para lograr las dos cosas al mismo tiempo: a) hacernos saber sus hazañas b) disimular este deseo de presumir, logrando que no nos percatemos de que están haciendo alarde.

A veces dos de estas técnicas pueden usarse simultáneamente.

El adulador público puede querer contar las hazañas de otra persona y, para disimular su propaganda, fingir que lo cuenta como si fuera una crítica.

Por último, es importante insistir en que las tres características de las hazañas —a) orgullo, b) deseo de hacer alarde y c) prestigio social— no siempre aparecen juntas. Muchas personas no presumen de sus logros, no solo por elegancia, sino porque han comprobado que alardear genera una mala impresión.

Aplicación práctica: Los expertos en aumentar su prestigio social se las ingenian para que otros conozcan sus hazañas sin ser ellos mismos quienes las presumen.

4.8. Camuflando el deseo de presumir. La regla de una sola vez. La táctica de la miss/direction.

Muchas personas entienden, aunque sea de manera intuitiva, la lógica del Mapa de la Autoestima. Perciben dos cosas básicas: presumir una hazaña provoca un placer inmediato en el ego, pero despierta un desagrado equivalente en quien la escucha. La razón es simple: al exhibirla, se transmite que el propio valor depende de esa hazaña y, al mismo tiempo, se eleva el estándar de lo que se considera valioso. Dicho de otro modo, no solo se muestra el logro, también se comunica que "ser digno" implica alcanzar esa medida, y eso genera rechazo casi automático.

Este mecanismo social, que parece sutil, puede tener efectos concretos. Las energías negativas que despierta la ostentación –envidia, hostilidad, rechazo– no siempre quedan en lo simbólico. Pueden transformarse en acciones reales que perjudiquen al que presumió. De ahí que, frente a este riesgo, muchas corrientes de pensamiento hayan propuesto una norma simple y radical: *"No presumas nunca."*

No obstante, hay quienes recomiendan una regla tajante " No debes presumir nunca". Renunciar a este tipo de placer de vanidad. Nunca es nunca. Dicen "haz que tus acciones hablen por ti", "haz que tus éxitos hablen por ti". Según la regla estricta, pues, entonces no hay ninguna necesidad de presumir ya que, en todo caso, las acciones se notarán más tarde.

Pero aquí surge una tensión legítima. Las hazañas no solo alimentan el orgullo, también pueden construir prestigio social. Y ese prestigio –siempre que se sostenga en lo real– puede abrir puertas, crear oportunidades, generar vínculos o habilitar nuevos espacios de acción. ¿Cómo podrían abrirse esas puertas si nunca se da a conocer lo que uno es capaz de hacer? Una regla tan estricta como "nunca presumas" tiene costos de oportunidad.

Es por eso que la cultura ya ha establecido ciertas zonas de tolerancia. En temas laborales, por ejemplo, está socialmente aceptado que una persona dé a conocer sus logros. Mostrar un portfolio, contar una experiencia exitosa o señalar una habilidad no se vive como vanidad, sino como parte de una presentación profesional legítima. Nadie consideraría soberbio a un arquitecto que muestra la casa que diseñó. La diferencia es el contexto y el objetivo: si se hace para obtener una oportunidad concreta, hay más tolerancia. Si se repite solo por placer de exhibición, es más claro que se trata de pura vanidad ya que no hay fines que justifiquen esta acción.

De todas maneras, hay otros que realian una diferencia estratégica. Una vez que reconocemos que hay un impulso biológico que tiende a empujar a dar a conocer hazañas, hay que ver qué objetivos tiene eso. A veces, es solo placer de vanidad. Eso puede generar problemas. Sobre todo porque genera enemigos a partir del resentimiento. Otras veces, puede que sea necesario para abrir una puerta en un terreno laboral sobre todo.

A partir de esta distinción algunos proponen una fórmula intermedia: "la regla de una sola vez". Si lograste algo valioso, puedes contarlo, pero solo una vez y ante la audiencia adecuada. Repetirlo después ya no aporta nada útil: solo alimenta la vanidad y busca revivir ese placer fugaz que da el orgullo, aunque sea a costa de cansar a los demás.

Ahora bien, no todas las personas se detienen ahí. Hay quienes disfrutan tanto del placer de exhibir una hazaña que necesitan repetirla, recalcarla, volver sobre ella. Y como hacerlo de forma abierta podría resultar chocante, desarrollan estrategias más sutiles para lograr el mismo efecto sin que se note. Ahí es donde entra en juego un mecanismo especialmente sofisticado: *la misdirection.*

El término proviene de la jerga de los magos ilusionistas. Cuando hacen un truco con la mano izquierda, desvían la atención hacia la derecha: miran allí, hacen un comentario, mueven los dedos, y el público enfoca su mirada donde no pasa nada. Lo esencial ocurre en otro lado. Esa distracción deliberada —misdirection— permite que el truco pase inadvertido.

En lo social y comunicativo, ocurre algo parecido. Una persona quiere dar a conocer una hazaña, pero en lugar de hacerlo de manera directa, desvía la atención hacia otro propósito, más aceptable o más noble, mientras "por debajo" deja caer el dato que desea compartir.

Un ejemplo clásico se ve en el ámbito de los libros de autoayuda o liderazgo. Un autor afirma: "Ayuda a los demás. Todo vuelve." Y para ilustrar su punto, cuenta cómo, en el pasado, él ayudó a alguien, y eso le trajo beneficios inesperados. El objetivo explícito parece ser comunicar una lección moral o espiritual. Pero el efecto colateral –y subcomunicado– es que el lector capta también que el autor es alguien generoso, exitoso, y, sobre todo, que ha hecho una hazaña que merece reconocimiento. El truco funcionó.

Otro caso común ocurre en entrevistas o charlas informales, donde alguien habla de un fracaso... pero justo al narrarlo, menciona que estaba trabajando en un cargo importante, o en una empresa destacada, o resolviendo un problema complejo. La anécdota gira en torno al error, pero lo que queda flotando es el escenario en el que ese error ocurrió, y que no es cualquier escenario. La hazaña aparece, pero camuflada.

La eficacia de la misdirection depende de un factor central: que la intención simulada sea realmente atractiva para el otro. Cuanto más creíble y más valiosa sea la supuesta finalidad de la comunicación, cuanto más emocionante sea para atrapar toda la atención (enseñar, compartir, inspirar, reírse, confesar), más fácil será desviar la atención hacia ella y dejar pasar, sin resistencia, la hazaña que se quería mostrar.

4.9. Una meta-explicación darwinista. Psicología Evolucionista.

Los teóricos e investigadores de la psicología evolucionista (PE) sostienen que la mayoría de nuestras emociones no surgieron de manera fortuita, sino que existen porque cumplen una función adaptativa. Desde esta perspectiva, es posible buscar una "meta-teoría" del Mapa de la Autoestima dentro de una explicación evolucionista.

Las hazañas pueden entenderse como aquellos logros que demuestran nuestro éxito en el entorno actual. La biología nos recompensa con una emoción placentera -el orgullo- para reforzar esa conducta, motivándonos a perfeccionarnos y a mejorar nuestra capacidad de adaptación. El orgullo, entonces, sería una especie de "premio emocional" diseñado para impulsarnos a volvernos más aptos.

De manera complementaria, cuando observamos las hazañas en otros, surge el prestigio social. La hazaña se convierte en una señal que nos permite identificar a quienes son más aptos, aquellos cuyos genes merecen transmitirse porque representan un avance evolutivo. Por eso tendemos a admirarlos, a imitarlos y a buscar su aprobación, ya que, desde un punto de vista adaptativo, alinearnos con los más aptos aumenta nuestras propias probabilidades de éxito.

Por ejemplo, el rasgo de un cuello más largo de las jirafas tiene como consecuencia llegar a las ramas más altas de los árboles en la sábana. Entonces, de varias jirafas, unas con cuello más largo que las otras, la biología ha de preferir que pasen a la generación siguiente las que tengan el cuello más evolucionado para ese ambiente. Y bien, para facilitar esta "selección" aparecería la hazaña: las otras jirafas reconocerían a la jirafa exitosa como más admirable (prestigio social), y la propia jirafa, al ver que llega mejor a las ramas, tendría como premio de su perfeccionamiento, orgullo, vanidad.

Darwin postuló que los rasgos accidentales surgidos de mutaciones son seleccionados en función de su contribución a la supervivencia y la reproducción. Ahora bien, si esos rasgos ventajosos generaran en quien los posee una sensación placentera -orgullo, ego o vanidad- y, al mismo tiempo, provocaran en quienes los observan una respuesta de reconocimiento y respeto -prestigio social-, todo el proceso de selección natural se vería acelerado y refinado generación tras generación. Bajo esta mirada, las "hazañas" pueden entenderse como esos rasgos, mutaciones o incluso conductas aprendidas que, al demostrar éxito en un entorno determinado, actúan como señales inequívocas de adaptación y progreso evolutivo.

Es una meta-explicación de lo que son las hazañas basada en la PE (psicología evolucionista). Pero en tanto es una "meta-explicación", es externa al M.A., y, por lo tanto, no es necesario adoptarla, sino que puede utilizarse también otra cosmovisión distinta a la psicología evolutiva, e integrar el M.A. dentro de otra cosmovisión. Inclusive si habláramos solamente del "Pecado de Orgullo", sin más aditamentos, podríamos utilizar el M.A. como una herramienta teórica orientada a identificar, con más precisiones, las distintas y sutiles formas en que "nos tienta" este pecado, haciéndose "amo" de nuestra conducta.

En otras palabras: interesante es esta meta-explicación darwinista, pero no podemos avalarla como avalamos el M.A. que, en cambio, puede o no integrarse a esta cosmovisión, o a otras cosmovisiones que forman quizá parte de la metafísica.

4.11. Practicar el ejercicio y el experimento de aprender a reconocer las hazañas.

Es muy importante para aprender M.A. saber reconocer e identificar lo que llamamos "las hazañas".

Al principio puede ser una tarea difícil, pero luego comienzas a identificar el tipo de sentimiento de satisfacción interna que las hazañas producen y los gestos que provocan las hazañas cuando se dan en otra persona.

Presta atención: aquellos recuerdos, aquellas partes de tu vida que te gusta contarle a tus amigos, aquello que más te gusta dar a conocer, que te provoca placer en la vanidad, aquello de lo que haces alarde y fanfarroneas.... ahí están tus hazañas.

También es importante, en el día a día, observar, realizar el ejercicio de prestar atención a todas las personas que te rodean: ¿de qué te quieren hablar? ¿de qué cosa desean mandarse la parte y hacer alarde?

Pueden ser cosas muy sutiles: a muchas personas, por ejemplo, les gusta su elocuencia, su forma de hablar, y por eso hablan durante horas, disfrutando su propio monólogo, y así se pavonean de su propio discurso. Otras les gusta citar su frase brillante, puede ser una frase con la cual demostraron su carácter o temperamento.

John Maxwell en *"Las 25 maneras de ganarse a la gente"* establece *"la regla de los 30 segundos"*, que implica decirle a cada persona algo genuinamente alentador en los primeros 30 segundos de la interacción. Pero dice que no es cualquier cosa, sino hay que observar para identificar algo específico para que sea sincero concreto.

Aplicación práctica: Es importante, como hábito de personalidad que se inculca, desarrollar la práctica de observar las hazañas ajenas y reconocerlas. Este primer paso posibilita un aprendizaje constante sobre las propias emociones y sobre nuestros vínculos.

Ref:

Maxwell, J. C. (2005). 25 maneras de ganarse a la gente: cómo hacer que los demás se sientan valiosos. HarperEnfoque.

4.12. Las hazañas no son lo que conviene que sean ni lo que la inteligencia consideraría tales.

Por ejemplo, en nuestra cultura suele ser considerado "hazaña" el ser flaca para una mujer. Ser "flaca" es algo que les da orgullo, y valor social a las mujeres jóvenes.

Entonces una chica, desde la inteligencia, puede razonar y decir:

"Para mí ser flaca no debería ser hazaña porque me hace mal a la salud y, además, disfruto más de la comida siendo gordita".

Así, desde la inteligencia, ella advierte que ser flaca no tiene que ser un valor importante en su vida. Sin embargo, una hora después de hacer esa reflexión, pasa por una farmacia, va a una balanza, se pesa, y al ver que bajó de peso, experimenta un gran placer, una gran euforia, una gran alegría. Entonces llama a sus amigas diciendo:

" La dieta funcionó… bajé cinco quilos".

Además, sale a dar un paseo por el club y se muestra en una pileta, para que todos vean que su cintura está más delgada y que ella es más flaca.

Entonces, aunque desde la inteligencia y con buenos

argumentos, ella consideró que ser flaca no debería ser un valor, lo cierto es que, a la luz de la realidad de sus sentimientos, a la luz de su conducta de pavonear y de hacer alarde, se concluye que realmente lo es. Si nos pusiéramos a discutir con ella seguramente nos hablaría en su *modo intelectual*, y reflexionaría que ser flaca no es una hazaña porque lo importante es la salud y sentirse bien, etc. Pero, más allá de estas reflexiones, lo cierto es que es lo que nosotros llamamos aquí "hazaña" porque cumplió todas las características:

a) le produjo orgullo b) le produjo deseo de hacer alarde c) le dio prestigio presuntamente delante de su amiga.

Por eso, para identificar las hazañas no debe hacerse especulaciones con lo que *"sería conveniente"* o con el *"deber ser"* del pensamiento, sino que debe observarse lo que realmente son las hazañas. Y las hazañas son las que producen un placer que el lenguaje común llama ego, orgullo, vanidad, y también tienen una conducta característica que es el deseo de hacer alarde y fanfarronear.

Son reconocidas como tales por el Mapa de la Autoestima, el registro que las señala y, en principio, no puede ser modificado con filosofía.

Más adelante veremos que el intento de cambiar el Mapa de la Autoestima –la conducta rebelde- es una conducta también muy importante y que da origen a cambios sociales muy importantes.

4.13- Las hazañas y el poder.

Muchas hazañas de nuestra sociedad capitalista están estrechamente vinculadas al poder.

Es hazaña por ejemplo un coche lujoso, y eso se advierte porque da prestigio social, y casualmente muestra el poder de compra de su dueño, porque sólo muy pocos puedo comprar ese auto. Es hazaña también un puesto importante y gerencial dentro de una empresa fuerte, y está vinculada casualmente al poder. Es hazaña un reloj exclusivo y muy caro, y también se lo ve vinculado al poder.

De ello, se desprende que muchas personas hablen de "símbolos de poder", o de "representaciones" del poder, siendo que el poder sería en suma lo único que importa.

Sin embargo, no es así. El poder es hazaña, es cierto porque, además, da orgullo y prestigio social. Pero también hay otras hazañas que no están vinculadas al poder como la belleza -que da mucho prestigio social-, los éxitos en algunos deportes, etc.

Es decir: las hazañas pueden estar vinculadas al poder, pero no necesariamente lo están.

Por ejemplo, San Francisco de Asís aumentó muchísimo su prestigio social entre su grupo cuando decidió besar leprosos. Besar leprosos y relacionarse con ellos, vivir en la pobreza, no demuestra poder. Pero Francisco de Asís, con esos actos, ganó mucho prestigio social, ganó admiración y, por ende, ahora sabemos que eran auténticas hazañas.

Dentro de los valores de nuestras sociedades actuales, está claro que el poder suele ser una hazaña muy importante en el M.A., pero eso no debe confundir lo que llamamos hazañas con lo que es el poder. Tal confusión cometen quienes llaman a las hazañas "símbolos del poder": es cierto que muchas hazañas están vinculadas al poder, y que el poder es una hazaña, pero hay otras hazañas que no lo están.

4.14. El estudio de las emociones auto-conscientes. El modelo de Michael Lewis.

En Psicología, se habla de emociones auto-conscientes para referirse a aquellas en las que interviene, como rasgo central, algún tipo de evaluación sobre el propio yo (Etxebarria, 2009). Estas emociones aparecen cuando la persona experimenta una valoración positiva o negativa de sí misma en relación con ciertos criterios internos. Las principales emociones auto-conscientes identificadas son el orgullo, la vergüenza, la envidia y la culpa.

Uno de los modelos más influyentes en este ámbito es el de "elicitación de las emociones auto-conscientes" propuesto por Michael Lewis (2000), quien plantea que estas emociones dependen de dos variables: 1) la evaluación de la propia conducta como positiva o negativa y 2) el tipo de atribución interna, que puede ser específica (relacionada con un comportamiento puntual) o global (relacionada con la percepción general de uno mismo).

De acuerdo con Lewis, cuando la conducta se evalúa como positiva y la atribución es específica, surge el orgullo; si la evaluación es negativa y la atribución también es específica, aparece la culpa. En cambio, si la evaluación positiva se atribuye de manera global, emerge lo que Lewis denomina hubris, un estado generalizado de arrogancia. Finalmente, cuando la evaluación es negativa y la atribución es global, se genera la vergüenza.

Según este autor, el proceso comienza con la auto-evaluación de las propias acciones, pensamientos o sentimientos como logros o fracasos, comparándolos con estándares, metas o reglas personales. A partir de esa valoración surgen las cuatro emociones auto-conscientes principales: orgullo, hubris, vergüenza y culpa.

Además -y esto es muy importante- Lewis explica que estas conductas evaluadas como positivas, tras causar orgullo, generan la tendencia a reproducirlas, para volver a sentir más y más esa sensación positiva llamada orgullo.

Ahora bien, respecto de estas llamadas emociones auto-conscientes, no deja de rememorar los apuntes de Freud (1923, 1930), cuando hablaba del "Super Yo".

Ello porque el "Super Yo" freudiano, no solamente es fuente de recriminaciones cuando el yo contraviene sus mandatos, sino también es fuente de suministros narcisísticos cuando éste actúa conforme a estos mandatos.

Ahora bien: en cuanto empieces a reconocer las hazañas -las tuyas, las de los demás, las que se esconden en lo cotidiano-, descubrirás algo que contradice lo que suele sostenerse en muchas investigaciones:

"el orgullo no es, en su esencia, una emoción auto-consciente".

Lo parece, pero no lo es. Su mecanismo original no requiere que nos detengamos a evaluarnos; basta con que ocurra la hazaña para que aparezca, de inmediato, un placer que nos recompensa y nos empuja a repetirla. El orgullo es, antes que nada, un placer de hazaña, un premio biológico que refuerza nuestra conducta de manera silenciosa.

Solo en ciertos casos, cuando la hazaña es grande o trascendente, este placer se vuelve consciente. En esas situaciones, el impacto de lo logrado es tan fuerte que nos obliga a detenernos, a evaluarnos, a integrarlo a la historia que contamos sobre nosotros mismos. Es ahí, y solo ahí, donde el orgullo se transforma en una emoción auto-consciente, donde aparece la reflexión: "logré esto, soy capaz de esto". Pero ese es un efecto adicional, casi accidental; no es el mecanismo principal.

Esto se entiende mejor con ejemplos cotidianos. Piensa en una conversación con un conversador vanidoso. En un grupo donde todos quieren destacar con algo ingenioso o demostrar cuánto saben, pregúntate: ¿por qué tanto deseo de hablar? Hablar bien, decir algo brillante, es en sí mismo una pequeña hazaña. Y quien lo hace no está pensando conscientemente "qué orgulloso estoy de mi capacidad para expresarme"; simplemente se siente atraído al acto, disfruta el momento, saborea su propia voz. Ese placer no necesita ser analizado con una narrativa "autoconsciente" que implica una "autoevaluación". En cambio, el placer de exhibir una microhazaña se vive como un impulso que arrastra.

En cambio, cuando la hazaña es grande -terminar una carrera, recibir un título, completar un esfuerzo largo-, ahí sí aparece una emoción intensa, acompañada de una autoevaluación consciente. Pero la verdad es que la mayoría de nuestras hazañas funcionan de manera automática: nos atraen, nos guían, nos recompensan en silencio. El orgullo que sentimos en el día a día no es más que este placer de hazaña operando en segundo plano, moldeando nuestra conducta mucho antes de que podamos ponerle palabras. A veces, se cristaliza en una narracción de "ego" para mejorar la historia que nos contamos a nosotros mismos -en palabras de autoevaluación-, pero esa autoevaluación consciente no es más que algo accidental que ocurre en grandes hazañas.

Por lo tanto, no acordamos con la teoría de las emociones autoconscientes. El núcleo primario del orgullo no es autoconsciente, sino un refuerzo automático (placer de hazaña). La autoconsciencia es un añadido cognitivo posterior, que solo se activa cuando la hazaña es tan significativa que necesitamos integrarla en nuestra autoimagen.

(Para más información: Ver Etxebarria, I., (2009). Las emociones autoconscientes positivas: el orgullo. En E. G. Fernández-Abascal (Ed.), Emociones positivas (pp. 167-180). Madrid. Pirámide. (ISBN: 91-393-89-89)

4.15. Hazañas por prescripción médica. La terapia de activación conductual contra la depresión.

"Si quieres adquirir una virtud, actúa como si ya la poseyeras". William James

"La acción parece seguir a la emoción, pero acción y emoción van juntas, y regulando la acción, que está bajo mayor control de la voluntad, podemos indirectamente regular la emoción, que no lo está". William James

Según lo documentan las investigaciones científicas, los pacientes que sufren depresión y son tratados con terapia cognitiva conductual (TCC) experimentan una recurrencia mucho menor que aquellos pacientes que son tratados con medicación (antidepresivos).

Entonces se preguntaron: ¿Qué es lo que hace tan eficaz a la TCC? A partir de esta curiosidad sobre la eficacia de la terapia TCC que fuera desarrollada por Aron Beck, las investigaciones comenzaron a dividir la terapia TCC por sus distintos componentes.

De estas investigaciones, lo que se llegó a comprobar es que el componente aislado de "activación conductual" mostraba por sí solo resultados igual de eficientes que toda la terapia TCC junta contra la depresión, e incluso mostraba resultados aún mejores.

Al respecto, como referencia, pueden considerarse los trabajos de Jacobson.

A diferencia de las terapias psicológicas TCC tradicionales para depresión, BATD, se basa en prescribirle al paciente que realice acciones de acuerdo a los valores del paciente. Es decir, activación conductual.

Cuando se realizan estas acciones, produce un efecto que revierte la depresión. (Maero 2012,)

Nosotros decimos que "acciones" de acuerdo a valores del paciente, son, en realidad, hazañas de acuerdo al Mapa de la Autoestima del paciente.

Jacobson encontró que esta terapia llamada "BATD "*tenía el mismo grado de eficacia en reducir la depresión, que la eficacia que tenían las terapias TCC donde combinan activación conductual con modificación de las creencias o sesgos*". Inclusive, otras investigaciones llegaron a demostrar que la "activación conductual" no sólo era, con menos recursos, igual de eficaz que toda la TCC, sino que, incluso llegaba a ser más eficaz.

Dicho de manera mucho más simple: no es necesario ayudarle a la persona a pensar distinto, basta con que tenga hazañas para que las hazañas produzcan unos sentimientos y esos sentimientos luego pueden cambiarle sus pensamientos.

Aplicación práctica: cuando te sientas desanimado no intentes pensar distinto de tí mismo, haz algo. Haza algo simple como ducharte, ordenar la casa, salir a correr, realizar una tarea. Una vez que ganes esa partida a la pereza, y tengas para mostrarte esa pequeña hazaña, verás que aparecen unas emociones,y esas emociones son las que luego te ayudan más fácil a cambiar tu pensamiento trágico.

Citas extraídas de:

" *Tratamiento breve de activación conductual para depresión: protocolo y guía cínica*". Fabian Maero. Paula Jose. 2015. Editorial Akadia.

4.16.La lógica inconformista de las hazañas. El horizonte que se mueve.

Cuando una persona sueña con tener un trabajo de gran sueldo, aparece como una posibilidad que lo va a hacer feliz. Es equivalente a "*el lugar feliz*". Sin embargo, cuando alcanza ese trabajo, el horizonte se mueve porque ahora siente que necesita un trabajo mejor para poder sentir orgullo personal de su situación en la vida.

El que se jacta de sus riquezas, necesita más riquezas para poder sentirse más orgulloso de sí mismo. El que se jacta de su poder, necesita más poder. Quien se siente orgulloso de su belleza, necesita más belleza. Quien llegó a batir un record deportivo, necesita batir un nuevo record más elevado. El horizonte de las hazañas siempre se mueve y parece que la hazaña que más se desea es la que aún no se alcanzó.

Esta lógica de inconformidad que tienen las hazañas resulta ingrediente importante para muchos procesos que veremos más adelante.

4.17.La Autoestima Sostenida. Trastornos alimentarios y otros problemas de la

autoestima sostenida.

Cuando veamos los diferentes tipos de Autoestima según vulnerabilidad a las anti-hazañas o dependencia a las hazañas, veremos que uno de los tipos de *Autoestima Vulnerable* es la *Autoestima Sostenida.*

La Autoestima Sostenida se verifica cuando una persona sostiene su Autoestima sobre una hazaña particular o sobre una imagen de sí misma de hazañas. Esto, unido a la lógica adictiva de las hazañas que vimos en 4.14, da lugar a una persona que en lo exterior aparece como muy soberbia – fanfarroneando y haciendo alarde de su hazaña-, pero en lo interior sufre una intensa angustia.

Porque quien tiene la autoestima sostenida de una hazaña, no puede soportar la posibilidad de perder esa hazaña, y eso le infunde intensa angustia.

En el caso de los trastornos alimentarios como Anorexia se vería esta situación. La hazaña de ser "flaca" unida a otras hazañas vinculadas como la hazaña de tener éxito con las dietas –éxito medido en la balanza- da ocasión a una Autoestima Sostenida donde toda la estima que la persona tiene de sí misma se sostiene en esa hazaña. Por ello, si pierde la hazaña… pierde la autoestima.

Además, la lógica inconformista de las hazañas que vimos en 4.14 lleva a que la flacura actual nunca sea suficiente para permitir esa felicidad. Aunque la persona esté flaca, como esa hazaña sostiene toda su autoestima, se aplica la lógica de la inconformidad –y el horizonte que siempre se mueve- y por ende no se siente orgullosa de sí misma sino avergonzada, y necesita aún verse más flaca, y más flaca.

Esta lógica de la inconformidad unida a Autoestima Sostenida lleva a la alteración de la percepción de la realidad. Quien está flaco pero no es la flacura su principal hazaña puede verse flaco en el espejo. Pero quien está flaco y es la flacura su principal hazaña y esa hazaña sostiene su Autoestima, entonces esta lógica intrínseca de inconformidad que tienen las hazañas hará sus estragos, y posiblemente se vea "gordo" aún siendo flaco.

La Anorexia se ve más en mujeres y jóvenes (ver al respecto Henriques & Calhoun, 1999) porque según el *Mapa de la Autoestima Social* de nuestra cultura resulta que "ser flaco" es una hazaña más importante para quien tiene la condición de ser joven y de ser mujer.

No obstante, hay otras formas de *Autoestima Sostenida* que son igualmente problemáticas. Quien tiene la Autoestima Sostenida de sus riquezas, sufrirá el mismo problema: la lógica de la inconformidad lo hará verse pobre, y, además, la posibilidad de perder esas riquezas, lo hará vivir sumido en una intensa angustia.

Es conocido el padecimiento que sufren las personas que son adictas a las cirugías estéticas. Cuando la belleza personal es la hazaña principal que sostiene la Autoestima, la misma lógica de inconformismo lleva a intentar cambiar la cara. Y eso impulsa un tendal de cirugías innecesarias.

Referencias:
Henriques, G. R., & Calhoun, L. G. (1999). Gender and ethnic differences in the relationship between body esteem and self-esteem. The journal of psychology, 133(4), 357-368.

4.18. El auto-engaño.
Hazañas de fantasía.

Cuando alcanzamos una hazaña (como un gran éxito, un mérito), aparecen emociones muy agradables que el idioma llama generalmente vanidad, ego, orgullo.

Por eso, la manera de "burlar" el mecanismo es mediante una hazaña de fantasía. Aquí la hazaña no existe, es una mentira, pero si la creemos –si creemos que la realizamos– sentimos de todas maneras esta satisfacción.

La condición para que el truco funcione es que la persona se crea el engaño. Por eso, siempre es inconsciente.

El auto-engaño de hazañas de fantasía puede escalar desde niveles normales y que se ven en toda la población, hasta la grandiosidad. Todos conocemos personas que no pueden reconocer sus propios errores, o que ven sus méritos mucho más grandes de lo que realmente son. ·Este leve distanciamiento de la realidad lo realizamos nosotros en baja graduación, pero en sus picos máximos llega hasta los delirios de grandeza.

Los investigadores en reiteradas ocasiones se han encontrado con este fenómeno. Algunos de ellos le llaman "auto-engaño" a secas (por ejemplo: Sackeim & Gur, 1979; Tenbrunsel & Messick, 2004) y otros prefieren llamarle en cambio "sesgos" (ver revisión de Concha y colegas, 2012)

Stevenson por ejemplo hizo una encuesta en 1981 donde les preguntaban a los conductores de automóviles si ellos consideraban que eran más hábiles y más cuidadosos que el promedio (citado por Concha, 2012). El resultado fue que, prácticamente, todos se creían mejores que el promedio.

Entre los que le llaman "sesgos", cobran mucho interés las investigaciones sobre "sesgo de auto-autoservicio". Consiste en un patrón de comportamiento mediante el cual las personas, ante el éxito, lo explican en sí mismas, pero, ante el fracaso, se lo atribuyen a causas exteriores (para una revisión de estos estudios ver Mezulis y colegas, 2004)

Conclusión: más allá de que los investigadores le llamen sesgo o auto-engaño, es un fenómeno ampliamente documentado por experimentos rigurosos que las personas alteran frecuentemente la percepción de la realidad para verse mejor de lo que en verdad son, lo que llamamos auto-engaño de hazañas, atribuirse hazañas.

Referencias:

Concha, D., Bilbao, M. Á., Gallardo, I., Páez, D., & Fresno, A. (2012). *Sesgos cognitivos y su relación con el bienestar subjetivo.* Salud & Sociedad: investigaciones en psicología de la salud y psicología social, 3(2), 115-129

Mezulis, A. H., Abramson, L. Y., Hyde, J. S., & Hankin, B.

L. (2004). *Is there a universal positivity bias in attributions? A meta-analytic review of individual, developmental, and cultural differences in the self-serving attributional bias.* Psychological Bulletin, 130(5), 711.

Sackeim, H. A., & Gur, R. C. (1979). *Self-deception, other-deception, and self-reported psychopathology.* Journal of Consulting and Cclinical Ppsychology, 47(1), 213.

Tenbrunsel, A. E., & Messick, D. M. (2004). Ethical fading: The role of self-deception in unethical behavior. Social Justice Research, 17(2), 223-236.

5. LAS ANTI-HAZAÑAS.

5.1. Un experimento para reconocer las anti-hazañas.

Aquí debes tratar de recordar los insultos que nos propina la voz de la auto-crítica cuando te sientes despreciable.

Haz la siguiente prueba. Pregúntale a un conocido tuyo, a cualquier compañero, a cualquier persona que conozcas esto:

-¿Qué se siente peor... olvidarte la billetera con todos los documentos y dos mil dólares en un asiento de una mesa de un bar, y perder dos mil dólares y todo eso... o, en cambio, que un ladrón te quite la billetera y así perder todo ello?

Olvídate de un ejemplo de violencia o peligro. Por lo general, la mayoría de las personas van a responder que se siente mucho peor perder dos mil dólares porque te has olvidado la billetera en un negocio que si los pierdes porque un ladrón te los quitó. Cuando el resultado negativo viene por un error propio, el sufrimiento es mucho más intenso porque te sientes un tonto. Te dices ¡Que tonto que fui! Y es insoportable. En cambio, si no tienes la culpa, es algo muy desagradable de todas maneras, pero el sufrimiento es menor.

Este pequeño experimento muestra, cómo introducción, de que se tratan "las anti-hazañas". Son aquellas circunstancias, datos objetivos, historias de vida, imperfecciones, derrotas, errores, que nos hieren nuestro orgullo, nuestro ego, y que, si son muy fuertes, nos pueden aplastar totalmente la autoestima hasta llevarnos al auto-desprecio. Una vez que caemos en el auto-desprecio, los sentimientos que aparecen son muy desagradables, muy angustiantes. Y pueden ser insoportables.

5.2. ¿Qué son las anti-hazañas? Cómo reconocerlas.

Las anti-hazañas, como la palabra lo indica, se reconocen por provocar los efectos adversos a los que provocan las hazañas.

Las anti-hazañas son todos aquellos hechos, características, vergüenzas, experiencias, derrotas, defectos, fracasos, circunstancias que tienen, como efecto, afectar tu orgullo o vanidad, y que, a su vez, impactan de manera negativa en tu prestigio social.

Una de las conductas que distingue a las hazañas, es el deseo de hacer alarde, pavonear, exhibirlas, fanfarronear. En principio con las anti-hazañas, se experimenta una tendencia opuesta: la persona avergonzada esconde sus anti-hazañas de la escrutadora mirada del otro.

¿Alguna vez te pasó de estar en una situación en donde te dices *"que no me haga la pregunta... que no me haga la pregunta"*? Por ejemplo, no tienes auto, y crees que no tener auto es anti-hazaña, y entonces dices *"que no me pregunten por el auto, que no me pregunten por el auto"*. En una reunión familiar, Jacinta se presenta y no tiene pareja, y cree que, por su edad, que el no tener pareja es anti-hazaña: entonces se dice para sus adentros *"que no me haga la pregunta, que no me pregunte por la pareja"*. Al lado suyo, Pepe está avergonzado de que no tiene estudios porque no terminó la facultad, y se siente menos que los demás por eso, y mientras hablan, piensa *"que no me pregunten por los estudios, que no me hagan la pregunta"*.

Como vimos en 4.10 hay un modo que tienen las personas con habilidades sociales que puede ser identificado como "el escuchador de hazañas". Pero de la misma forma, puede retratarse un personaje competitivo que puede ser "el escuchador de anti-hazañas". Es quien es competitivo y está buscando defectos y fracasos, que le dan satisfacción. Así que hará insistentes preguntas tratando de conocer el error, ya que le provoca cierta satisfacción.

Pero sin llegar a ser un personaje de "escuchador de anti-hazañas", igual involuntariamente muchas veces se hacen preguntas que pueden tener este efecto.

Aplicación práctica: Evitar, en reuniones sociales, hacer preguntas cuyas respuestas pueden ser anti-hazañas, para no hacerle pasar a la otra persona un mal momento.

5.3. El miedo a las anti-hazañas puede ser más fuerte que el miedo a la muerte.

Dentro de esta teoría Mapa de la Autoestima (M.A.), cobra muchísima importancia estudiar el miedo a las anti-hazañas. Porque el miedo puede ser muy intenso, generar oleadas de angustia, y ocasionar conductas defensivas que perjudiquen seriamente a la vida de la persona.

Quien trabaja como *Counselor*, como *Coach* o como *Instructor en M.A.* muchas veces hace su trabajo cuando identifica en su cliente el miedo a la anti-hazaña, el miedo a la anti-hazaña como motor del comportamiento, y por ello puede contribuir a aislar esa emoción, conocerla, y así superarla. De otra manera, ese miedo puede terminar destruyendo silenciosamente la vida de la persona, o impidiéndole desarrollar su potencial. Por ello es que resulta tan importante aprender a conocer el miedo a la anti-hazaña y la manera en que opera.

Las anti-hazañas generan miedo, y generan miedo porque las anti-hazañas pueden destruir el prestigio social y el orgullo.

Veamos un ejemplo sencillo de manual. Un hombre

puede tener prestigio social por la mujer muy linda y llamativa que tiene a su lado. Puede tener orgullo sobre esa hazaña. Genuinamente las gentes se sorprenden y lo valoran más por ello. Sin embargo, un día esa mujer le pone los cuernos, y resulta que los mismos que antes lo admiraban ahora lo compadecen, y desprecian. Es decir: la anti-hazaña puede tener la entidad para hacer trizas el orgullo, y el prestigio social de una persona.

Es por eso importante considerar el miedo a las anti-hazañas, como fuerza, como motor, de muchos comportamientos.

Las investigaciones muestran que tanto la pérdida del empleo como la jubilación, son eventos que incrementan dos o tres veces el riesgo de suicidio. Por otra parte, existen estudios que muestran que las preocupaciones de perfeccionismo, la preocupación por los errores y las dudas acerca de las acciones, se correlacionan con la tendencia al suicidio. A su vez, se ha demostrado que la anorexia nerviosa, sobre todo en mujeres de la adolescencia tardía, multiplican por cuatro el riesgo de suicidio. (Pérez Barrero, Ros Guerra, Anaya y Calás López, 1997;)

Todas estas circunstancias enumeradas están vinculadas a anti-hazañas, en tanto las anti-hazañas son los eventos, características, fracasos, circunstancias, etc. con entidad para deteriorar el orgullo, el ego, e incidir en el honor social.

En aquellas personas que tienen la característica de ser "mujeres" y "jóvenes", el pesar más de lo que indica la moda puede ser una anti-hazaña muy grave, lo mismo que para quienes tienen la característica de ser "hombres" y "adultos", el jubilarse también puede ser visto como grave anti-hazaña.

En el antiguo Japón los samuráis que eran derrotados en combate y que perdían su espada a manos de otro guerrero, debían suicidarse. El suicidio llamado seppuku (también llamado *Harakiri*) era una forma de defender su Honor. Mejor la muerte que la derrota. Si perdían en combate y perdían su espada (anti-hazaña), y luego no se suicidaban entonces no tenían honor (gravísima anti-hazaña). Ellos se suicidaban porque la muerte era mucho menos temida que la anti-hazaña. Si elegían no suicidarse, entonces podrían seguir viviendo, pero en las tierras de la anti-hazaña: sin orgullo por sí mismos y sin prestigio social de sus pares.

Por todo ello se concluye esto: *"El miedo a las anti-hazañas puede ser muy intenso, más intenso incluso que el miedo a la muerte"*

Referencias:

"Factores de riesgo suicida en adultos". S Pérez Barrero, LA Ros Guerra, T Pablos Anaya, R Calás López. Revista Cubana de Medicina General Integral 13 (1), 7-11, 1997. 43, 1997.

5.4. La anti-hazaña de la mala decisión. El miedo a la libertad. Conformismo.

"Es mejor equivocarse siguiendo tu propio camino que tener razón siguiendo el camino de otro" Fiodor Dostoievski

El miedo a la anti-hazaña de la mala decisión es tan fuere que muchas personas van por su vida sin atreverse a tomar ninguna decisión, y dejándose llevar, sin atreverse a tomar decisiones.

Mediante el caro mecanismo de no tomar decisiones, de no realizar cambios, se ponen a resguardo de la anti-hazaña de la mala decisión, que tanto miedo y miedo tan fuerte ocasiona. Dejan que los consejeros se apoderen de su destino, nunca hacen lo que creen, y no se animan a confiar en sus instintos, siendo excesivamente difícil tomar decisiones como abandonar una pareja que ya no es sana, cambiar un trabajo, o elegir un estudio. El miedo a la anti-hazaña de la mala decisión los conduce a no tomar decisiones... para estar a salvo de la anti-hazaña.

Esto también encuentra paralelismo en el libro de Erich Fromm "*el miedo a la libertad*", libro donde el psicoanalista postula que estas sociedades libres a menudo asustan a las personas.

Y eso lo es que pasa. Muchos prefieren que alguien les maneje la vida, les tome todas las decisiones. Se acercan a personas autoritarias para tener siempre un "papa" o una persona mandona que le dirija la vida de modo de no sentirse responsables de lo que construyen con su vida. Evitar tomar decisiones a todo precio y se hace de forma subconsciente, la manera en que se procesa y se lidia con el intenso miedo a la anti-hazaña de la mala decisión.

5.5. Experimento casero.
Advirtiendo el miedo a las
pequeñas anti-hazañas.

Las anti-hazañas tienen distinta potencia, porque no es lo mismo un error trivial como hoy combinar mal la corbata con la camisa, que un error grande como el fracaso a nivel más general y crónico.

Y según la potencia que tienen estas anti-hazañas, distinto también es el miedo que infunden, y la fuerza del golpe que le pueden dar a una autoestima de una persona. Sin embargo, distintas personas, muestran distinto grado de vulnerabilidad a las anti-hazañas.

Por lo general, los que parecen más fanfarrones o arrogantes, se ven como los que tienen una vulnerabilidad mayor.

Experimento: prueba señalarle pequeños errores a personas arrogantes, y vas a advertir que, en algunos casos, 1) no lo asumirán aunque sean reales (distorsión de la percepción de la realidad) 2) pueden reaccionar a la defensiva.

Este tipo de experimento puede ayudar a comprobar y advertir el miedo a las anti-hazañas, aunque se trate de anti-hazañas pequeñas.

5.6. Echar culpas para liberarse del peso de la anti-hazaña y descargarlo sobre otro.

Uno de los efectos clásicos que distingue a las anti-hazañas es el "echar culpas". Mediante el mecanismo de echar culpas quien sufre la anti-hazaña se libera de su peso y la descarga sobre otra persona.

De esta manera protege su orgullo, o también, cuando echar culpas es una forma de difamar, proteger su prestigio social mientras que desacredita a otra persona.

Esto que se conoce como la "tercerización de culpas". Quienes tienen un error propio y no lo pueden afrontar puede echar culpas a alguien, descargar sobre esa persona su error, responsabilizarlo, y de esa manera liberarse del peso del error o vergüenza.

Gray & Silver por ejemplo, comprobaron que las parejas de divorciados suelen culpar en el proceso a sus ex cónyuges de la ruptura.

Echar culpas se suele utilizar para proteger el orgullo de la anti-hazaña, y entonces la persona se auto-convence de la culpa del otro, y también para resguardar el honor social, y allí es cuando trata de convencer a todas las personas que la anti-hazaña es del otro.

Asimismo, muchas veces se usa la humillación para descargar sobre el otro el dolor de la propia anti-hazaña.

Por otra parte, cuando estudiemos *Admiración*, veremos que las hazañas ocasionan un comportamiento simétrico y opuesto. Mientras que, cuando sufrimos anti-hazañas, tendemos a echarle la culpa a otro para liberarnos de su peso… cuando vemos en el otro hazañas, sucede que nos "atribuimos" parte de esas hazañas, nos atribuimos el éxito, y tendemos a intentar arrogarnos parte del mérito de las hazañas ajenas para considerarnos orgullosos nosotros: las anti-hazañas propias se las atribuimos a otros (echar culpas), y las hazañas ajenas, nos las arrogamos para nosotros.

Referencias:

"Gray, J. D. and Silver, R. C." (1990). Opposite sides of the same coin: Former spouses' divergent perspectives in coping with their divorce. Journal of Personality and Social Psychology, 59, 1180–1191

5.7. Las tres características que distinguen a las anti-hazañas.

Las anti-hazañas se distinguen porque a) cuando las alcanzamos, tienden a provocar sentimientos muy desagradables que el idioma describe como vergüenza, ridículo, auto-odio, frustración, b) en principio tratamos de esconderlas de la mirada del otro para proteger la aceptación externa o prestigio social c) tienden a perjudicar el prestigio social.

Respecto de b) es de notar, por ejemplo, el caso de una mujer que pasó determinada edad y, avergonzada de las marcas de la edad en sus piernas (anti-hazañas), ya teme ir a la playa para que no las vean. O también podemos pensar en quien, tras haber aumentado de peso, intenta no salir a la calle ni a reuniones para evitar que lo vean. Es conocido, además, el caso del hombre que, en situación de desempleo, se aisla para evitar ser visto.

5.8 La humillación. Anti-hazaña social.

A su vez, una de las anti-hazañas más emblemáticas y más importantes de la historia de la humanidad es "la humillación". La humillación es la anti-hazaña social, porque mediante la humillación el humillador suele rebajar, denigrar, el valor del humillado.

Humillación viene de la palabra latina humus (tierra). Durante el tiempo dominado por la ética vertical del valor humano, el significado del verbo humillar aplicado a los hombres -bajar, poner en el suelo-.

La Humillación tiene 2 componentes importantes: 1) primero, es realizada intencionalmente por una persona, de manera que esa persona desprecia o desea despreciar a quien humilla, 2) el hecho real de la humillación, una anti-hazaña introducida en la realidad que proyecta un mensaje de fracaso o disvalor hacia quien resulta humillado. Es anti-hazaña porque siempre es un hecho concreto, es un hecho material, visible, que proyecta la conclusión de que el humillado es inferior. Sin embargo, tiene, además, el agregado muy importante de que cuenta con una opinión que la precede: la opinión del humillador que decide humillar porque primero desprecia al humillado.

Hartling y Luchetta (1999), en un trabajo realizado para desarrollar una medida de la humillación, afirman que un antecedente necesario en las relaciones de humillación es el poder: es necesario tener poder sobre el otro para poder degradarle hasta el punto de humillarle

Y exacto, de ahí la importancia crucial del poder. El poder es importantísimo en el reparto del orgullo y el prestigio social, porque, quien tiene poder, puede usarlo para humillar, y la humillación es un hecho realizado para dilapidar el orgullo y el prestigio social.

Referencias:
Hartling, L. M., & Luchetta, T. (1999). Humiliation: Assessing the impact of derision, degradation and debasement. The Journal of Primary Prevention, 1994, 259-278.

5.9. Anti-hazañas que alteran la percepción de la realidad.

La teoría de la disonancia
cognitiva de León Festinger.

Como vemos, las anti-hazañas afectan 1) el orgullo 2) el prestigio social.

Por eso, una forma de proteger el Prestigio Social es mentirle a los demás y esconder, de la mirada de ellos, la anti-hazaña propia. A su vez, una forma de proteger el orgullo, consiste en mentirnos a nosotros mismos para no aceptar la anti-hazaña.

Es muy común entonces que existan estas dos clases de mentiras: mentiras para proteger el orgullo (esconder anti-hazañas), para aumentar el orgullo (mintiendo hazañas), y mentiras para proteger el prestigio social (de anti-hazañas que se esconden de la mirada de los demás), y mentiras para aumentarlo (es el caso de que se inventan o exageran hazañas)

Todas estas son estrategias torpes e inconscientes que la mayoría de las personas realizan a la búsqueda de aumentar y de proteger el orgullo y el prestigio social. Cuando el prestigio social o el orgullo aumentan, las sensaciones son agradables. Cuando disminuyen, son dolorosas. Y para aumentar esos placeres o prevenir estos dolores, de manera inconsciente se llega a estas estrategias de mentiras. Y se ven, especialmente, en el caso de las anti-hazañas.

Respecto de las anti-hazañas y el orgullo, es interesante ahora la teoría psicológica de la disonancia cognitiva. La disonancia cognitiva, ampliamente estudiada a partir las investigaciones de Leon Festinger.

La disonancia cognitiva se entiende como " *la incongruencia entre lo que un individuo sabe o cree y lo que hace, esto provoca que el sujeto busque las justificaciones adicionales para aliviar la tensión que causa esa discordancia*"

Añadiremos que esto sucede según el M.A. cuando lo que un individuo sabe o cree, y lo que realmente le sucede (o hace), es una anti-hazaña, entonces resulta que necesita justificar para esconder la anti-hazaña de su propia mirada y así proteger su orgullo.

El experimento de León Festinger consistía en pedir a una serie de voluntarios que realizaran una tarea muy aburrida. Al concluir la tarea dividió a los sujetos en tres grupos, les preguntó qué les había parecido la tarea y todos opinaron que les resultó muy aburrida. A los voluntarios del primer grupo, el grupo control, les dijo que el experimento había concluido y que se podían ir. A los voluntarios del segundo grupo, les dijo que fuera había una persona que tenía que realizar la tarea pero que no estaba muy convencida, así que les daría 1 dólar si le decían que la tarea había sido muy divertida, con los del tercer grupo hizo lo mismo, pero en vez de un dólar les dio 30.

Al cabo de una semana Festinger llamó a todos los sujetos para preguntarles de nuevo qué les había parecido la tarea, los del primer grupo (que no habían recibido nada de dinero) y los del tercer grupo (los que habían recibido 30 dólares) reafirmaron su anterior respuesta, que la tarea había sido muy aburrida.

Sorprendentemente descubrió que los del segundo grupo (los que habían recibido 1 dólar) creían que la tarea había sido divertida.

La explicación de por qué en el tercer grupo no se produjo el efecto de disonancia cognitiva, es que para que este efecto se produzca, los sujetos deben tener la percepción de libertad de elección al realizar la conducta, y los 30 dólares que les había pagado por mentir, de alguna forma les obligaban a mentir otra vez y decir lo que primero pensaron en la primera pregunta, cosa que no estaba justificada en el segundo grupo que sólo recibió un dólar y solo mintió la primera vez. Al haber recibido solo 1 dólar tenían que hacerse creer a sí mismos y a los demás que la actividad fue realmente divertida ya que había una inconformidad por haber sido mal pagado en comparación con los que recibieron 30 dólares y eso producía que se auto-justificaran por haber aceptado un mal pago por haber realizado algo que no estaban convencidos.

También todos experimentamos la disonancia cognitiva cuando hacemos una compra y empezamos a preguntarnos *"¿será o no buena la compra?, ¿habré acertado?...".* y ahí entra la publicidad para hacernos sentir que hemos elegido un producto que nos dará muchas satisfacciones aunque en realidad no lo necesitamos.

Coincidencia con la teoría de la disonancia cognitiva: Tiene soporte en cientos de experimentos que ratifican esta hipótesis, y coincidimos en que, cuando lo que hacemos pone contradicción lo que creemos, podemos justificarnos con excusas o mentiras para acortar la distancia entre nuestra forma de comportarnos y nuestras creencias.

Crítica a la teoría de la disonancia cognitiva: Alude solamente a un sub-conjunto de un conjunto mucho más grande. El conjunto más grande es que nos mentimos a nosotros mismos muchas veces para no ver las anti-hazañas y quedar a salvo de ellas, y el caso de la las malas decisiones (anti-hazaña de la mala decisión, mala compra, etc.) solamente es un grupo menor adentro de este grupo mayor. Además, cuando lo que hacemos rompe nuestras creencias previas, pero nos sorprende para beneficio de nuestro orgullo, nos sorprende con más valor de hazaña, entonces no se produce la disonancia cognitiva... lo que demuestra que lo que llaman "disonancia cognitiva" es sólo una manera de proteger el orgullo de una anti-hazaña por medio de una cortina de mentira y auto-justificación.

En otras palabras: nos engañamos a nosotros mismos para no ver nuestros defectos, y cuando nuestros actos son vergonzosos (anti-hazañas) recurrimos a rodeos para no verlos como tales.

Referencias:
"A Theory of Cognitive Dissonance.". Leon Festinger. 1957.

5.10. El síndrome del pedido de socorrista.

"El fracaso no siempre es un error, es simplemente lo mejor que uno pudo hacer bajo ciertas circunstancias. El verdadero error es dejar de intentarlo". B. F. Skinner

En la playa cuando la corriente del mar es fuerte y una persona no puede volver nadando sola a la orilla, grita pidiendo auxilio del socorrista o bañero.

Algo parecido pasa, a veces, con las anti-hazañas muy poderosas. A veces una persona sufre una anti-hazaña tan fuerte que no puede perdonarse a sí misma y no puede aceptarse. Puede ser una derrota que sufrió, un error que tuvo, una decisión vergonzosa que muestra un lado de ella que no quisiera tener.

Entonces... pide ayuda para recobrar su autoestima. Manipula a otras personas para que las otras personas digan algo que la ayude a lidiar con la anti-hazaña.

En 5.7 vimos que una de las características de las anti-hazañas es que se esconden de la mirada del otro para proteger el prestigio social. Sin embargo, esto tiene una excepción en la frecuente conducta del pedido socorrista. Aquí la persona, como no puede tolerar el impacto terrible de la anti-hazaña, necesita hablar de ellas con lástima de sí misma, para inducir a la otra persona a que le diga palabras agradables.

Como la anti-hazaña destruyó completamente la Autoestima, el pedido de socorrista consiste en hablarle a otras personas de la anti-hazaña buscando que esas otras personas le den el "Amor" y la "Aceptación" que no puede darse por sí misma y así, con esa ayuda externa, poder recuperar su autoestima.

Pasa muchas veces en pareja. Uno usa a su pareja para calmar las vergüenzas interiores y repite una y otra vez sus defectos para recibir, una y otra vez, palabras de aceptación que ayuden a calmar el dolor que esos defectos producen. O el caso de la esposa que se siente excedida de peso y le dice al marido "estoy gorda" para escuchar, una y otra vez, que el marido le contesta que no, que no está gorda.

La manipulación del pedido de socorrista es exitosa y siempre hay alguien que tiene disposición, aunque sea por lástima, a darle esa aceptación externa. Entonces, como da resultado, se consolida y se traduce en un rasgo de personalidad de quien manipula a los demás contando sus vergüenzas y errores para recibir una aceptación externa que sirva para poder afrontar esos temidos fantasmas interiores.

Aplicación Práctica: Aprender a detectar esta conducta emocional y dejar de caer en el pedido de socorro ya que la lástima ajena no sirve para nada. Aprender a lidiar con esa anti-hazaña (error, vergüenza, fracaso, decisión equivocada, defecto) y practicar el ejercicio de enfrentar uno mismo las emociones que ocasiona. Solamente mirando cara a cara a la anti-hazaña y asumiéndola y asumiendo las emociones que ocasiona, podrá venir luego la única aceptación que permitirá superarla, que es la auto-aceptación.

5.11. Futuras anti-hazañas como pensamientos frecuentes.

"He tenido miles de problemas en mi vida. La mayoría de ellos nunca sucedieron en realidad" Mark Twain

Como las anti-hazañas y las hazañas según M.A. son elementos que producen emociones demasiado intensas, resulta que nuestra mente tiene una predisposición a ir hacia ellas: nos absorben el interés como imanes.

Generalmente, las anti-hazañas futuras se instalan como miedos permanentes. La posibilidad de cometer un gran error que destruya nuestra vida para siempre, la idea de que algo irreversible habremos hecho sobre lo cual nos arrepentiremos, incluso también un error social como una manera inadecuada de haberle contestado a una persona... son como fantasmas.

Por lo general, esto se ve incrementado hasta niveles exponenciales con una tendencia a exagerar lo malo. Es lo que

Aron Beck llamaba el "pensamiento catastrófico".

A veces la mente se ve atraída por anti-hazañas del pasado, y volvemos atrás sufriendo de las malas decisiones que tomamos y de cómo tendríamos que haber actuado: eso no sirve para nada, pero por el poder emocional de las anti-hazañas atrae la mente.

Es perfectamente normal que estas visualizaciones sobre anti-hazañas - pensamientos feos sobre grandes errores que iremos a cometer, cosas terribles que nos pueden pasar, posibilidades que están en el horizonte del destino, pero que se ven más reales cuando las imaginamos, inseguridades o creencias que fallaremos- se instalen en nuestra mente hasta ir copándolo todo. Se llega a vivir con miedo, siempre pensando en errores gravísimos que iremos a cometer o que hemos realizado, etc. Vivir con miedo y arriesgando lo menos posible.

Las "anti-hazañas" son tan interesantes y relevantes -por las fuertes emociones que infunden- que nuestra mente no se puede ir de ellas. El que se siente gordo, piensa todo el día que es gordo. El que se siente feo, todo el día que es feo. El que cree que se ha equivocado en algo grave, todo el tiempo trata de rememorar el fatídico error.

La mayoría de estos ensueños de pesadilla... nunca se realizan. A pesar de eso, afectan tanto la felicidad que terminan por generar un rostro facial negativo, desanimado, como abrumado por la vida. Además, cuando la anti-hazaña futura temida no se concreta y el riesgo se disipa, la mente, rápidamente, encuentra una nueva anti-hazaña futura para experimentar de nuevo la misma angustia.

Todos esos grandísimos problemas futuros que alguna vez tanto nos preocuparon, un día vimos que no se cumplieron y que no sucedió aquello tan negativo...¿Quién nos devuelve igual la angustia vivida?

Ello sucede por el modo en que nuestra mente se relaciona con hazañas y anti-hazañas imaginadas. Nuestra imaginación está diseñada para proyectar el futuro. La imaginación es equivalente a ojos sobre el futuro. Y lo que más interesa son hazañas y anti-hazañas. Por ende, si no estamos pensando en cosas lindas y agradables, nuestra mente se sentirá atraída hacia anti-hazañas como vergüenzas, derrotas, ridículos, errores, etc.

5.12. Luchar contra los pensamientos negativos los hace más fuertes.

Ante esta situación, el consejo fácil e intuitivo consiste en "Alejar los malos pensamientos". Se trata de suprimir todo lo malo y reemplazarlo por afirmaciones positivas "Soy lindo" "Soy feliz" y ese tipo de cosas.

No funciona porque, como demuestra Hayes (2005), cuando suprimimos un pensamiento, en realidad, estamos pensando que suprimimos ese pensamiento... y, por lo tanto, estamos pensando en eso. Intentar suprimir las angustias hace que vuelvan con más fuerza.

Por lo tanto, lo que recomienda Hayes y la Terapia de Aceptación y Compromiso en general consiste en "Aceptar" los pensamientos negativos, sin luchar contra ellos y aprender a verlos como lo que son: "pensamientos". Si un hombre tiene un pensamiento feo recurrente (por ejemplo, que se equivocó y por dicho error despedirán del trabajo), en ACT recomiendan no luchar para suprimirlo, sino verlo desde afuera. El ejercicio consiste en verlo como un "pensamiento", un producto de la mente. Se recomienda entrenar cierta curiosidad sobre los "pensamientos", productos de la mente y mirarlos desde afuera, sin negarlos pero viendo que son eso: "pensamientos".

Hayes S. Spencer Smith. (2005) *Get Out of Your Mind and Into Your Life: The New Acceptance and Commitment Therapy*

5.13. La psicología positiva. La gente feliz es más exitosa.

" *Esfuérzate por ser feliz.*" Desiderata. Poema.Max Ehrmann,

Hay una rama de estudio creciente de la Psicología que se interesa por el poder que tienen las emociones positivas para mejorarnos la vida.

Por ejemplo, en una meta-revisión de investigaciones empíricas Chida y colegas (2008) encontraron una alta correlación entre las emociones positivas y la baja de la mortalidad. Revisaron 35 estudios que investigaban la mortalidad en población inicialmente sana, y 35 estudios que investigaban la mortalidad en población ya enferma. En ambos tipos de población, los estudios encontraron que las emociones positivas redujeron la mortalidad.

En un interesante estudio publicado por Lyubomirsky y colegas (2005), se obtuvo que la felicidad, además, opera como un predictor del éxito. Dicho de otra manera: si somos felices, es más probable que logremos el éxito en lo que nos propongamos.

Revisando numerosos estudios sobre el tema, encontraron que las personas felices son más exitosas en un número muy amplio de rubros, desde el matrimonio hasta las amistades, el desempeño laboral y la salud (Lyubomirsky, 2005). No es que son felices porque tienen éxito, sino que su felicidad predice el éxito. (Lyubomirsky, 2005)

Referencias:

Chida, Y., & Steptoe, A. (2008). Positive psychological well-being and mortality: a quantitative review of prospective observational studies. Psychosomatic medicine, 70(7), 741-756.

Lyubomirsky, S., King, L., & Diener, E. (2005). *The benefits of frequent positive affect: does happiness lead to success?.* Psychological bulletin, 131(6), 803.

5.14. Patrón de uso frecuente de la imaginación según las hazañas y las anti-hazañas. Mal humor frecuente. Buen humor frecuente.

La Imaginación es una potencia que permite visualizar el futuro, y también puede traer imágenes del futuro.

En principio, y a rasgos generales, podemos mostrar dos patrones o hábitos de uso de la Imaginación respecto de hazañas y anti-hazañas. Cuando, usualmente, se visualizan anti-hazañas (una persona pensando todo el tiempo en cosas feas, que la ponen angustiada o de mal humor, preferentemente errores personales, malas decisiones, derrotas de su vida, defectos) o cuando, usualmente, se visualizan hazañas (soñador, imaginado proyectos, ilusiones concretadas, pensando cómo se sentiría si sus objetivos se concretan).

La Imaginación es como un radar intenso de hazañas o anti-hazañas. Si está prendido en el modo anti-hazañas, siempre aparece un error o una vergüenza. Si piensa que algo malo puede suceder, todo el tiempo piensa en eso. Si, luego, esa posibilidad se disipa, el alivio dura poco ya que, rápidamente, piensa en otra futura anti-hazaña.

En cambio, otros, del modo soñador, están más frecuentemente pensando cómo se sentirían si lograsen sus objetivos, si sus planes se concretasen, o rememorando aciertos del pasado.

Además, esto puede significar una manera de apoyar a los otros a salir del patrón negativo (imaginar todo el tiempo anti-hazañas) y pasar a su patrón positivo (conectar con las fantasías de proyectos, de logros). Maxwell en "25 maneras de ganarse a la gente" da muchos ejemplos acerca de cómo, a veces, una persona por confiar en alguien le otorgó la confianza suficiente para confiar en sí misma. Entonces dice que estar atentos y reconocer a los otros, reconocer sus méritos y su valor, puede darle a personas el impulso decisivo para sacar de sí su potencial.

Maxwell, J. C. (2005). 25 maneras de ganarse a la gente: cómo hacer que los demás se sientan valiosos. HarperEnfoque.

15.15. La psicología positiva desde M.A.

"No abandones las ansias de hacer de tu vida algo extraordinario. No dejes de creer que las palabras y las poesías, sí pueden cambiar el mundo." Walt Whitman.

"No dejes nunca de soñar, porque sólo en sueños puedes ser libre". Walt Whitman.

Sostenemos que las anti-hazañas y hazañas son elementos que ejercen una atracción fuertísima para nuestra mente.

Por lo tanto, la mayor diferencia entre las personas que están agobiadas por pensamientos negativos y las que están la mayor parte del tiempo felices, consiste en la forma en que usan su imaginación.

Si su imaginación les muestra futuras anti-hazañas, de nada les servirá luchar contra esos pensamientos porque serán muy poderosos. Si, en cambio, su imaginación les muestra futuras hazañas (sueños), entonces esto será igualmente atractivo y tenderá a mantenerse lográndose emociones agradables y positivas de manera más habitual.

Lo que se puede hacer es cambiar el patrón, mediante este ejercicio como técnica para ser una persona más alegre.

Primero: prestar atención a los productos de nuestra mente, los pensamientos y, sobre todo, las fantasías, la imaginación. Muchas veces el producto de nuestra mente será una idea desagradable y dramática. No intentar luchar contra eso, sino aceptarlo y, sobre todo, observarlo. Otras veces, en cambio, en nuestra mente habrá paisajes agradables, escenarios donde se concretan nuestros proyectos, planes bellos por hacer de nuestra vida algo mejor de lo que es. Se trata, generalmente, de "Visualizar": la Imaginación muestra un paisaje del futuro y el paisaje es bello. Son veces en que estamos "soñando despierto" con ideas agradables, pero, generalmente, si son de hazañas (como éxitos, proyectos concretados, circunstancias que elevan nuestra autoestima) ejercerán mucha atención e interés en nuestra mente.

Una vez que observamos cuáles son nuestros sueños, cuáles son nuestros proyectos, el ejercicio consiste en estimular esta divagación.

Nos han enseñado que soñar está mal, que no es realista, que es inmaduro. O que no es inteligente.

Pensemos en cuentos tradicionales de la cultura popular como el cuento de la lechera. La lechera iba caminando con un cántaro lleno de rica leche para vender en el pueblo. Mientras caminaba, soñaba con el dinero que iba a cobrar al vender la leche. Luego de esto, soñaba con la cantidad de cosas que se iba a comprar con el dinero. Luego, soñaba con las cosas que iba a poder hacer con lo comprado y el nuevo dinero que podría producir. Con el dinero de la venta de la leche, se iba a comprar una canasta llena de huevos. Luego, de esos huevos iban a salir pollos y gallos que iba a volver a vender. Luego, con ese dinero compraría un cerdito el cual le podría resultar en un negocio mayor. Así ella iba imaginando mientras caminaba hacia el pueblo para vender la leche, cuando tropezó con una rama y la leche se perdió. La moraleja de esta fábula es que... "soñar está mal".

Además, entrenamos el cinismo. Aprendemos a burlarnos de los sueños exagerados de los optimistas. Uno escribe y se cree poeta, pero qué lo va a ser. Entonces nos reímos. Otro se cree que va a ser rico, pero qué lo va a conseguir. Nos reímos. Eso pareciera ser más cínico o más irónico. Más sofisticado. Pero esa misma burla, se nos vuelve en contra ya que sepulta la posibilidad de soñar y de ser exagerados con los sueños.

Así, como la fábula de la lechera muestra cómo se domestica a la gente para ser pesimista y borrar sus ilusiones, luego la mente no se apaga y empieza a soñar anti-hazañas, que parecen como más legítimas. Las anti-hazañas suelen ser tan exajerada. Entonces por velarse la posibilidad de soñar los ensueños bellos, se termina llenando la cabeza de pesadillas igualmente irreales.

¿El resultado? Mal humor constante. Agobio.

Por eso, resulta una fábula representativa de la cultura popular donde habita un desdén hacia los proyectos y hacia los sueños optimistas. Así es como, cuando asumimos que disfrutar de nuestras fantasías de hazañas está mal, la Imaginación no deja de funcionar sino que nos comienza a suministrar fantasías… pero fantasías de anti-hazañas.

La imaginación no se puede manejar demasiado fácil. Tiene su propia dinámica. En general, atraen muchísimo las emociones de hazañas y anti-hazañas. Por lo tanto, si se quitan las ilusiones de futuros felices y grandiosos por una mirada cínica, la imaginación va a seguir exajerando, volando. Pero esta vez, en cambio, mostrará futuros catastróficos. Igualmente irreales, pero que proporcionan mucho peor semblante y mucho mayor mal humor.

Las fantasías de anti-hazañas (como errores del pasado, imperfecciones graves, cosas graves que pueden ocurrir) comienzan a instalarse en la mente y a crecer como superpoblación, porque primero –en nombre de un realismo– se quitó a las fantasías sobre hazañas, como si soñar estuviera mal.

Suprimimos ese hábito de soñar hazañas, pero el radar no se apaga y entonces queda modificado el patrón. Si inicialmente toda la población de imágenes que crece en nuestra imaginación era en gran parte de hazañas y en menor parte de anti-hazañas, al reprimir los sueños positivos queda todo desvirtuado el mecanismo y quedamos con un patrón negativo que lleva a mal humor frecuente.

En cambio, el ejercicio consiste en tratar de revertir el patrón. Identificar cuáles son esas ensoñaciones placenteras para estimularlas, conseguir que duren más tiempo y ver de poder evocarlas. Los pensamientos negativos no se van a ir nunca. Luchar contra ellos puede ser además contraproducente. Mejor es aceptarlos.

Pero, mediante este tipo de estrategia, de potenciar las imaginaciones de hazañas, las imaginaciones de situaciones agradables, se puede, poco a poco, modificar el patrón y lograr que la felicidad y el optimismo sean más frecuentes.

Por eso la palabra indicada para el ejercicio es "visualizar".

Cuando tenemos identificado qué es lo que nos produce placer pensar y soñar, deberemos tratar de multiplicar, a lo largo del día, esas experiencias para que se vayan haciendo, con el paso del tiempo, más frecuentes. Hay que aislar esos momentos. ¿Estoy pensando algo bueno y exagerado para mi futuro? Bien. Seguir así. Eso se tiene que amplificar. Pasarla bien un poco con eso.

No hay que dejar que "la culpa de los cínicos" nos quite ese rato de ensueños. Aunque los grandes ensueños crónicos no se vayan a cumplir -o tal vez, si-, de todas maneras dejan una mentalidad más positiva, orientada hacia lo bueno.

15.16. La utilización de música para llegar a estados mentales de fantasías positivas.

Los místicos, cuando en sus ensoñaciones alcanzaban el éxtasis, se valían de diferentes estímulos como aromas agradables y también la música.

Por ello, si hay una música que conozcamos que nos potencia las imaginaciones agradables y los ensueños del futuro positivos, se puede utilizar para cambiar el patrón: dejar de imaginar siempre anti-hazañas y comenzar a imaginar más frecuentemente hazañas.

Los griegos reconocían la capacidad de la música para propiciar vivencias de éxtasis. La música constituía para ellos un elemento facilitador de la revelación, tanto de los misterios órficos como en los dionisíacos explica Colli (1995).

Dice el mismo San Agustín en las Confesiones:

"¡Cuánto lloré también oyendo los himnos y cánticos que para alabanza vuestra se cantaban en la iglesia, cuyo suave acento me conmovía fuertemente y me excitaba a devoción y ternura! Aquellas voces se insinuaban por mis oídos y llevaban afectos de piedad, que me hacían derramar copiosas lágrimas, con las cuales me hallaba bien contento"

Los místicos muchas veces utilizaron la música como una herramienta facilitadora de fantasías que les permitía experimentar frenesí, éxtasis, según explica el psiquiatra Javier Alvarez. Se trata de emociones muy agradables que aparecen cuando la Imaginación suministra fantasías sobre posibles hazañas futuras o permite rememorar las hazañas del pasado.

También en el Antiguo Testamento se observa que cuando el Rey Saúl, David tomaba el arpa y tocaba, Saúl se sentía aliviado y entonces se le pasaba el ataque del mal espíritu.

Por ello, aunque cada persona es distinta y lo que le sirve a una puede no servirle a otras, en este tipo de ejercicios basados en M.A. orientados a cambiar el patrón de uso de la Imaginación (Dejar de imaginar todo el tiempo anti-hazañas y comenzar a soñar más frecuentemente con fantasías de hazañas) cabe prestarle atención al papel de la música y de otros estímulos como los aromas, los lugares y la práctica de deportes.

Si tenemos identificadas algunas canciones o melodías que nos estimulan los pensamientos y fantasías agradables, resulta importante exponernos más frecuentemente a estas canciones y disfrutar sin culpa de estos viajes de la imaginación que son los sueños.

Hay personas que son muy soñadoras: si, a cuento del realismo y del escepticismo se privan de soñar grandes futuros y proyectos, lo más probable es que los sueños sigan igual, pero sean sueños de pesadillas y entonces la mayoría del tiempo vida transcurra imaginando cosas desagradables que, paradójicamente, resultan tan irreales como lo hubieran sido los sueños optimistas.

No se trata de imponer un pensamiento positivo, sino de desarrollar una mirada de "testigos" o "investigadores" sobre el tipo de pensamientos y fantasías que transitan por nuestra mente. Cuando tenemos identificados los positivos, el ejercicio consiste en tomar medidas dirigidas a estimular esa actividad positiva de la imaginación.

Referencias:

Colli, G.: La sabiduría griega, Trotta, Madrid, 1995, 59.

Álvarez, J. (2000). Éxtasis sin fe. Ed. Trotta.

15.17. Un ejercicio de psicología positiva ya estudiado.

Dentro de la Psicología Positiva, los estudiosos se proponen encontrar la forma de que cada persona pueda aumentar su bienestar personal.

Entre estos ejercicios, rescatamos *"Best Possible Self"* (BPS). Es un ejercicio que también está relacionado con "Visualizar", la propuesta de 5.15 para modificar el patrón de uso de la imaginación y en lugar de soñar siempre anti-hazañas (posibles errores, posibles malas decisiones, posibles vergüenzas), comenzar a soñar más frecuentemente logros y proyectos, sin culpa por ser optimistas.

La eficacia de este ejercicio para producir buenas emociones y un estado de ánimo positivo ha sido demostrada por numerosas investigaciones empíricas. El ejercicio demostró eficacia para elevar la esperanza, el optimismo, la felicidad presente, y las expectativas sobre el futuro.

Consiste en imaginarte cómo serías en un año o en unos años, pero en tu mejor manera posible.

¿Cómo sería tu vida dentro de unos años en tu mejor manera posible?

Se trata de "Visualizar" esta posibilidad con la imaginación y escribirla en un cuaderno. Además, es importante resaltar cualidades positivas presentes que podrían servir para alcanzar este mismo destino soñado. Si se sueña con alcanzar el éxito con una empresa en internet, puede añadir, por ejemplo, "para eso me servirán mis habilidades para aprender nuevos desafíos" o "para eso me servirá mi perseverancia y paciencia". Al imaginar el BPS, se procura indicar qué rasgo presente, utilizado al máximo, le servirá para alcanzar ese futuro.

Se debe primero elegir un período de tiempo para proyectar (cómo serás en 6 meses en tu "best possible self" o cómo serás en 5 años en tu "best possible self", o en dos años, o en diez años, etc). Luego se escribe en un cuaderno esto para repasarlo mejor y, sobre todo, para visualizarlo. BPS es un ejercicio que los psicólogos expertos en Psicología Positiva le recomiendan a sus pacientes: los investigadores han encontrado eficacia para aumentar el optimismo, la esperanza y el bienestar emocional general.

BPS significa en resumen practicar el ejercicio de imaginarte cómo serías en "tu mejor manera posible" en el futuro.

ALGUNAS INVESTIGACIONES SOBRE EL EJERCICIO BEST POSSIBLE SELF Y SU EFICACIA PARA MEJORAR EL BIENESTAR Y EL OPTIMISMO.

Peters, M. L., Flink, I. K., Boersma, K., & Linton, S. J. (2010). *Manipulating optimism: Can imagining a best possible self be used to increase positive future expectancies?. The Journal of Positive Psychology*, 5(3), 204-211.

Sheldon, K. M., & Lyubomirsky, S. (2006). *How to increase and sustain positive emotion: The effects of expressing gratitude and visualizing best possible selves. The Journal of Positive Psychology,* 1(2), 73-82.

Layous, K., Nelson, S. K., & Lyubomirsky, S. (2013). *What is the optimal way to deliver a positive activity intervention? The case of writing about one's best possible selves. Journal of Happiness Studies,* 14(2), 635-654.

Meevissen, Y. M., Peters, M. L., & Alberts, H. J. (2011). *Become more optimistic by imagining a best possible self: Effects of a two week intervention. Journal of behavior therapy and experimental psychiatry,* 42(3), 371-378.

6. LAS IDENTIDADES ESTEREOTIPADAS.

6.1. Las identidades estereotipadas. Definición.

Las identidades estereotipadas son muy importantes en el *Mapa de la Autoestima* porque las utilizamos para evaluarnos desde ellas a nosotros mismos y para encasillarnos, y también las usamos para juzgar, conocer, y entender a las demás personas. Nos condicionan nuestra mirada de nosotros mismos y la forma que tenemos de mirar al otro.

Son muy importantes porque actúan sobre nuestra conducta ya que tratamos de evitar caer en estas identidades, o de abrazarlas....(según sean buenas o malas), y también porque determinan, muchas veces, la forma en que vemos al "otro", ya que nos generan una tendencia a encasillar a la gente, a reducirla, y a ver a los otros como a *personajes enlatados* o como estereotipos. Tenemos estas identidades en nuestro M.A. y las utilizamos de modo que interfieren dramáticamente en la manera en que vemos a las otras personas a quienes tendemos a encasillar.

Las identidades estereotipadas positivas son hazañas que guardan dentro de sí, como bolsas, un conjunto de hazañas. Las identidades estereotipadas negativas son anti-hazañas que guardan dentro de sí, como bolsas, un grupo de anti-hazañas.

Son creaciones de la cultura popular, personajes estilo prototipo. Si son valiosos, nos asimilamos a uno de ellos, y a resultado de ello, sentimos orgullo y prestigio social. Si son disvaliosos, entonces al asimilarnos nos producen vergüenza y deshonor.

Además, los utilizamos, inconscientemente, para conocer a las otras personas, y prejuzgarlas. Colocamos a las otras personas dentro de estos estantes, intentando reducirlas, creyendo que las conocemos a partir de pocas señas, y según ello, las admiramos, o las despreciamos.

Mucha gente les da tanta importancia que reduce toda su individualidad, todo el enigma de su ser, todo su universo particular, en uno de estos estereotipos fabricados o moldes que impone la cultura para catalogar a la gente o encasillarla.

Son, también, como "islas" señaladas por tu *Mapa de la Autoestima.*

Si son positivas –identidades con hazañas-, una persona se puede acercar a ellas para tratar de sentir más orgullo, y aumentar su prestigio social. Si son negativas, puede ocurrir que se aleje de ellas por miedo de perder el orgullo y el prestigio social.

Por ejemplo, pensemos en algunos ejemplos de *"identidades estereotipadas positivas"* de nuestra cultura.

El dandy. El dandy es un prototipo que suele tener mucho prestigio. El dandy es un personaje que se caracteriza por algunas hazañas en especial como vestirse bien, tener mundo, llevarse bien con la gente, poder improvisar una conversación con cualquier persona en cualquier lugar, saber desempeñarse socialmente, etc.

Entonces, para poder "llegar" hasta esa islita del M.A., para poder "sentirte" un Dandy, sabes que tienes que lograr todas esas hazañas específicas que lo caracterizan (vestirse bien, ser sociable, ser simpático, saber desenvolverse, saber de comidas, etc.) , y que, si las logras, si alcanzas esas hazañas, entonces puedes pasar a usar esta identidad estereotipada y colocártela como si fuera un disfraz. Y entonces decirte "soy un dandy".

Otro ejemplo puede ser "el surfer". Una identidad estereotipada en la cultura popular más reciente. Si quieres ser un *surfer* debes lograr una hazaña principal que es practicar el surf y practicarlo medianamente bien. Por ejemplo, entre los surfers hay una crítica a los iniciados que consiste en decir *"no se para"* para señalar a la persona que dice ser "surfer", dice practicar el surf, pero su habilidad es tan pobre que ni siquiera se puede parar en la tabla. Además de la hazaña de practicar el surf, y de poder hacerlo bien, el surfer tiene también otras hazañas como estilo de vida surfer, cierto tipo de ropa, incluso alguna música, etc. Entonces si ya practicas el surf (hazaña), ya lo has logrado practicar bastante bien (hazaña dos), luego puedes ir a comprarte esa ropa especial, colocarte esos adornos como pulseras, collares, rasta, y así, gracias a todas esas hazañas, alcanzar la identidad estereotipada de "el surfer".

Es importante que veas cómo estos mecanismos son tan poderosos que pueden definir una personalidad.

Ahora piensa en identidades estereotipadas negativas creadas también por la cultura.

Puede ser por ejemplo "el perdedor". Una identidad estereotipada que se hace con anti-hazañas como el fracaso, el no alcanzar objetivos, las frustraciones, etc.

Numerosas investigaciones de psicología experimental dan cuenta del impacto de los estereotipos en la autoestima de las personas.

Por ejemplo, Beltran (2002) advirtió que cuando una persona conoce a otra, rutinariamente la categoriza en términos de estereotipos según las "features" de esa persona observada. Nosotros decimos "features"... es lo que aquí llamamos "hazañas" porque los estereotipos se hacen con hazañas o anti-hazañas. Devine (1989) observó que los estereotipos se pueden aprender en la infancia y se hacen automáticos, y nos afectan sin que percibamos conscientemente su efecto.

En resumen:

Una identidad estereotipada positiva es la que se construye con hazañas, genera orgullo y da prestigio social. Una identidad estereotipada negativa es la que se hace con anti-hazañas, genera vergüenza, y quita prestigio social.

Todas estas cosas, las identidades estereotipadas, habitan en tu M.A. Y cuando sientes que las alcanzas, dices "soy un " o "soy una", y según si es positiva o negativa, experimentas orgullo, alegría y vanidad, o vergüenza, frustración y tristeza.

Las identidades estereotipadas se suelen convertir en un contenido que pretende abrazar a todo tu "yo", fusionarlo.

.

Citas extraídas de:

"Self estimates of general, crystallized, and fluid intelligences in an ethnically diverse population" James C. Kaufman. Learning and Individual Differences. Volume 22, Issue 1, February 201

6.2 Las identidades estereotipadas. Prestigio social. El líder como estereotipo.

Como dijimos, estas identidades estereotipadas habitan el *Mapa de la Autoestima, y* se las puede clasificar como negativas (de anti-hazañas) si quitan orgullo, y prestigio social, o como positivas (de hazañas), si dan orgullo y prestigio social.

De esta forma, tendemos a "mirar" al otro de acuerdo a estos estereotipos pre-fabricados que tenemos en nuestro M.A., y, según si resulta favorecido por el encasillamiento, o resulta perjudicado, tendremos a respetarlo más, a admirarlo, o incluso a respetarlo menos, desdeñarlo o discriminarlo.

Esto es muy importante en el caso del liderazgo. Porque el liderazgo, como fenómeno social, está hecho a través de la conducta de los seguidores.

Son los seguidores los que hacen a un líder, y eso ocurre cuando lo reconocen, cuando deciden reconocerlo como tal. Y esto último sucede cuando la persona realiza "hazañas" (tales como éxitos, logros) o tiene hazañas (por ejemplo "simpatía" o "aplomo", alegría, etc.) que, de acuerdo al M.A. se los seguidores, son las hazañas propias de la identidad estereotipada del líder.

Está muy enquistado en la cultura popular la idea de los "líderes" (que nacen), e ideas difusas como "carisma", de manera tal que sucede el estereotipo: se encasilla a una persona como tal por sus hazañas, y eso genera admiración, y retroalimenta la profecía auto-cumplida.

Sobre todas las cosas, la hazaña que hace al líder es el hecho de mostrar liderazgo dentro del grupo. Y aunque esta afirmación parezca una tautología, un razonamiento circular, no lo es, sino que muestra la clave de lo que podemos llamar la propaganda del liderazgo. Se trata del conjunto de hechos orientados a convencer, persuadir, al potencial seguidor, de que se ostenta un liderazgo por sobre el grupo. De esta manera, dos seguidores, pueden hacer un líder en un grupo de cientos de personas, porque esos dos seguidores, con su comportamiento, pueden ayudar a generar hechos que convenzan a las demás que esa persona es... "un líder". Esto se refuerza porque está enquistada la idea de que el liderazgo es una cualidad de nacimiento, y que "se es" o "no se es", y, por ende, tan solo dos seguidores que se comporten como tales, pueden instalarle a todos los demás miembros del grupo la convicción de que se trata de una persona "líder", que nació "líder".

Este desarrollo que hacemos está en coherencia con las llamadas "teorías implícitas del liderazgo". En este sentido, los investigadores definen las creencias acerca de cómo los líderes se tienen que comportar para ser considerados tales y que se espera de ellos (Eden & Leviatan, 1975; Munford, Zaccaro, Harding, Jacobs & Fleishman, 2000; Wofford & Goodwin, 1994).

Por ejemplo, si una persona cree que "un líder" es siempre muy extrovertido, simpático, y cariñoso con la gente.... entonces cuando vea esas características en alguien, esto tenderá a generar que, tras otras hazañas similares, este admirador lo termine encasillando en el estereotipo de "líder" a quien le detentó esas hazañas.

Los estudiosos del tema, han concluido, de acuerdo con esta línea de las teorías implícitas, que el liderazgo es fundamentalmente un proceso atribuitivo de la percepción social, siendo la esencia del mismo el ser percibido como líder por los demás (Lord&Maher, 1991). En abono de esta postura, se ha demostrado que, si una persona es catalogada como líder, es posible observar un incremento de la influencia sobre sus seguidores, algo que no ocurre si ocupa una posición de jefe y no es percibido como tal (Kats & Kahn, 1978).

Tanto los líderes como los seguidores poseen un guión o estereotipo sobre cuáles son las conductas esperadas de una persona para ser considerada líder (Wofford, Godwin & Wittington, 1998).

Es decir: una persona emerge como líder si el grupo le atribuye características propias del liderazgo emparentadas con las teorías implícitas de los seguidores (Lord & Maher, 1991) Numerosas investigaciones experimentales apoyan esta afirmación (Lord, Foti & De Vader, 1984; Lord & Maher, 1991; Phillips & Lord, 1981).

En otras palabras: este proceso de catalogar a los demás y colocarlos en un estante de una identidad estereotipada de acuerdo a sus hazañas o anti-hazañas, también es lo que permite el liderazgo, porque la más importante característica que debe tener una persona para ser líder en un grupo es que los integrantes del grupo la vean como líder.

Citas extraídas de *"Teorías implícitas del liderazgo, calidad de la relación entre líder y seguidor (LMX–intercambio líder/ seguidor) y satisfacción"*. AC Solano - Anuario de psicología/The UB Journal of psychology, 2008 - raco.cat

6.3 Identidad estereotipada. Libros

de seducción. Mujer "fácil" Mystery
Method. Aplicación práctica

Distintos autores que escriben libros de seducción para hombres dan cuenta del fenómeno de la "fulana" o "zorra" -por ejemplo Mystery (Erik Von Markovik), Mario Luna, Alvaro Bonillas, John Alexander, hablan de este tema-.

Mystery lo denomina *"anty-slut defense"* (traducido por Mario Luna como "factor fulana"), y consiste en un mecanismo poderoso que hace que interrumpan el avance de la seducción.

Según Mystery, este mecanismo no solo hace que ellas quieran evitar que las perciban como una "mujer fácil", lo cual afectaría su status social, sino que también hace que ella prefiera no sentirse como tal.

Observemos que el Coach de Seducción considera los dos planos de toda hazaña o anti-hazaña: el plano interno -orgullo, sentirse como tal- y el plano externo -prestigio social, ser percibida como fulana-.

Mystery dice que la interacción resulta insostenible para una mujer si pierde la oportunidad de decir "yo no buscaba esto". Aunque ella lo desee tanto como él, nunca aceptará una situación que la haga responsable de sus actos. Necesita -según Mystery- poder negar, todo el tiempo, su responsabilidad en lo que está ocurriendo.

Mystery explica *"por ejemplo si le dices hey volvamos a mi casa y tengamos sexo.. te dirá que no aunque lo desee, porque diciendo que sí se haría responsable de lo que está pasando (y es algo que nunca hará")".* En cambio -prosigue- *"si le dices vamos a pararnos en casa, camino a la fiesta, tengo que enseñarte mis peces tropicales",* dice que, en ese caso, tiene una excusa, una negación plausible para ir a tu casa, y entonces... tener sexo, porque una cosa lleva a la otra. Dice Mystery *"Que ocurra de casualidad es muy romántico para ella, después de todo si estaba destinado a pasar entonces... ¿cómo podría ser un fallo suyo?".*

John Alexandre, en su libro "Cómo ser un macho alfa",

dedica páginas y páginas a presentar a mujeres que desean ardientemente tener sexo, pero que no lo hacen por miedo a ser consideradas mujeres fáciles, por esa represión que es propia de la cultura machista. De allí que también da consejos, en la misma línea de Mystery, para poder relacionarte con ellas, evitando que se aparezca este obstáculo, dándoles excusas para que se puedan sentir bien.

Más allá de que no compartimos estos estereotipos rígidos sobre el patrón de relaciones hombre-mujer, es cierto que por cuestiones de cultura machista, existe esta identidad estereotipada de anti-hazañas de la mujer fácil o fulana. Y Mystery lo nota muy bien porque dice que no solamente eso le baja el status (prestigio social), sino que también a la misma mujer no le gusta sentirse así (orgullo). Al afectar el orgullo, y el status social, esto tiene todas las características para ser una anti-hazaña de manual, una identidad estereotipada que es una anti-hazaña y que, por ende, expele lejos el comportamiento.

De este ejemplo de manipulaciones que aconsejan estos autores, se puede ir a muchas otras manipulaciones idénticas que resultan de identidades estereotipadas. Es decir: no solamente "mujerzuela" es una identidad estereotipada, sino que en el M.A., por impacto de la cultura, hay muchas identidades estereotipadas más, y muchísimas veces hombres y mujeres actuamos de una manera para evitar auto-catalogarnos de una forma, o para catalogarnos de otra. Estas identidades estereotipadas infunden miedos que alejan la conducta, y, como la negación plausible de Mystery, la persona estratega puede tomar los recaudos para evitar que el otro se sienta mal.

Referencias:
"The Mystery Method: How to Get Beautiful Women Into Bed". (2007). Erik James Horvat-Markovic,
"Cómo ser un macho alfa". John Alexander. 2010.

Aplicación práctica: Tener en cuenta las identidades

estereotipadas que una persona puede desear alcanzar o puede temer.

6.4. Fusión – Fusión Social – Fusión Intima.

En la *Terapia de Aceptación y Compromiso* (ACT), se presta mucha atención a los mecanismos que llaman "fusión cognitiva".

Aluden a cuando una persona se "fusiona" con un pensamiento, como si ese pensamiento lo fuera todo.

Aquí lo que vemos es que las hazañas y las anti-hazañas al ser datos relevantes para el prestigio social tienden a convertirse en etiquetas. Desde el lado social, son etiquetas que reducen a la persona, a los términos de lo que es relevante para medir su prestigio social. Puede ser la hazaña de la riqueza, la anti-hazaña de la pobreza, la hazaña de la belleza, la hazaña del éxito, la hazaña de la clase social, la anti-hazaña de la baja clase social.

Entonces se llega al punto de que se reduce toda la biografía de una persona a su anti-hazaña más relevante. Por ejemplo, hoy, en nuestra cultura hedonista y superficial, se suele considerar a la vejez una anti-hazaña, entonces una persona que tiene avanzada edad se le reduce toda su biografía, y se la cataloga como "un viejo", porque es la anti-hazaña lo que la define en tanto es lo más importante para su prestigio social

Así, son las personas superficiales que ven a la otra persona midiendo cuáles son sus hazañas o anti-hazañas más relevantes, y suelen encasillarte con el nombre de tu anti-hazaña.

Pero mucho más grave que el aspecto social y de discriminación, es la propia auto-discriminación: cuando la persona hace de su anti-hazaña el rasgo fundamental que la define, y, poniendo la anti-hazaña del fracaso, dice *"soy un perdedor"*, o, poniendo la anti-hazaña de pesar más de lo que dice la moda, dice *"soy una gorda"*.

Esto mismo sucede con las identidades estereotipadas que habitan el M.A. Abrazan a la singularidad y especialidad de una persona hasta fusionarla en una caricatura o personaje acartonado que ya está pre-establecido por la cultura. Y de acuerdo con eso, se le da o se le quita el prestigio social.

La anti-hazaña abraza a la persona hasta fusionarla.

Aunque no es exactamente esto a lo que se refieren en la Terapia de Aceptación y Compromiso (ACT), tomamos este concepto de "*fusión-cognitiva*" porque es lo que sucede con las hazañas, y con las anti-hazañas. Pueden absorber una personalidad: tanto desde el lado del prestigio social, la mirada discriminadora del otro puede catalogar de acuerdo a una anti-hazaña, o, asimismo, desde el lado interno, y mucho más grave, la misma persona se puede hundir y simplificar al definirse con el nombre de su anti-hazaña.

En ACT practican distintos ejercicios de "difusión". Esto quiere decir no negar el pensamiento negativo, sino reducirlo a lo que es "*un pensamiento*", aceptar el pensamiento y vivir igual de acuerdo a los propios objetivos.

Tomar esta técnica es interesante respecto de la fusión con anti-hazañas: aplicar la difusión. No negar la anti-hazaña como lo dicen los libros de autoayuda ("tu eres grandioso", "tú vales muchísimo" "piensa en positivo"), sino aceptarla, pero verla como lo que es: una anti-hazaña, y luego comprometerse con acciones que sean importantes para lograr concretar lo que son nuestros deseos y nuestros sueños.

En otras palabras: la defusión es separarte de tu anti-hazaña o separarte de tu hazaña, y saber que tú no eres tus hazañas ni tus anti-hazañas, sino tu voluntad que puja por hacer de tí una mejor persona. Mientras tanto, la fusión es esa tendencia intrínseca que tienen las hazañas y las anti-hazañas, así como las identidades estereotipadas, de de absorber tu misterio y aquello que te hace único, y colocarte una etiqueta de acuerdo a lo que es presuntamente relevante para tu prestigio social y para la aprobación de la mirada del otro.

En conclusión a todo esto, podemos hablar de tres fusiones:

Fusión Social: Son las etiquetas sociales que dan lugar a prejuicios y a tribus urbanas. Se etiqueta a la persona por una hazaña o anti-hazaña, y se dice "una gorda", "un negro", y de acuerdo a eso, se discrimina o se acepta a esa persona. El prejuicio lleva a reducir a una persona a esa etiqueta, y llamarla por ese nombre, y a veces esto implica prestigio social y aceptación, y otras veces estigma y discriminación. La fusión social es cuando un grupo a una persona la etiqueta con una hazaña o anti-hazaña, y la ve a esa persona fusionada con ella, la ve el grupo desde el prejuicio.

Fusión Intima: La misma persona se etiqueta a sí misma y se reduce a una hazaña o anti-hazaña. Dice *"soy un feo"*, o dice *"soy un ganador"*, dice *"soy un inútil"*. Aquí es donde resultan eficaces las técnicas de *"fusión-defusión"* de la *Terapia de Aceptación y Compromiso* (ACT), que ayudan a la persona a ver que su "YO" no se reduce a una circunstancial anti-hazaña, sino que es mucho más.

Fusión Mixta: Se dan las dos al mismo tiempo. Puede ser una persona que tiene una hazaña muy importante, y el grupo la fusiona con esa hazaña y la admira, y, a su vez, la persona se ve a sí misma como la hazaña, y siente orgullo. O con respecto una anti-hazaña, el grupo la utiliza como etiqueta para describir, definir y entender a una persona, y esa persona la utiliza para definirse a sí misma.

Aplicación práctica: Puedes utilizar ejercicios de *"fusión-defusión"*. Cuando tengas un pensamiento que te agobia, puedes decirlo en voz alta, luego puedes decirlo en voz alta y cantando, luego puedes decirlo en voz alta, cantando, y con voz de falsete.

En general los ejercicios de *"fusión-defusión"* de la Terapia de Aceptación y Compromiso, apuntan a darte cuenta que no eres tus pensamientos, sino que los observas. No es lo mismo decir "soy una gorda", que decir *"tengo la anti-hazaña de estar excedida de peso"*, ni que decir *"tengo el pensamiento de que tengo la anti-hazaña de que estoy excedida de peso"*. Se trata de romper la fusión con el pensamiento, y sin dejar de aceptarlo, aprender a mirarlo en perspectiva. Cada vez que te encuentres fusionado con una anti-hazaña, -o identidad estereotipada-, puedes probar reconocer e identificar la anti-hazaña, y luego decir *"observo que me ha visitado el pensamiento de que (mencionar la anti-hazaña)"*.

Aplicación práctica 2: La Fusión Social lleva a las Etiquetas Sociales y a la discriminación. Ante este tipo de situaciones que producen un desagradable rechazo social o discriminación y desprecio, es importante conocer el estereotipo que miran en ti, y no dramatizar tanto esta circunstancia, ya que es una conducta muy predecible de la psicología social y el problema está en aquellos que la realizan. También es importante la parte educativa, porque los docentes –por ejemplo- pueden crear consciencia en los alumnos del daño que pueden causar estos estereotipos superficiales, permitiendo una mayor empatía y mejores vínculos.

Referencias:

Hayes, Steven C.; Kirk D. Strosahl (2004). *A Practical Guide to Acceptance and Commitment Therapy*. Springer.

7- EL MAPA DE LA AUTOESTIMA PERSONAL (M.A.P), Y EL MAPA DE LA AUTOESTIMA SOCIAL (M.A.S.).

7.1.- El M.A.P y el M.A.S.

Tienes un "*Mapa de la Autoestima Personal*" (M.A.P.) que es el que te permite reconocer, como un sensor, las hazañas y las anti-hazañas, y según si las alcanzas, encuentras sentimientos placenteros de vanidad, ego, orgullo, etc.

Interactúas en un medio, una sociedad, que tiene un "*Mapa de la Autoestima Social*" (M.A.S) que consiste en los valores sociales imperantes.

Cuando logras un mérito que es una importante hazaña en tu "Mapa de la Autoestima Personal", entonces sientes una especie de felicidad parecida a una leve euforia, que es el placer de la vanidad, del ego. Cuando logras un mérito que es una importante hazaña según el "*Mapa de la Autoestima Social*"... entonces aumenta tu prestigio social y te conviertes en una persona más respetada.

Piensa en este momento en la persona con más prestigio social en tu grupo de conocidos, en tu ambiente. ¿Cómo es esa persona? ¿Qué características tiene que permiten que la gente tanto la valore? ¿El éxito económico? ¿Su belleza tal vez? ¿Su simpatía? Esas características son sus hazañas.

¿Tú la admiras por esas características que hacen que la gente de tu alrededor la admire? Entonces tienes un "Mapa de la Autoestima Personal (M.A.P)" muy parecido al "Mapa de la Autoestima Social (M.A.S)" de tu ambiente, comúnmente diríamos que tienes unos valores parecidos. ¿Tú no la respetas tanto como las otras personas? Entonces tu "Mapa de la Autoestima Personal" (M.A.P.) es distinto al "Mapa de la Autoestima Social" (M.A.S.) de tu grupo.

Por lo general tu M.A.P está muy influido por los valores que te dieron tus padres y referentes importantes en tu infancia, y, sobre todo, por el M.A.S. de tu grupo, de tu ambiente, de la cultura que te rodea.

7.2-El M.A.S. y el M.A.P. La internalización. Lev Vygotski

Si bien lo más importante son los valores personales (M.A.P.) para determinar nuestras conductas guiadas por la búsqueda de orgullo o de prestigio social, lo cierto es que estos valores personales son profundamente influenciados por los valores circundantes de nuestra cultura y de nuestro medio social (M.A.S.).

Al respecto, es interesante considerar el fenómeno psíquico de «internalización» del sujeto, planteado por Lev Semiónovich Vygotsky.

Es de especial importancia, para entender el desarrollo de las funciones psicológicas superiores, el fenómeno psíquico de «internalización» del sujeto, cuyo proceso de autoformación se constituye a partir de la apropiación gradual y progresiva de una gran diversidad de operaciones de carácter socio–psicológico, conformado a partir de las interrelaciones sociales y en general de mediación cultural. En esta dinámica de operaciones, según Vygotsky, la cultura se va apropiando del mismo sujeto.

Este permanente proceso de internalización cultural, científica, tecnológica, valorativa, etc., revoluciona y reorganiza continuamente la actividad psicológica de los sujetos sociales; la internalización que se manifiesta en un progresivo control, regulación y dominio de sí mismo, conducta que se evidencia en el ámbito sociocultural.

Este origen social y cultural de la conducta individual y colectiva del sujeto es solo un ejemplo de la importancia que el fenómeno de internalización de normas, valores, etc., representa para la preservación, desarrollo y evolución de la sociedad y al cual Vygotski define como la «ley de la doble formación» -

Esta ley consiste en que *"en el desarrollo cultural del niño, toda función aparece dos veces: a nivel social, y más tarde, a nivel individual. Primero (entre) personas (inter-psicológica) y, después, en el (interior) del niño (intra-psicológica)"*

Vygotski consideraba que la internalización hace referencia a un proceso de autoconstrucción y reconstrucción psíquica, a una serie de transformaciones progresivas internas, originadas en operaciones o actividades de orden externo, mediadas por signos y herramientas socialmente construidas.

El desarrollo de este fenómeno de internalización se presenta en una primera etapa cuando el sujeto, a partir de su nacimiento, interactúa con sus congéneres en un medio familiar y escolar sociocultural específico. Experiencias que paulatinamente se van transformando en procesos mentales.

Lo que plantea Vygotski entonces como algo más general, es lo mismo que decimos en lo específico: el M.A.S. es social, aparece en las interacciones sociales, pero luego termina por ser internalizado en un sistema de valores personales M.A.P. (Mapa de la Autoestima Personal), donde es re-construido por el propio individuo, y por eso, puede variar en algunos puntos con respecto al M.A.S.

No obstante, nuestra diferencia es que el M.A.P., por lo que estuvimos observando, no se nutre únicamente del M.A.S. del medio social, de la cultura, del lenguaje, de las representaciones sociales, sino que toma esa información, pero también recoge información de otros medios, como la observación del medio, y ciertos caracteres como la "dificultad" que parecen estar naturalmente asociados al reconocimiento de lo que son "las hazañas". Es más: los antropólogos han encontrado que distintas civilizaciones tienden a endiosar animales y han elegido siempre a los animales que tienen hazañas.

Referencias:
"Vygotsky's Psychology: A Biography of Ideas", Cambridge, MA: Harvard University Press, 1990.

7.3.-El M.A.S. de las distintas culturas y la autoestima. Estudio experimental de Autoestima en distintas culturas.

Muchas personas, cuando recién aprenden el M.A., tienden a negarlo.

El argumento favorito es sostener que cada persona decide a gusto sus propias hazañas, y que es algo totalmente subjetivo, y dependiente del gusto y placer de cada persona, que se puede cambiar todos los días como quien cambia de ropa. Es lo mismo que dicen los libros de autoayuda "Amate tal cual eres" y asunto solucionado.

Sin embargo, en una reciente investigación, se realizó una encuesta entre más de 5.000 adolescentes y adultos jóvenes en 19 países de Europa Occidental y Oriental, Oriente Medio, Sudamérica y Africa, y se demostró que no es tan cierto que cada persona elige a gusto y placer sus propios valores (Becker, 2014).

En efecto, los investigadores comprobaron que la autoestima es el resultado de la forma en que cada persona interiorizaba los valores de su cultura a nivel implícito, a pesar de que aseguraren no adherirse a los mismos. Esto también es importante: aunque suelen interiorizar estos valores, la mayoría de las personas pretende no adherirse a ellos.

El estudio es una muestra de los diferentes M.A.S. de las distintas culturas y del impacto que tienen en el M.A.P. de las personas, aunque ellas digan no adherirse a los valores imperantes.

Los investigadores concluyeron que, en contextos donde se priman valores como la libertad individual o la búsqueda de una vida estimulante, como en Europa Occidental o en ciertos países de Sudamérica, la gente es susceptible de basar su autoestima en la sensación de controlar su propia vida. En otros, en los que predominen la conformidad, la tradición y la seguridad, como en ciertas partes de Oriente Medio, África y Asia, la gente se muestra más proclive a que la autoestima dependa del sentimiento de haber cumplido con su deber. (Becker, 2014).

No te puedo asegurar que tu M.A.P. es idéntico al M.A.S. de tu sociedad y de tu cultura, porque siempre hay diferencias, porque cada cual trata de modificarlo un poco (Actitud Política, ya lo veremos), y también por la mayor influencia que pudo haber tenido el M.A.P. de tus padres, y además por el tema de la "posición" en el M.A. que es tan importante. Pero esta investigación invita a pensar la alta influencia que el M.A.S. (o valores de tu ambiente) ejerce sobre tu M.A.P. y que, por lo tanto, al alcanzar las mismas hazañas que a ti te otorgarán prestigio social, sucederá que sean las mismas que te provoquen sentimiento de placer o satisfacción de orgullo o ego.

Aplicación práctica: Para observar y conocer mejor tus emociones, acepta tus valores y tu M.A.P. tal cual como realmente es, y no como te gustaría que fuese.

Ver más información en "Cultural Bases for Self-Evaluation. Seeing Oneself Positively in Different Cultural Contexts", investigación dirigida por Maja Becker, publicada en "Personality and social psychology bulletin" (2014).

7.4. La teoría de la representaciones sociales. Serge Moscovici

La teoría de las representaciones sociales de Serge Moscovici guarda mucha relación con lo que aquí estamos llamando Mapa de la Autoestima Social (M.A.S.).

Moscovici nos dice:

"... Toda representación social está compuesta de figuras y expresiones socializadas. Es una organización de imágenes y de lenguaje porque recorta y simboliza actos y situaciones que son o se convierten en comunes. Implica un reentramado de las estructuras, un remodelado de los elementos, una verdadera reconstrucción de lo dado en el contexto de los valores, las nociones y las reglas, que en lo sucesivo, se solidariza. Una representación social, habla, muestra, comunica, produce determinados comportamientos. Un conjunto de proposiciones, de reacciones y de evaluaciones referentes a puntos particulares, emitidos en una u otra parte, durante una encuesta o una conversación, por el "coro" colectivo, del cual cada uno quiéralo o no forma parte" (Moscovici, 1961/1979, citado por Perera, M., 2005,)

A su vez, Moscovici nos da otra explicación más acotada:

"Representación social es un conjunto de conceptos, enunciados y explicaciones originados en la vida diaria, en el curso de las comunicaciones interindividuales. En nuestra sociedad se corresponden con los mitos y los sistemas de creencias de las sociedades tradicionales; incluso se podría decir que son la versión contemporánea del sentido común... constructos cognitivos

compartidos en la interacción social cotidiana que proveen a los individuos de un entendimiento de sentido común, ligadas con una forma especial de adquirir y comunicar el conocimiento, una forma que crea realidades y sentido común" (Moscovici, 1961/1979, citado por Perera, M., 2005,)

Ahora bien: dentro del conjunto de fenómenos a los que Moscovici y quienes siguen su escuela se refieren como "representaciones sociales", está lo que llamamos M.A.S. como algo más específico, y que se refiere a aquellas "representaciones sociales" vinculadas con hazañas o anti-hazañas, y que, para seguir a Moscovici, también pueden ser imágenes, porque las representaciones sociales aluden también a estos personajes de la cultura popular, que ya hemos visto como "identidades estereotipadas" cuando se refieren a bolsas de hazañas o de anti-hazañas.

Por ende, lo que llamamos M.A.S. es perfectamente congruente con la teoría de las representaciones sociales, ya que, en parte, es un sub-conjunto de representaciones sociales.

Referencias:

Perera, M. (1999): *"A propósito de las representaciones sociales: apuntes teóricos, trayectoria y actualidad"*. Informe de investigación. CIPS. La Habana.

Rodríguez, T. (2003): *"El debate de las representaciones sociales en la psicología social"*. Revista Relaciones, invierno, Vol.24, No. 93. El Colegio de Michoacán, Zamora, México.

7.5-El M.A.S. y las diferencias al momento de relacionarse de hombres y mujeres. Aplicación práctica.

Desde la prehistoria, los hombres, por cuestiones biológicas, estaban mejor preparados para determinadas cosas que eran las que daban prestigio: la fuerza, la guerra, la caza, el trabajo que antes era más de fuerza, los duelos, etc.

A partir de esa diferencia, se fue consolidando un M.A.S. (mapa de la autoestima social) muy machista, donde "las hazañas" que dan orgullo y prestigio social a los hombres, relacionadas con el éxito, el poder, la inteligencia, y se fue objetando a la mujer, convirtiéndola en una cosa destinada a dar placer al hombre.

Esto es muy dinámico y va cambiando, hay distintas sociedades, culturas, pero todavía, como herencia cultural, está e incide sobre el M.A.P. (mapa de la autoestima personal) de las personas. A partir de eso, es lícito, como análisis sociológico, la generalización (pero esa generalización debe entenderse como propia justa solo si se trata de personas que tienen un M.A..P relacionado con ese M.A.S.)

A grandes rasgos, una de las principales diferencias entre hombres y mujeres para relacionarse, está en lo que van buscar en una relación de pareja para tener orgullo y prestigio social.

La hazaña que busca el hombre:

Sin perjuicio, de que hombres y mujeres disfrutan el sexo, lo cierto es que al hombre le da orgullo, y prestigio social esta hazaña: "disfrutar el cuerpo de la mujer" (objeto). Cuanto más linda sea la mujer y más mujeres sean, más prestigio social obtiene el hombre.

La hazaña que busca la mujer:

Y a la mujer le da orgullo y prestigio social el "sentimiento" del hombre hacia ella. El sentimiento de amor de un hombre prestigioso es como un trofeo que convierte a la mujer en una campeona, en una triunfadora.

Las diferencias en el prestigio social:

Cuando una mujer simplemente se divierte, y todos los días está con uno distinto, las amigas, como eco del M.A.S. machista, le dicen "ellos te usan" y la desprecian... Esto mismo no le pasa al hombre que está disfrutando el cuerpo de varias. Ahí tenemos una diferencia muy importante, porque ante la misma conducta o circunstancia, si eres mujer te quitará prestigio social y las gentes te criticarán o despreciarán por ello, pero si eres hombre te dará honor social y te dará más aceptación.

Las 5 hazañas fundamentales para las mujeres según el tradicional M.A.S. machista.

La mujer, para ser vindicada socialmente, dentro de las típicas culturas machistas, necesita la principal hazaña femenina: ser amada por un hombre de prestigio.

En sociedades antiguas, donde la fuerza era la que distribuía el poder -y el poder el prestigio, a través de la humillación-, los hombres eran los prestigiosos. Y el prestigio de los hombres se hacía en base a hazañas como inteligencia, fuerza y poder.

¿Las mujeres cómo llegaban a subir socialmente? Lo hacían por otras ventajas más relacionadas con su aptitud de ser elegidas por un hombre de prestigio.

Estas ventajas eran 1) ser muy lindas (porque así el hombre se fijaba en ellas) 2) tener alta clase social o linaje al descender de otros hombres de prestigio (porque dará hijos con sangre prestigiosa) 3) ser amadas, lograr ser realmente amadas, lograr enamorar a un hombre de prestigio 4) ser exclusivas, y para eso evitar que otros hombres disfruten del cuerpo de ella.

Si la hazaña del hombre es disfrutar del cuerpo, cuando muchos hombres disfrutan del cuerpo de una mujer entonces esa hazaña pierde dificultad, y exclusividad, y, por ende, valor de hazaña.

Por ello, añadiremos como 5) el ser castas. Estas 5 hazañas fundamentales les daban orgullo y honor social a las mujeres en el M.A.S. clásico heredado de las sociedades antiguas, hechas y forjadas por un mundo donde el hombres eran quienes tenían el poder.

En efecto, como vimos en 4.5 la dificultad es una de las características que da más potencia de hazañas a las hazañas. Por ello, si la mujer estuvo con muchos hombres, entonces la hazaña de disfrutar sexualmente de su cuerpo, pierde dificultad De esta manera, la "garantía" de virginidad da prestigio (siempre en estas culturas machistas) a la mujer, porque demuestra la mayor dificultad de su acceso y la mayor hazaña que representa para el hombre el conquistarla.

Un ejemplo de posibilidad de ascenso social de las mujeres lo dan las "vírgenes del sol" de los Incas. Las "vírgenes del sol" eran una sacerdotisas niñas que eran reclutadas por provenir de la alta clase social de los Incas, o por ser extraordinariamente bellas. Tras pasar por ese sacerdocio, la virginidad estaba garantizada, y estas vírgenes del sol podían luego ser elegidas esposas por la nobleza, e incluso tener el privilegio máximo de llegar a convertirse en esposas del Inca.

Es un buen ejemplo de cómo se heredan estos M.A.S. históricos que definen las hazañas tradicionales y machistas de las mujeres.

Y de todas ellas, nos interesa especialmente el sentimiento, porque traza una gran diferencia: el sentimiento de amor del hombre hacia ella como hazaña de la mujer, y el disfrutar del sexo de la mujer como hazaña del hombre. Esto - insistamos- no quiere decir negar que a hombres y mujeres les interese el sexo, sino que fija el tablero de lo que cada uno puede llevarse del otro en una relación entendida como negocio de prestigio social.

Al respecto, cabe tener en cuenta el formato típico de telenovela de amor exitosa (incluso 50 sombras). La heroína es una mujer despreciada socialmente por otras mujeres, porque tiene anti-hazañas tales como baja clase social, timidez, fealdad, etc. Sin embargo, ella se fija en un hombre de alto prestigio social (puede ser por ejemplo, un empresario exitoso). A contra mano de todos los pronósticos, finalmente, y tras una larga lucha contra las personas despectivas, la heroína logra su hazaña: el hombre prestigioso se enamora de ella, el hombre prestigioso la ama. Y con esa hazaña, todas las otras mujeres que la despreciaban deben aguantarse la bronca, y allí está el final feliz. Distinto de las series apuntadas a hombres, donde los héroes realizan hazañas como el poder en la violencia, el deporte, el éxito, etc.

Aplicación práctica: *Seducción*. El amor de un hombre hacia una mujer, puede ser una hazaña a alcanzar por esa mujer, y cuanto más dificultad tenga, como toda hazaña, más potente será como hazaña. Mediante la ambigüedad, los seductores pueden generar la esperanza y la ilusión de que ella tendrá la hazaña, pero sin darles la certeza nunca, e introduciendo dificultad en el juego.

7-6- Sociología del amor romántico.

A resultas del M.A.S. (Mapa de la Autoestima Social) cultural se graba en los distintos M.A.P. (Mapa de la Autoestima Personal) valores o cánones parecidos, y de lo que son "hazañas" o "anti-hazañas" según si eres hombre o si eres mujer. Siempre viendo las relaciones de pareja desde su costado más psicopático – donde cada persona trata de utilizar a la otra como una ficha para aumentar su propio orgullo o su prestigio social- se traza el dibujo de historias típicas, y por eso podemos hacer el retrato de distintos personajes sociológicos emblemáticos que se vuelven y vuelven a encarnar en personas reales para representar su rol.

Esto no es generalizar y decir "todo es así", porque ya sabemos que 1) no todas las personas guían su conducta exclusivamente por el deseo de aumentar el orgullo y el prestigio (básicamente las emociones que estudia el M.A.), 2) no todas las personas tienen el mismo M.A.P. (por valores de su grupo de pertenencia o de su familia, pueden tener un distinto esquema) 3) no todas las personas están en la misma posición en el M.A.P., ya que la característica de ser hombre o ser mujer no es lo único que mueve la posición, sino que hay muchas otras características y que se relacionan con la historia personal de cada uno.

Por eso, no es este ejercicio una pretendida generalización absoluta, sino retratar ciertos personajes e historias emblemáticos que se repiten y vuelven a repetir en las relaciones de pareja por efecto de la distinta posición que ser hombre o ser mujer coloca en el Mapa de la Autoestima, y viendo el universo complejo de una relación de pareja exclusivamente desde el prisma acotado –pero no menos importante- de aquellas personas que sólo tratan de utilizar a la otra para tener una hazaña y aumentar su orgullo, jactarse, alardear y aumentar su prestigio.

El contrato falso.

Muchos libros de relaciones de pareja hacen hincapié en que los hombres serían más sexuales y las mujeres más románticas. Otros, en cambio, plantean que ello estaría relacionado con los cánones culturales. Nosotros desde M.A. no tomaremos partido por esa discusión, sino que nos limitamos a verlo desde los cánones culturales y su impacto en el prestigio social y el orgullo de una persona.

A pesar de eso, en muchas ocasiones las personas tratan de relacionarse desde un planteo racional, sin ver que las emociones son más determinantes que las razones. Y esto es lo que ocurre en el típico "contrato falso": ambas partes convienen en que la relación solamente será para encuentros sexuales y diversión.

Desde el costado intelectual, el pacto parece legítimo, y debería funcionar bien. Tanto hombres como mujeres disfrutan del sexo, y no está mal que un hombre y una mujer convengan en que van a tener una relación exclusivamente reducida al sexo. No obstante, desde el lado del M.A. hay algo que sucede debajo de ese contrato que es inequitativo:

mientras que el hombre tiene su hazaña –disfrutar el cuerpo de la mujer-, la mujer en cambio no tiene la suya –obtener el sentimiento de amor hacia ella del hombre-.

Esta inequidad se refleja en dos aspectos. Desde el lado social, la mujer pierde prestigio. Las amigas le dicen "El te usa". Por su parte, desde el lado social, el hombre gana prestigio. Los amigos lo respetan más por tener una mujer más y lo ven más "ganador". Todo porque el hombre tiene su hazaña y gana prestigio, pero la mujer no tiene la suya. Y, desde el lado interno, la mujer pierde orgullo porque, de acuerdo a estas pautas culturales machistas internalizadas, ella efectivamente siente que la están usando. El hombre, en cambio, por las mismas razones se siente más orgulloso de sí mismo.

Y esta inequidad –que nunca la van a admitir ambos, porque a la gente no le gusta admitir que está forjada por los valores culturales- se traduce en sentimientos que en algún momento hacen estallar este "falso contrato".

Veamos: la mujer que disfruta del cuerpo de varios hombres, recibirá la censura y crítica de las amigas que le dirán reprobadoras "ellos te usan", mientras que el hombre verá aumentar su prestigio social por esta mismísima conducta. Esta es una realidad de fondo que impacta sobre el falso contrato.

Y el "falso contrato" se ve sobre todo en las relaciones paralelas. Es muy común la historia del hombre casado que se encuentra con una mujer para la infidelidad, y ambos parecen convenir un arreglo de que solamente se trata de sexo. Al principio, esto parece un arreglo que ambos lo hubieran acordado. No obstante, en términos de prestigio social y de orgullo según el M.A.S. -y posiblemente el M.A.P.- es un acuerdo injusto: mientras que el hombre se siente orgulloso y tiene prestigio porque tiene su hazaña de disfrutar del cuerpo de la mujer, ella se siente despreciada y usada porque no tiene su hazaña de tener el sentimiento de amor hacia ella del hombre.

A pesar del acuerdo inicial, es muy común -esto es un análisis sociológico que no pretende desconocer las particularidades de algunos casos- que la mujer empiece, poco a poco, a exigir su hazaña. Ella necesita el sentimiento del hombre, como "pago" por el prestigio social que le está dando, al permitirle disfrutar su cuerpo. Así que la exigencia del sentimiento, puede comenzar sutilmente con preguntas como *"Nos divertimos juntos...¿No es cierto?"*, o ir más lejos y decir un día *"¿Me extrañaste?"*.

Aunque ella se engañe a sí misma y diga que se atiene al acuerdo inicial, lo cierto es que si no recibe el sentimiento, se siente usada, y estafada. Aunque ella trate de aferrarse al planteo intelectual –parece justo y razonable, ambos se usan mutuamente por sexo- lo cierto es que, desde el lado de las emociones, se siente mal y le cuesta asumirlo. Así que, poco a poco, ella empieza con la demanda.... la demanda de amor.

Cuando se le contesta con un *"sí"* a un *"¿Me extrañaste?"* eso es una demostración de sentimiento, y ella se siente bien, porque significa que tiene su hazaña. Pero luego desea seguir avanzando un poco más. Entonces es muy común que la demanda de amor empiece a crecer hasta llegar a exigir el romper con la pareja formal del hombre, o puede terminar todo en un conflicto. El hombre, ante estas preguntas que exigen la presencia del sentimiento, puede empezar a mentir y decir que sí que la extraño, que se divierte con ella, etc. de manera de evitarse una larga y tediosa discusión, pero eso no calma las aguas porque puede empezar a crecer más la exigencia.

¿Y qué pasa en cambio cuando el hombre es el tercero? Aquí él tiene su hazaña: disfruta del cuerpo de la mujer, se siente orgulloso de eso. Entonces el amante puede incluso hacer alarde con sus amigos en el vestuario, y presumir de su posición, porque es un orgullo su lugar de tercero ya que disfruta del cuerpo, y a cambio de nada. Ese es el problema que le puede traer a la mujer casada el hombre amante: aunque está contento con su posición, orgulloso, y no le exigirá mucho, puede ocurrir que sea demasiado fanfarrón y hable en muchos lugares de lo que está ocurriendo para presumir.

En conclusión: el "falso contrato" suele estallar en un escándalo porque está sostenido sobre un planteo intelectual pero que desconoce el trasfondo emocional. Desde lo intelectual, es razonable que hombre y mujer convengan usarse mutuamente. Pero, desde lo emocional, uno ve aumentar su prestigio y su orgullo personal, y la otra lo pierde. Tarde o temprano, el falso contrato estalla y genera un conflicto de peleas, acusaciones lastimosas de "desalmado", gritos y lágrimas.

El mentiroso. El Don Juan.

Por otra parte, resta considerar un personaje prototipo muy temido por las mujeres. El mentiroso, *"versero"*. En Argentina, el "versero", porque le hace el verso a la mujer.

¿Qué hace este típico personaje? Miente amor, para comprar sexo con moneda falsa. En el libro bestseller norteamericano *"The power of the pussy"*, la escritora Sara King advierte insistentemente a las mujeres sobre los hombres mentirosos. Son hombres que mienten todo el tiempo que sienten amor, pero lo hacen porque están desesperados por obtener sexo. King enseña a las mujeres algunos "tips" para reconocer a los hombres que están realmente enamorados, y diferenciarlos de aquellos otros que sólo las quieren utilizar para sexo.

Este tipo de libro trata de plantear una diferencia biológica tajante: hombres desesperados por sexo y muy mentirosos, y mujeres que en cambio quieren amor.

Nosotros decimos al respecto: no es necesario que sea así para que se observe la conducta sociológica que describe King. Por cada mujer que un hombre se lleva a la cama, se siente más orgulloso de sí mismo y ve aumentar su prestigio social delante de sus amigos. Esta razón, por sí sola, es suficiente para explicar una jauría de hombres mentirosos que les dicen a las mujeres cualquier clase de mentiras con tal de obtener sexo.

King advierte a sus lectoras sobre estos hombres. No deben confiar porque los hombres son muy mentirosos. Y toca el dedo en la llaga, porque es verdad que hay hombres que mienten el sentimiento –a veces para obtener sexo, y otras veces para evitar una aburrida y larga discusión que viene tras esas preguntas de "¿Me extrañaste?" que habíamos visto antes-, pero también porque da en el clavo de un temor profundo de las mujeres. El de conocer a un típico mentiroso, un hombre que miente amor, pero que está interesado en tener sexo.

La mujer le da al hombre su hazaña (disfrutar de su cuerpo) y con esa hazaña el hombre aumenta su prestigio social... pero la mujer luego se entera que obtuvo en paga una moneda falsa, porque nunca había sido realmente amada tal como ese hombre expresivo se lo declamaba. La moneda falsa recibida en pago es el sentimiento falso: el "mentiroso" declamaba un gran amor, pero no era tal, todo era una manipulación para lograr un objetivo. Una vez que está logrado ese objetivo, le aumenta el orgullo y el prestigio social al hombre, y la deja peltrecha y estafada a la mujer abandonada, expuesta a las burlas y compasiones de sus amigas. Es especialmente temido este personaje mentiroso que declama un gran amor, ya que resulta en un acuerdo desigual, en una especie de estafa. Declama amor, pero lo hace para obtener sexo.

Al respecto es interesante que en el libro "Don Juan Tenorio" de Tirso de Molina –libro que inicia el mito de Don Juan- . Cuando Don Juan va al infierno, el Diablo le dice que debe tener puesto un traje de bufón. Don Juan se queja por aquella burla. Entonces el Diablo le dice que pasará delante de él a todas las mujeres que conquistó, y, si se acuerda del nombre de una sola, entonces le permitirá no usar el traje. Si se acuerda del nombre de una, entonces es que Don Juan realmente amó a una mujer. Sin embargo, una a una las mujeres van pasando y Don Juan no las puede recordar.

Por ello Don Juan, el original, encarna, como prototipo, este personaje sociológico tan temido. Miente amor a todas, pero no las ama. Además, Don Juan es especialmente atractivo ya que si una mujer lo logra seducir, lo logra enamorar, ella entonces se puede convertir en la gran campeona del torneo del amor, porque al enamorarlo superó a todas las otras mujeres que nunca pudieron seducirlo y que Don Juan "usó". Al tener esta grande lista de mujeres abandonadas, Don Juan tiene una hazaña que ofrecer a toda mujer: seducirlo, enamorarlo. Es una hazaña que tiene dificultad – ya que realmente no ama a ninguna-, que tiene competencia –porque implica superar a todas las otras-, y esa hazaña se hace especialmente atractiva, cual un reto interesante. Ya solamente con soñar esa hazaña, una mujer puede despreciar a todas las otras que no lo supieron "comprender". Cada nueva mujer quiere ser quien lo "corrigió", quien lo "enderezó" a Don Juan y coronarse así, de esa forma, como la gran campeona del amor, quien pudo enamorar a Don Juan.

Referencias: *"The Power of the Pussy - How to Get What You Want From Men: Love, Respect, Commitment and More!: Dating and Relationship Advice for Women"* Sara King. 2013.

"El burlador de Sevilla y convidado de piedra" Tirso de Molina. 1612.

La histérica.

La histérica es un personaje resultante de la incorporación ciega de los valores del M.A.S. cultural machista en una mujer, combinado con el deseo intenso de esta mujer de usar a los hombres para aumentar su orgullo de sí misma y su prestigio social.

La histérica es un personaje bastante antiguo, porque hoy el M.A.S. ha cambiado y muchas mujeres pueden estar orgullosas de otras hazañas distintas a los hombres, hazañas tales como el éxito profesional, el estudio, la independencia económica, etc. Pero sigue el personaje estando y siendo muy común.

Resulta que a la mujer, según el M.A.S. machista, le da prestigio social tener las hazañas relacionadas con la belleza. Sobre todo la hazaña de gustar. Cuanto más deseada es una mujer por los hombres, más prestigio social tiene.

Es hazaña para una mujer ser deseada. Por ello, la histérica se viste de manera muy provocativa para ser deseada, y envía falsas señales para que el hombre la desee. Y los hombres, anonadados, la persiguen, le dicen cumplidos.

Ahora bien: ¿Cuál es la realidad de esos hombres babosos? Son hombres que la admiran por su belleza, y la admiran por ser deseada por otros hombres. Hombres que la cortejan, le hacen regalos, le dicen piropos y le dicen que la admiran. Hombres que harían cualquier cosa por acostarse con ella. Pero… ¿Qué pasa si lo logran? Apenas uno de estos hombres se acuesta con ella entonces logró su hazaña, el hombre se siente orgulloso de sí mismo y hace alarde con sus amigos. No obstante, este mismo galán ahora desprecia a la doncella, porque ella tiene una anti-hazaña: "accedió". Es una anti-hazaña que la convierte en una "mujer fácil", y el galán –antes piropeador baboso- ahora la olvida y la suma a la lista de sus conquistas. Aquella mujer tan deseada y linda si consiente pasa a ser considerada una "cualquiera" por el galán que tanto la buscaba y a obtener su desprecio. Cuanto más veces dice "´Sí" más desprecio tiene de la platea masculina, y más baja su prestigio social.

Ante todo este panorama, si la mujer realmente quiere usar a los hombres para obtener ella prestigio social, lo que tiene que lograr es ser intensamente deseada por todos, pero rechazarlos sin piedad y sacárselos de encima. Es decir: la hazaña es ser deseada, ser linda, pero la anti-hazaña es consentir, de modo que la histérica lo que hace es sutilmente manipular a los hombres para que se la tiren encima y así poder rechazarlos.

En este panorama sociológico, aparece la histérica que busca ser deseada, pero para rechazar. Cuanto más hombres rechaza, más deseada demuestra ser, pero no pierde prestigio porque a todos les dice que "no". Así como el Don Juan busca el trofeo de una mujer nueva en su cama, la histérica busca el trofeo de un rechazo nuevo a un hombre. Como esto es el alimento de su ego y de su prestigio social, la histérica suele enviar falsas señales para que el hombre se le tire encima y así tener la oportunidad de rechazarlo y agregar la nueva "copa" o "trofeo" de un hombre rechazado. Incluso es común que haga alarde de todos los "pesados" que la persiguen y la babosean y que ella rechaza.

Resultado de todo esto, la histérica es una mujer que está en una posición en el Mapa de la Autoestima donde su principal hazaña es ser deseada por los hombres, y por ello se viste con ropas provocativas, invierte en gimnasio, y se pavonea de su belleza y se pavonea también de todos los "pesados" que la persiguen. Sutilmente les envía falsas señales, porque ella colecciona rechazos a hombres babosos.

Los vendedores forzosos. Las vendedoras forzosas.

Otro fenómeno muy común en las relaciones de pareja de acuerdo a estos conceptos es la "venta forzosa".

En algunos semáforos de Buenos Aires, aparecen "trapitos" que, sin que se lo pidan, limpian el parabrisas a los automovilistas. Ellos dan el servicio sin que nadie lo pida, pero luego, una vez que ya se recibió, reclaman el precio o una paga. Es una "venta forzosa".

Y algo parecido sucede en todo este terreno del amor según las hazañas que vimos que le dan prestigio al hombre y las que le dan prestigio a la mujer.

La "vendedora forzosa" es una mujer que se le "regala" sexualmente al hombre.

Lo busca sexualmente, se le tira encima. Cuando el hombre, ante su insistencia accede y tiene una relación sexual con ella, viene la exigencia de la paga: el sentimiento. Ahora la vendedora forzosa exige ser amada, exige una relación donde ella sea querida y respetada y su fundamento fue que ya entregó su cuerpo a cambio. Es como si le dijera al hombre *"Yo te di tu hazaña, ahora tienes prestigio social y puedes presumir con tus amigos... de modo tal que tú me tienes que dar mi hazaña, me tienes que querer"*. Eso no estaba al principio, sino que la exigencia vino después, y es como si el sentimiento fuera "en pago" por haber disfrutado el cuerpo.

Dentro del simbolismo clásico del amor, los regalos y cortejos son formas de expresar el sentimiento. A mayor regalos, mayor sentimiento porque revelan más sentimiento. Y aquí tenemos también el caso del "vendedor forzoso". Es un hombre que le regala flores a la mujer, que la invita a comidas con velas, que le expresa todo su romántico sentimiento. Sin embargo, luego de todo ello, el "vendedor forzoso" exige su compensación: la mujer debe acostarse con él. Es una "paga" que el vendedor considera justa porque él ya le dio su sentimiento de amor, ya la quiere.

Estos casos de vendedores forzosos –tanto el hombre como la mujer- dan ocasión a típicas historias que se repiten en interminables desencuentros. Cuando los vendedores forzosos no obtienen la compensación que esperaban a cambio, se suelen enojar muchísimo y acusar a la otra persona (cliente forzoso) de haberse aprovechado de ellos. Y en esta queja moralista, en este reclamo, en esta manipulación, los vendedores forzosos y las vendedoras forzosas se parecen mucho.

Aplicación práctica: Aprender a visibilizar este trasfondo de diferentes hazañas por prestigio social para evitar los conflictos de pareja, y las manipulaciones.

8. PRESTIGIO SOCIAL

"Para ser querido, tanto de la familia como de los extraños, es preciso triunfar". Honore de Balzac

Dijimos que, cuando una persona tiene hazañas según el M.A.S. de su grupo, entonces, es reconocida, prestigiosa. A más fuertes hazañas, más fuerte prestigio social.

No obstante, además de ello, el deseo de aumentar el prestigio social es un impulso innato, emocional, que se traduce en conductas no conscientes. . Nos adentraremos en estas conductas y en su efecto en los fenómenos de grupos.

8.1 . El Magnetismo Personal. Carisma. Las 48 leyes del poder.

Es parte de una creencia popular sostener que hay algunas personas que tienen lo que se suele llamar *"Magnetismo Personal".*

Suele integrar este supuesto magnetismo parte de los mitos que hacen al Carisma. Se cree que hay personas que tienen una especie de don que las lleva a naturalmente atraer a otras personas. Hay quienes lo buscan en la postura corporal, otros que lo hacen en la mirada, otros tantos en la sonrisa. Se lo ve como un don enigmático, y es una de las cualidades que más admiración suele despertar, de manera que es también una hazaña.

Ya vimos que puede tener distintas razones el magnetismo personal. Ahora, veríamos una más.

Veamos.

En el conocido y polémico libro *"Las 48 leyes del poder"*, de Robert Greene y Joost Elffers, postulan como regla Nº5 "Prestigio", y los autores advierten que casi todo depende del prestigio. Cuando tienes el prestigio, te alcanzará para intimidar, pero cuando lo pierdes, plantean, serás atacado por todas partes.

Ahora lo interesante aquí es el consejo que dan los autores para aquel que no tiene prestigio. Al respecto, le aconsejan mostrarse en público con una persona que tenga mucho prestigio, de modo que el nombre ajeno realce el propio nombre.

Esta técnica que ellos dan y que podemos denominar *"prestigio social por contagio"*, es una estrategia que, en mayor o en menor medida, muchísimas personas practican, pero sin asumirlo. Pertenece al tipo de estrategias no conscientes que se emplean para aumentar o proteger el prestigio o el orgullo.

Es decir: lo que racionalizan y exponen Green y Elffers, es una estrategia tan habitual, tan común, que da ocasión a un fenómeno sociológico: cuando una persona tiene muchísimo prestigio, las personas se le acercan para poder utilizarla para aumentar el prestigio. Y viceversa: si una persona está muy desprestigiada, entonces las otras personas se le alejan para prevenir que se les contagie el desprestigio social ajeno.

En este sentido, es conocida una línea de investigación en psicología sobre bullyng que reporta que los adolescentes víctimas de bullyng tienen dificultad para poder ser elegidos como amigos por otros (Ver Boulton, 2013). Al respecto, hay autores que entienden que esto se debe a que la amistad con víctimas de bullyng es "riesgosa", porque genera riesgo de recibir victimización de parte de los matones (Boulton, 2013). Lo cierto es que el bajo prestigio social se percibe contagioso y entonces determina una dinámica de alejamiento de aquella persona cuya compañía o cercanía se percibe como una vergüenza.

Marta Nussbaum (2014) se interesa por la "repugnancia" como límite a la compasión moral. Dice que desarrollamos la creencia de que, si entramos en contacto con el objeto repúgnate, su pestilencia se nos traspasará y por eso nos alejamos. Según la autora, extendemos hacia otros seres humanos la idea de que son objetos repugnantes que no deben estar cerca de nosotros. La repugnancia es la emoción –dice la autora- que antecede al odio y a la humillación, y que ha sido causa de grandes males para la humanidad.

Un ejemplo de esta "repugnancia" lo tendríamos en el ejemplo de *"Los Intocables"* en la India. Los Intocables son el eslabón más bajo de las castas de la India; realizan funciones como limpiar los excrementos de las familias más ricas a cambio de comida. Según estas tradiciones, tocar a un "intocable" o a sus objetos es signo de contaminación y de indignidad. Tras tocar a un "intocable" es necesario una serie de rituales de purificación para poder volver a un estado de normalidad.

Nussbaum (2006) en *"El ocultamiento de lo humano"* habla de una historia natural de la vergüenza y la humillación como narrativa de las causas más profundas por las que las sociedades humanas, una y otra vez, buscan marcar los rostros de algunos de sus miembros, lo que conduce a vivir con una *"identidad manchada"*. Las personas en cuestión *"son rastreras, no están a la par de otros en términos de dignidad humana"*. Estas personas "marcadas" producen alejamiento de los demás, que sienten que deben estar a distancia para no contaminarse (Nussbaum, 2006).

Nosotros observamos esto mismo que ve la autora, pero no creemos que se trate de "asco", sino de la dinámica del prestigio social por contagio. Si tienes grandes "hazañas" según los valores de tu grupo, esas hazañas te darán un alto prestigio social y el mismo prestigio provocará un magnetismo que atraerá a la gente, porque desearán verse en tu compañía....porque serás "un honor". En cambio, si tienes grandes anti-hazañas que te provocarán un enorme desprestigio social, tendrás ese estigma y el elevado desprestigio social provocará el alejamiento porque serás "una vergüenza".

Muchas veces la elección de una pareja y la atracción romántica parece estar determinada por esta lógica. Así una persona logra elevarse socialmente gracias al prestigio social alto de su pareja. Entonces hazañas que dan prestigio social (como la belleza en mujeres, el éxito económico en hombres) pueden generar una mayor atracción porque, involuntariamente, hay una tendencia permanente a aumentar el propio prestigio social gracias al ajeno.

En un trabajo realizado por Bower y colegas (2015), se intentó indagar la deseabilidad romántica en la adolescencia temprana.

Mediante cuestionarios aplicados a 531 alumnos (45% varones), se advirtió que el status social de los alumnos así como la buena opinión recibida por los pares predecían su deseabilidad romántica. Los que tenían un prestigio social más alto, eran más románticamente deseados (Bower y colegas, 2015).

Tanto el deseo de experimentar el placer del orgullo como el de elevar el prestigio social son impulsos internos de raíz innata. Pueden manifestarse o permanecer latentes, pero siempre operan desde el interior. No es correcto calificarlos de "interesados", ya que el interés supone un proceso consciente: pensar, comprender y luego actuar con el fin de obtener un beneficio. En este caso, en cambio, se trata de conductas no deliberadas, guiadas por emociones que empujan de manera constante a buscar la mejora del propio prestigio social. Por eso, las personas tienden a acercarse a quienes ya gozan de ese prestigio, que terminan funcionando como verdaderos imanes sociales.

Es lo que llamamos "aumentar el prestigio por contagio", y consiste en ese deseo de muchas personas de mostrarse en lugares públicos en la compañía de alguien con mucho prestigio social.

El libro "Las 48 Reglas del Poder" expone como regla, respecto del prestigio, lo que todas las personas ya saben y practican de manera inconsciente: el prestigio se contagia y la gente se pega a los más prestigios para intentar usarlos para subir su propio prestigio.

Un ejemplo típico de esto se da con las fotos. A la gente le gusta sacarse fotos con famosos, pero también en la vida cotidiana con personas de prestigio. Colocan en facebook las fotos con personas que, sobre todo, tienen prestigio. Y esto de la "foto" cristaliza en un documento el deseo que lo anima: mostrarse en la cercanía o presencia de una persona con mucho prestigio.

Imaginemos una fiesta o un evento social, de esos que Tom Wolfe describe con precisión en *La Hoguera de las Vanidades*. Los asistentes se agrupan en pequeños círculos de conversación, algunos íntimos, de a dos, y otros más concurridos. Sin embargo, hay individuos cuyo prestigio es tan grande que el simple hecho de ser vistos conversando con ellos eleva la consideración social de quien los acompaña. En contraste, hay personas tan desprestigiadas que permanecer a su lado resulta casi tóxico: quien se encuentra junto a ellas piensa con incomodidad "Espero que no me vean acá... van a creer que soy un perdedor". Por eso, cuando alguien posee un prestigio social sobresaliente, se convierte en un auténtico imán humano. Las personas procuran acercarse, como si estar en su presencia fuera en sí mismo un honor, ya sea para compartir unos minutos de charla, ser vistos juntos o, al menos, sacarse una foto a su lado.

Así aparecen claramente las dos caras del fenómeno. Por un lado, el Magnetismo Personal que ejerce quien goza de gran prestigio: su sola presencia atrae a los demás, que buscan acercarse para compartir algo de ese reconocimiento. Por el otro, un Magnetismo Personal Invertido, donde el desprestigio actúa como un repelente social, haciendo que la gente se aleje para no quedar asociada a su vergüenza o desvalorización. Ninguno de estos comportamientos es plenamente consciente, porque admitirlos sería reconocer un impulso frívolo y oportunista. Es un tipo de conducta que, aunque muy extendida, rara vez se confiesa abiertamente.

Todo esto está ampliamente documentado en estudios sobre " status seeking" (búsqueda de estatus).

La mayoría de estas conductas son automáticas. No las admitirían. Son inconscientes.

¿Y quiénes son los que tienen más alto prestigio social?

Hay otras cosas que juegan su peso, pero, en principio, son aquellos que lograron las hazañas más importantes según el M.A.S. del grupo social. ¿Y aquellos otros con el más bajo prestigio social?

Los que tienen las peores anti-hazañas según el M.A.S. del grupo.

Lo documenta el concepto de "capital simbólico" de Bordieu. El prestigio es un capital social que puede transferirse: estar cerca de alguien prestigioso otorga reconocimiento indirecto. O también, los trabajos de psicología social de Anderson et al, muestran que las personas buscan activamente relaciones con individuos de alto estatus porque mejora su valor social percibido.

O también, puede pensarse en el trabajo de Leary, sobre los efectos de exclusión social del desprestigio. Los humanos, advierte Leary, evitan a quienes son socialmente rechazados para no quedar vinculados a su estigma.

Aplicación práctica: Reconocer estas fuerzas y tendencias es fundamental para distinguir la amistad auténtica de las relaciones basadas únicamente en prestigio. Quienes se acercan movidos solo por la búsqueda de estatus se alejarán rápidamente cuando lleguen las anti-hazañas –es decir, cuando aparezcan situaciones que disminuyen el prestigio social–, mientras que los verdaderos amigos permanecerán.

REFERENCIAS CIENTIFICAS DE INTERES SOBRE PRESTIGIO SOCIAL POR CONTAGIO Y MAGNETISMO SOCIAL.

Anderson, C., Hildreth, J. A. D., & Howland, L. (2015). Is the desire for status a fundamental human motive? A review of the empirical literature. Psychological Bulletin, 141(3), 574–601. https://doi.org/10.1037/a0038781

Boulton, M. J. (2013). The effects of victim of bullying reputation on adolescents' choice of friends: Mediation by fear of becoming a victim of bullying, moderation by victim status, and implications for befriending interventions. Journal of Experimental Child Psychology, 114(1), 146–160. https://doi.org/10.1016/j.jecp.2012.05.001 (agregué DOI para completitud)

Bourdieu, P. (1986). The forms of capital. In J. Richardson (Ed.), Handbook of Theory and Research for the Sociology of Education (pp. 241–258). Greenwood.

Bower, A. R., Nishina, A., Witkow, M. R., & Bellmore, A. (2015). Nice guys and gals finish last? Not in early adolescence when empathic, accepted, and popular peers are desirable. Journal of Youth and Adolescence, 44(12), 2275–2288. https://doi.org/10.1007/s10964-015-0323-1

Fein, S., & Spencer, S. J. (1997). Prejudice as self-image maintenance: Affirming the self through derogating others. Journal of Personality and Social Psychology, 73(1), 31–44. https://doi.org/10.1037/0022-3514.73.1.31

Greene, R., & Elffers, J. (2000). The 48 laws of power. Penguin. (corregí el nombre del coautor: es Elffers, no "Eflffers")

Nussbaum, M. (2006). El ocultamiento de lo humano. Repugnancia, vergüenza y ley. Buenos Aires: Katz.

Nussbaum, M. (2014). Emociones políticas. ¿Por qué el amor es importante para la justicia? Barcelona: Paidós.

8.2 . Prestigio social por contagio. Atracción en la pareja romántica.

Este mecanismo también se observa en la elección de pareja.

Con frecuencia, la pareja cumple una función ornamental: se la utiliza, consciente o inconscientemente, como un "adorno social" que contribuye a elevar el propio prestigio. En este marco, se busca a una pareja que posea hazañas, entendidas según el M.A.S. como aquellos atributos que la sociedad valora como logros personales destacados.

Es lo que ya está muy estudiado por la psicología evolutiva y la antropología: "*la hipergamia*". Se refiere a la tendencia de algunas personas de buscar pareja en quienes tienen un status social más alto, de manera de elevarse con el status social de su pareja.

 Ello se puede explicar por la misma lógica que vimos antes: elevarse uno mismo por el prestigio social ajeno a partir de personas con hazañas.

Por ejemplo, si dentro del M.A.S. la belleza se considera una hazaña femenina, el hombre tenderá a buscar una pareja extraordinariamente atractiva, ya que su sola presencia le otorgará prestigio ante los demás.

En otras épocas, las hazañas que definían el prestigio eran distintas: la nobleza y el apellido familiar operaban como el principal capital simbólico.

Los matrimonios se concertaban, entonces, para preservar o aumentar ese prestigio heredado. Una joven de linaje noble debía casarse con un hombre de igual condición; de lo contrario, era percibida como una decepción para su familia e incluso como una vergüenza social, en línea con lo que Stone (1977) documenta para los matrimonios aristocráticos en la Europa premoderna.

8.3 . Destruir el Magnetismo Personal como estrategia política.

En el año 1856 las colonias de Francia en Africa sufrían importantes disturbios. Los líderes de la revuelta eran Marabout (maestros religiosos musulmanes) que decían tener poderes mágicos, y que los demostraban realizando milagros que les valían el respeto de las comunidades locales. Ya con esa admiración de la que gozaban proveniente de las hazañas (milagros), estaban incitando grupos de rebelión que perjudicaban la dominación francesa. El gobierno de Francia entonces envió a esos territorios africanos al conocido ilusionista Robert Houdin para demostrar que la magia francesa era más poderosa que la magia africana.

Los trucos de Houdin lograron romper la influencia de los Mulá locales. Los árabes comenzaron a temerle al ilusionista francés. En un truco, Houdin le permitió a un árabe que le disparase una bala marcada, pero en lugar de matarlo hallaron la bala entre sus dientes. En otro de sus trucos, mostró una caja vacía con un fondo de acero que cualquiera sería capaz de levantar. Pero, escondiendo un imán bajo el suelo, la hizo inamovible, exclamando el mago que, mediante su poder, podía evitar que el guerrero más fuerte la levantase.

La estrategia francesa fue muy exitosa. Los Marabout locales gozaban de Magnetismo Personal e influencia sobre las tribus africanas, pero esta fuerza estaba sustentada sobre sus hazañas. Francia envió al mago Houdin y, desplegando hazañas más impresionantes, pudo neutralizar el carisma de los líderes africanos.

Pero otra forma mucho más drástica de anular el Magnetismo Personal de un líder es mediante Anti-hazañas, incrustándole infamias que anulen su prestigio. Y esto se puede realizar cuando se goza de poder sobre la sociedad para instrumentarlas. Los poderosos han usado a lo largo de la historia su propio poder para humillar a otras personas que se alzan como líderes, de manera de conseguir que sus seguidores los desprecien.

En el caso del poder de la Iglesia, sufrió importantes reveses perpetuados por líderes carismáticos que formaron divisiones, dando lugar a otras corrientes del cristianismo, y que, en su momento, se llamaban herejías. El Papa, considerado infalible, era quien debía interpretar los evangelios pero, a menudo, aparecía un líder con una interpretación distinta, y este líder le robaba fieles hasta formar una religión nueva. Esto era una seria amenaza para la dominación eclesiástica.

La *Santa Inquisición* implementó una tecnología social implacable para desprestigiar a los herejes.

Hablamos de las marchas de la vergüenza, donde el hereje se paseaba por el pueblo admitiendo su culpa y sufriendo el desprecio de todos, y, sobre todas las cosas, el llamado Sambenito. Este último era una especie de gran escapulario con forma de poncho. Estaba hecho con una tela rectangular con un agujero para pasar la cabeza, que, una vez puesta, le llegaba al condenado hasta poco más abajo de la cintura por el frente y por la espalda. Los reconciliados con la Iglesia católica -porque habían reconocido su herejía y se habían arrepentido- llevaban un sambenito amarillo con dos cruces rojas de Santiago y llamas orientadas hacia abajo, lo que simbolizaba que se habían librado de la hoguera. Los reos eran paseados por la ciudad descalzos, vistiendo el sambenito y con un gran cirio en la mano.

Quienes no eran sentenciados a muerte, estaban obligados a llevar el sambenito siempre durante todo el tiempo que durara la condena como señal de su infamia y únicamente podían quitárselo dentro de su casa. Cumplida la sentencia, los sambenitos eran colgados en la iglesia parroquial para que no se olvidara su crimen. La Inquisición consideraba que había que perpetuar el recuerdo de la infamia de un hereje. De esta manera, el desprestigio se proyectaba sobre su familia y descendientes. Quien había sido condenado a llevar sambenito quedaba inhabilitado a ejercer cargo público y la inhabilitación llegaba a su descendencia.

Este desprestigio tan fuerte que la condena de la Inquisición arrojaba no solo sobre el castigado sino también sobre todos sus familiares y descendientes, dio origen a "las chuetas". Las chuetas eran grupos sociales integrados por familias vinculadas a condenados por la Inquisición, y cuyo desprestigio social viajaba de generación en generación por la memoria colectiva. El desprestigio de quienes pertenecían a las "chuelas" los obligaba a practicar la endogamia, formando así un grupo social de marginados.

En conclusión: la tecnología social de los castigos de vergüenza de la Inquisición era implacable con los líderes herejes ya que les neutralizaba todo su carisma hasta convertirlos en verdaderos *"Imanes Invertidos"* porque no sólo la gente se alejaba de ellos, sino que la infamia también se trasmitía a sus familiares y descendientes, convertidos en parias sociales y portadores de la *"vergüenza social contagiosa."*

Referencias:
"Magic and showmanships. A handbook for conjurers" Henning Nelms. Dover Publications Inc. 1969.
"Misterios de la Inquisición de España" M. Fereal. Tomo II. Biblioteca Ilustrada de ambos mundos. Barcelona. 1879.

8.4. La aceptación y el amor de los prestigiosos como hazaña. Los celos. El líder.

Ya vimos que el deseo de aumentar el prestigio por contagio tiende a exteriorizarse, en un grupo, en un conjunto de fuerzas que convierten a los más prestigiosos en una especie de imán social que atrae a los otros, que se acercan a ellos para mostrarse en su presencia y, así, usarlos como medio para subir su propio prestigio. Sin embargo, ahora vamos un paso más allá y, quizá, más arriesgado: hablamos de la aceptación, el reconocimiento y el amor de los prestigiosos como una hazaña personal de quien resulta amado.

Si el amor y la amistad de una persona prestigiosa elevan el prestigio social de quien los recibe, es porque recibir esas emociones se vive como una hazaña. Y si es hazaña, también eleva el orgullo. En términos de psicología social, la aprobación de individuos de alto estatus funciona como un refuerzo social intenso que incrementa la autoestima y la percepción de logro personal. Así, los gestos de aprobación de quien es admirado son percibidos como trofeos, capaces de generar una sensación placentera y adictiva de orgullo, una dinámica similar a la que describen

El deseo de sentirse elegido, amado, querido o aceptado es común en cualquier contexto humano pero se intensifica de manera proporcional al prestigio de quien otorga ese afecto, como lo confirma la teoría del status seeking .

Este tipo de hazaña se evidencia cuando encontramos a esos que se jactan, presumen, de que *"Fulanito me quiere muchísimo"*, y ese fulanito resulta ser -casualmente- una persona con muchísimas hazañas, y muchísimo prestigio social.

Estamos hablando de tendencias generales, que trazan luego conductas. Y esas conductas, así, conforman típicos dibujos del funcionamiento de los grupos. No se puede generalizar y decir " *a todos les pasa"* o " *a ti te pasa"*, sino de tendencias comunes, y que tratamos de conocerlas.

Las telenovelas. El amor del prestigioso.

La hazaña de ser amado por una persona muy admirada, con muchas hazañas, y mucho honor social, es una hazaña tan importante que forma la típica trama de las telenovelas románticas y películas apuntadas, sobre todo, al público femenino.

En estas películas, la heroína suele ser una persona con anti-hazañas según el M.A.S. (por ejemplo baja clase social, trabajos poco prestigiosos, no cumple los cánones de belleza aceptados,) Y, por esas anti-hazañas, aparecen otras mujeres que disfrutan cuando la ven como menos, disfrutan el hecho de menospreciarla. Ella está enamorada de un hombre con alto prestigio social, y repleto de grandes hazañas según el M.A.S., (por ejemplo, un gran empresario exitoso), y es un hombre que nunca se podría fijar en la despreciada protagonista. No obstante, la heroína triunfa cuando logra su hazaña, y su hazaña es el amor. Al resultar ser amada por ese hombre prestigioso, la venga por los desprecios recibidos, y la eleva alza en la gloria, para furia de todas las otras mujeres envidiosas que la habían menospreciado.

El amor del líder del grupo como hazaña del seguidor.

Ahora bien, este tipo de hazaña del amor como trofeo, también se ve en los grupos donde hay personas que sobresalen por resultar extremadamente prestigiosas. Allí también se da que los que obtienen el amor, el reconocimiento, de estas personas prestigiosas, logran con eso una hazaña propia que los eleva. Se vuelven ansiosos, dependientes, y demandantes del amor de quien es prestigioso.

Entonces los ves presumir, jactarse, y pavonearse de gestos de amor como por ejemplo una invitación a la casa, el conocer a los hijos, unas vacaciones juntos con los prestigiosos. Todos esos gestos aparecen como hazañas que demuestran que el prestigioso se fijó en ellos. Y, a su vez, todos esos gestos suscitan los celos de los otros miembros del grupo. Los celos de los otros miembros del grupo que también pujan por ser amados, aceptados, elegidos, y queridos por los prestigiosos.

Así vemos también esta clase de celos en la infancia. Porque en la infancia los padres son para los niños como altos y fuertes héroes, que tienen enormes hazañas (esto lo veremos más adelante,). Y de tanto que los admiran, mucho más intensa es la necesidad de ser amados por ellos. Cualquier gesto que evidencie que el amor esta apuntado hacia otro hermano, genera fuertes celos.

Y son los mismos tipos de celos que se dan en un grupo donde hay una persona extremadamente prestigiosa: cuando esa persona manifiesta su amor, su predilección, hacia cualquier miembro del grupo -por hechos como ir a comer juntos, organizar salidas, mostrar amistad-, entonces los otros miembros del grupo pueden sentir este tipo de fuertes celos.

De algo parecido habla Freud en el libro *"Psicología de masas y análisis del yo"*. Freud dice que los miembros del grupo necesitan sentirse amados por el líder del grupo. Es el amor del líder hacia los miembros del grupo lo que mantiene unido al grupo. Según Freud, los soldados en la guerra pierden el miedo al peligro en la medida en que se sienten parte de un grupo con lazos de solidaridad amorosa, y, sobre todo, cuando se sienten amados por el líder. En cambio, cuando no hay amor, entonces los soldados sí son arrastrados por el miedo y pueden convertirse en desertores. Freud también se fija en el ejemplo de la Iglesia. Todos los cristianos se sienten amados por Cristo, y este amor del líder es lo que permite la cohesión del grupo. Freud postula que el líder es el equivalente del viejo padre de la horda primitiva que, según el psiconálisis freudiano, dio origen a la cultura.

Más allá de estas conjeturas freudianas, es importante coincidir en que, cuando en un grupo, hay un líder, es porque tiene el más alto prestigio social de todo el grupo.

Quien es líder de verdad, recibe alta admiración por los miembros del grupo. Y entonces, los miembros necesitan ser amados por ese líder. Ser amados por el líder es hazaña, y genera celos por quienes tienen esa hazaña en mayor medida, y también genera adicción: los que son amados, desean ser más amados, y son celosos y demandantes del líder. Y ese amor del líder hacia los miembros del grupo constituye un lazo, que permite la unidad y el mantenimiento del grupo, y en esto último estamos coincidiendo con Freud.

El ejemplo del millonario que entró al club prestigioso y no era aceptado.

Tomemos un ejemplo real.

Un empresario muy rico, varias veces millonario, ingresa a un club exclusivo donde están los millonarios y personas más importantes de su país. Este hombre era un millonario del negocio de los jamones y las salchichas, tenía la empresa productora de salchichas más conocida del país.

Una vez adentro del club, sufre la preocupación de no ser aceptado por los otros millonarios. Comprueba algo nuevo. Allí, en ese club, resulta que está mal visto su negocio relacionado con los chanchos y las salchichas. Los millonarios más prestigiosos allí son propietarios de empresas de tecnología, servicios, banca. Se ve poco prestigioso el negocio de la matanza de chanchos y las salchichas. Sufre la discriminación de no ser aceptado por ese grupo de millonarios. Especialmente sufre cuando no lo invitan a programas exclusivos como viajes exóticos a donde sí invitan a las otras personas de ese club.

Y el hombre angustiado reflexiona "*Ellos ven mal que yo sea un chanchero*", aludiendo a que provenir del negocio de los chanchos es la causa de desprestigio social dentro de ese selecto club.

Aquí hacemos varias observaciones.

Primero, él quería ser aceptado, quería amor, y reconocimiento, pero no de cualquier persona. Vuelve del club y se encuentra con el portero de su casa y con sus empleados domésticos que lo admiran, y sin embargo a él no le parece importante esa admiración. Dentro de su empresa, muchísimas personas lo ven como un héroe porque logró hacer una gran industria desde la nada, y sin embargo él no sabe disfrutar esa admiración. Además, conoce muchas otras personas que lo admiran por el éxito que tuvo en su vida, pero a él no le resulta interesante esa admiración. El quiere ser aceptado es cierto, pero atentos: no por cualquier persona, quiere ser aceptado por esos millonarios exitosos que tienen más hazañas que él. Al no ser aceptado sufre, y en cada rechazo, experimenta una gran angustia que se hace más insoportable.

Segundo, en el M.A.S. común externo a ese club exclusivo, la hazaña de ser empresario y exitoso ya es suficiente para darle al hombre un importante prestigio social y garantizarle el respeto de muchos. No obstante, dentro del M.A.S. de ese club ya hay más exigencia y resulta que, como él mismo lo dice, el dedicarse a los negocios de los chanchos está mal visto y eso ya es anti-hazaña. Y esa anti-hazaña le resta prestigio social y compromete su posibilidad de ser invitado a esos programas a los que él le gustaría asistir.

Conclusión: toda una vida llena de angustias buscando la aceptación, pero no la aceptación de cualquier gente, sino la aceptación de la gente que tiene más hazañas y más prestigio social.

Aplicación práctica de todo esto: Es importante aprender a conscientizar el deseo de ser aprobado, querido, y el miedo a ser desaprobado.

Sobre todo, es interesante indagar si ese deseo y ese temor aumentan cuando estamos frente a una persona que admiramos. Conocer esta parte de nosotros es una forma de avanzar en el auto-conocimiento.

Referencias:

Anderson, C., Hildreth, J. A. D., & Howland, L. (2015). Is the desire for status a fundamental human motive? A review of the empirical literature. Psychological Bulletin, 141(3), 574–601. https://doi.org/10.1037/a0038781

Baumeister, R. F., & Leary, M. R. (1995). The need to belong: Desire for interpersonal attachments as a fundamental human motivation. Psychological Bulletin, 117(3), 497–529. https://doi.org/10.1037/0033-2909.117.3.497

Freud, S. (1921/2020). Psicología de las masas y análisis del yo (traducción al español). Madrid: Alianza Editorial. (Trabajo original publicado en 1921)

8.4. Las hazañas para Jaques Lacan. Hazañas para la mirada del otro.

Según el psiconalista Jaques Lacan, hay una conducta característica del obsesivo: la hazaña o la proeza.

Lo que Lacan llama "hazaña" no tiene el mismo significado que le damos aquí, porque nuestra definición es más amplia. Nosotros le llamamos hazañas incluso a circunstancias de vida o dones de nacimiento porque hacemos tenemos concepto más amplio (ver hazañas, en ítems 4.1, 4.2, 4.3, 4.4.), pero lo que Lacan llama Hazañas es un subtipo de hazañas. Es decir: hay una relación de género a especie, mientras que lo que Lacan consideraría hazañas para esta teoría lo son, resulta que hay algunas otras hazañas que posiblemente no serían vistas como tales por Lacan.

Para Lacan, la hazaña está relacionada con el "record". Implica intentar hacer algo fuera de lo común que quede registrado. En este sentido, Lacan observa que la persona se pone toda clase de tareas duras, agotadoras, que habitualmente consigue llevar a la práctica con éxito. Aquí también coincidimos. En efecto, como habíamos visto en 4.5., la dificultad o la adversidad es un atributo que da más fuerza a una hazaña.

En el análisis de la estructura de la hazaña, Lacan plantea que no cabe encandilarse por la existencia del rival imaginario que se vence, en definitiva no es el que cuenta, sino que hay que localizar al Otro, al tercero. Sostiene que siempre hay una persona para el cual el sujeto actúa y que, como espectador invisible, le ha sido adjudicado el papel de contar, de registrar el récord.

Si bien Lacan argumenta que esta línea de comportamiento es más específica del obsesivo y nosotros la vemos más general, sí resulta importante su interés por el espectador de la hazaña.

¿Quién mira nuestras hazañas? ¿A quién destinamos el espectáculo de nuestras hazañas?

Y esto es lo importante: aquella persona que le damos la atribución de mirarnos y juzgar nuestras hazañas es quien valoramos, y habitualmente reconocemos como más prestigiosa que nosotros.

Este mecanismo se da con más intensidad en la Admiración, porque la Admiración es una suave locura que lleva a la idolatría, y que genera una intensa dependencia emocional.

Más adelante estudiaremos la Admiración y sus causas. Pero, por principio, es importante ver este aspecto del asunto: en algunas ocasiones realizamos hazañas para la mirada del Otro, y ese Otro es una persona a quien reconocemos inconscientemente como más valiosa que nosotros.

Y no solamente eso: sucede que, además, tememos que esa persona vea nuestras anti-hazañas y nos destine por ellas un merecido desprecio.

A menudo esto conforma el dibujo de la dependencia en los grupos sociales: quienes están en la cima del prestigio social, reciben el espectáculo de aquellos otros que realizan hazañas para ganar su aceptación.

Referencias:

Jacques Lacan, Seminario XI, Clase 1, del 15 de enero de 1964.

8.5.La pirámide del prestigio social. Psicología de grupos sociales.

"Los soberbios, que quieren ser los primeros, no siéndolo, son los que más fácilmente caen en las redes de la adulación". Baruch Spinoza

Por un momento imagínate un grupo, una reunión, de unas cien o ciento veinte personas. Imagina ahora los más prestigiosos, los de más status social, en el vértice de la pirámide, y que son los que tienen las hazañas más fuertes, de acuerdo al Mapa de la Autoestima Social de ese grupo.

Mientras bajas en la pirámide, ves otras personas, con menos status social, y con menos hazañas, pero que, de todas maneras, buscan amistarse con lo que están en la cúpula, para poder aumentar por contagio su prestigio social, y esto lo hacen sin ser muy conscientes. Apenas sienten que han logrado la amistad de los que están en la cúpula, pavonean, presumen y dicen *"soy íntimo amigo de..."*, o dicen *"fui invitado por..."*.

Bajas más en la pirámide y encuentras a los que tienen menos hazañas. Son los menos respetados en ese grupo de gente, y, por las reglas de la amabilidad social, eso no se nota a simple vista porque los saludan como a todos.

Ahora que has imaginado los escalones de la pirámide, imagina a continuación el reconocimiento social como un agua que cae en cascada desde la cúpula a la base. Todos quieren ser aceptados, todos quieren ser reconocidos, todos hacen morisquetas para "gustar" al otro.

Sin embargo, a poco que prestas más atención, ese impulso interior, esa necesidad fuerte, de ser aceptados y de gustar, no se proyecta a todas las personas por igual.

Ellos desean ser aceptados, y reconocidos, sobre todo por aquellos que admiran, y respetan más, - que tienen más hazañas y que están más arriba en la pirámide-, y les importa poco caerle en gracia o ser valorados por los que consideran que están más abajo y los que están abajo lo están porque tienen, a su vez, menos prestigio social y menos hazañas. En su afán de ser aceptados, y de gustar, se preocupan por hacer el comentario oportuno, por comprarse el aparato electrónico que sea más adecuado y que tenga más botoncitos, por irse de vacaciones al lugar que corresponde, por tener la casa más grande, por intentar agradar con todo lo que tienen. Emplean todos sus recursos, con todos sus encantos, con tal de que les caiga ese "reconocimiento" que tanto buscan y que cae de arriba hacia abajo.

Ahora que has imaginado todo eso, toda esa muchedumbre de gente, ubicada, en pirámide, buscando beber del agua de la aceptación, y del reconocimiento, agrégale algo más. Todos ellos, no importa donde estén, todos, buscan oportunidades para presumir, y ostentar sus propias hazañas.

Por chicas o grandes que sean estas hazañas, por impactantes o inocuas que sean para mejorar su status social, todos, todos ellos y de todas maneras, buscan la oportunidad para lucirse, para poder hablar y contar una hazaña personal.

¿Has imaginado todo esto?

Bueno... fue solamente un ejercicio. La realidad es mucho más compleja, primero porque como no todos tienen el mismo "*Mapa de la Autoestima Personal*" (M.A.P.) no todos admiran, entonces, a las mismas personas. Tienen diferentes valores.

Además, las relaciones humanas tienen una profundidad mucho más honda que el dibujo simplista y superficial que hicimos con esa pirámide. Hay valores mucho más fuertes relacionados con la verdadera amistad, con el amor, e incluso con la curiosidad de conocer al otro, de escucharlo, y de compartir cosas. Es decir: esto que hicimos fue solamente un ejercicio dogmático, un concepto puro y simplista que no existe en la realidad ni podría existir nunca.

Sin embargo, espero que haya servido para describir la dinámica de estas emociones que estudiamos con el M.A. y que, si bien no se manifiestan de manera pura o totalizante, (porque hay muchos más misterios), esto que vimos recién, puede, tener algunos aspectos de verdad, y la idea del ejercicio es justamente aprender a reconocer eso, a visibilizarlo, para poder ver el efecto estas emociones en los dibujos de los grupos sociales o de las masas.

Además, como la economía de consumo necesita vender productos, las estrategias de publicidad apuntan a convertir el consumo intenso de productos como hazaña necesaria para tener prestigio social. En estas publicidades se utiliza la llamada "publicidad aspiracional" donde personas con muchas hazañas como famosos, super-modelos o deportistas se muestran consumiendo más y más productos. El mensaje se instala y se crea finalmente un M.A.S. en el que poseer cosas y comprar cosas es un signo de prestigio social, y para ello se necesita más dinero, y consumir pavadas superfluas es como una obligación. Se entra en una lógica adictiva de consumo de cosa innecesarias (o necesarias sólo para tener prestigio) costosas que sirven para mostrárselas al "otro" y que el otro por fin nos acepte.

8.6. Mentiras de hazañas por prestigio social. Administración de impresiones. Erving Goffman

Como las hazañas y anti-hazañas interfieren en el prestigio social, hay una conducta inconsciente de tratar de exagerar las hazañas o disminuir las anti-hazañas frente a la mirada del otro.

En efecto, sabemos que las hazañas inciden en dos aspectos a) orgullo b) prestigio social

En el punto 4.16 vimos la mentira por orgullo que es el auto-engaño. Por lo tanto, si se miente por orgullo, también se miente por prestigio social.

Se trata de mentir hazañas al otro para mejorar el prestigio social, o esconder de su mirada las anti-hazañas con el mismo objetivo. El fenómeno ya está intensamente estudiado por los investigadores en psicología experimental.

A partir de Erving Goffman, se le llama "administración de impresiones" (Goffman 1959). Consiste en algo reiteradamente comprobado por las investigaciones experimentales: se intenta influir en las percepciones del Otro en las interacciones sociales, intentando inflar los méritos personales o disimular y ocultar los vergüenzas (para una revisión ver Leary, Kowalski , 1990)

La "administración de impresiones" también es llamada "presentación del yo" y es un proceso subconsciente en el que las personas tratan de gestionar la manera en que son percibidas por otras. Según Goffman, la regla habitual de los vínculos sociales consiste en la «gestión disciplinada de la propia apariencia o fachada personal». Dicha acción tiene como finalidad presentar un determinado perfil de persona caracterizada por atributos positivos (o sea, para nosotros, hazañas).

Por ello, Goffman se interesa por el esfuerzo y las estrategias que activan los individuos para presentar una imagen «idealizada» de sí mismos (ventajosa para ellos y veraz para los otros). En esta perspectiva, la persona se convierte en un "actor" en el sentido propio de la dramaturgia: de manera subconsciente procura que crean un personaje de sí misma que proyecta.

Por lo tanto, estamos hablando de algo muy bien establecido cuando nos referimos a mentiras de hazañas y anti-hazañas por prestigio social. El personaje que intentamos "vender" que somos. Y es el equivalente externo de los auto-engaños, porque en los auto-engaños la mentira sobre nuestras hazañas la realizamos para nosotros mismos.

Referencias:

Goffman, E. (1959). The presentation of self in everyday life. Harmondsworth.

Goffman E. (1967). Interaction Ritual. Nueva York: Doubleday Anchor Books.

Leary, M. R., & Kowalski, R. M. (1990). Impression management: A literature review and two-component model. Psychological Bulletin, 107(1), 34.

8.7.   El magnetismo social del escuchador de hazañas. El magnetismo social inverso del escuchador de anti-hazañas.

El prestigio social por contagio es una de las lógicas

que con más frecuencia despiertan el magnetismo personal -personas con hazañas y prestigio atraen, a quienes quieren colgarse del prestigio ajeno- y de magnetismo personal invertido -personas con antihazañas y desprestigio alejan, por temor al desprestigio social-

No obstante, no es la única lógica que desencadena magnetismo personal. También está la del personaje prototipo: "escuchador de hazañas".Por eso, el escuchador de hazañas es quien ha desarrollado una habilidad muy sencilla -pero efectiva-. Aprende a proporcionar este placer de presumir.

El escuchador de hazañas sabe que la gente quiere pavonear. Y su idea es proporcionar este placer. Quizá quiera hablar de los méritos de sus hijos. Tal vez, de algo que logró alguna vez.

En la conversación misma hay hazañas sutiles. Como la hazaña de "saber", entonces uno disfruta un pequeño placer al mostrarle a los demás que "sabe algo". Entonces los adictos a este tipo de placer, puede que estén todo el día mostrando que saben todo, pero la mayoría de la gente ya sabe que es inapropiado socialmente estar todo el día en "modo enciclopedia", contando todo lo que se sabe y de todas las materias. La mayoría, si bien sienten placer en mostrar que saben algo, han de privarse de este placer (en definitiva, el placer que da exhibir hazañas, presumir) porque no tienen quien los escuche con atención. La conversación misma es una excusa para contar la propia vida, en la parte que da orgullo, sentirse bien al pavonear. Pero no se puede.

Además, el hablar mismo puede ser "hazaña" en cierto sentido. Sea porque el hablar tiene aristas de hazaña en muchos aspectos a) si es divertido, hazaña por haber sido gracioso b) si es inteligente, por haber sido inteligente c) si es conocedor, por conocer algo y ponerlo allí. Entonces el monólogo propio se convierte en una ocasión para mostrar todo tipo de hazañas, experimentando placer. Pero la gente no quiere escuchar más ya.

Hay tres graduaciones de educación social aquí. El

primero, quien nunca se percató que no se puede forzar la conversación a convertirse en una oportunidad de mostrar hazañas sin parar. Como no se percató nunca, puede que tenga un magnetismo personal inverso. Es más, cuanto más grandes sean la hazañas, más rechazo da si se las cuenta todo el tiempo. Luego, la segunda graduación es el que se da cuenta ya que no se puede presumir sin parar porque causa desagrado, así que, aún cuando podría ser delicioso hacerlo, sabe contenerse y no lo hace. Pero el escuchador de hazañas ya va a un nivel mayor en este entrenamiento social. Es quien se da cuenta que la gracia es fomentar que el otro pueda experimentar el placer de presumir, darle la oportunidad.

Entonces, si el monólogo propio puede tener formato de "presumir hazañas" y por eso da placer, una habilidad de magnetismo personal que tienen algunas personas es saber proporcionar este placer. O sea, saben hacer las preguntas y prestar la atención suficiente, como para que su interlocutor se sienta cómodo y pueda contar todas sus hazañas -o hablar intensamente-. Luego de eso, este placer de presumir -como un caramelo de dulce-, provoca como una memoria y unas ganas de estar de vuelta con este "magnético" que, en realidad, es un escuchador de hazañas. Como es un escuchador de hazañas, a nivel psicológico desemboca en unas ganas de volver a verlo, ya que este tipo de placer de presumir tiende a reforzar la conducta, para volver a experimentarse. No es racional ni mucho menos consciente -no es que uno dice que quiere estar de vuelta con el sujeto para contar hazañas, solo siente una emoción de querer estar cerca-,

A veces, en una conversación de a tres o de a cuatro, se ve una especie de competencia por hablar. Todos quieren tener la oportunidad de pavonear su hazaña, a la mirada de los otros. Es una competencia por hablar. A veces, todos hablan a la vez. A veces, suben el volumen para imponerse y contar su hazaña. El escuchador de hazañas, en estos casos, suele convertirse con muy poco en el líder de la conversación. ¿Qué sucede? Todos quieren hablar así que los habladores valen poco. Nadie quiere escuchar. Entonces los escuchadores valen mucho.

Entonces el escuchador, al tener esa diferencia -el deseo de escuchar-, se convierte en el árbitro de quienes deben hablar y quienes deben callar. Se convierte en el líder de la conversación. Al ver que hay tres que quieren hablar, simplemente con hacer valer su condición de querer escuchar es quien decide quien habrá de hablar de ellos solo pidiéndolo y con su autoridad, todos se callarán. En esas convesaciones donde todos quieren hablar y ponen voz fuerte para imponerse a los otros, si bien es muy difícil meter un bocado para hablar -ya que hay mucha competencia-, sin embargo es muy fácil si se lo hace para escuchar. Aún en voz baja, aún con timidez, el escuchador al elegir que uno hable, pedir que se explaye, gana una inmensa autoridad, incluso si su voz fuera un tan débil como un susurro, acompañado de un gesto de pedir que se callen los otros.

Luego, si está hablando mucho, puede apuntar hacia otra persona -que desea contar su hazaña- y allí, todos callarán. Lo hará hasta con un simple gesto de la autoridad que gana por solo ser quien todos quieren allí: alguien con ganas de escuchar. Con esa táctica, la conversación se agrupa alrededor del escuchador de hazañas, ya que todos comienzan a suplicar que le de el turno de hablar, enfocándose en sus gestos no verbales en poder tener su favor. En esos momentos, se advierte el liderazgo total de la conversación -todas las caras le miran, todos le obedecen- y parece que tiene "carisma", pero solamente fue su habilidad de escuchador de hazañas. Este efecto visual de "carisma" aumenta su autoridad y puede que lo ayude a tomar el liderazgo en otras conversaciones o situaciones.

El escuchador de hazañas no es -no suele ser- un "modo periodista" que solamente hace preguntas. Una persona que no cuenta nada de sí misma entonces no le da confianza a las otras de contar de sí mismas. Una persona que no habla no da confianza para hablar. Por el contrario, el escuchador de hazañas es más espontáneo y se da el gusto de hablar un poco, de contar sus experiencias de vez en cuando, ya que eso rompe el molde y da confianza a la otra persona para repetir el procedimiento -y... tentarse-. Pero se puede medir en tiempo.

Como regla general, en una conversación de a 2, el escuchador de hazañas hablaría aproximadamente el 30% del tiempo, escucharía el 70%. La regla 70% (escuchar) y 30% hablar estaría bien, pero lo importante de los escuchadores es que saben que hablar (muchas veces) es pavonear y que pavonear es un placer, así que dejan que el otro disfrute un poco. En cambio en grupos, donde muchas veces se da esa dinámica (todos quieren hablar y decir algo, pero nadie quiere escuchar lo que los otros van a decir), el escuchador suele ser quien menos habla.

El escuchador de hazañas, además, desarrolla la habilidad de conocer cuáles son las hazañas que cada quien quiere presumir. Alguno quiere presumir que es "divertido", se pone en modo de escuchador de chistes. Otro quiere presumir que "sabe", se pone en modo alumno. Pide consejo. A veces, alguno quiere presumir de sus logros en la vida, así que se interesa por eso. Sabé qué preguntar. Sabe de qué hablar.

Este tipo de estrategias como "el escuchador de hazañas" se pueden practicar adrede, de manera artificial, de manera estudiada. No obstante, aunque se haga de manera artificial y pensada, luego hay una cascada de efectos positivos y de devolución de buenas formas. Al final del camino, se incorpora como un rasgo espontáneo de la personalidad. Se deja de hacer pensado y se convierte en un hábito automático, tal como un rasgo de la personalidad. Es que provocar buenas emociones repercute en experiencias mejores y, al final, se va incorporando un rasgo de la personalidad -automático-, aunque ya no se piense nunca más.

Pero asi como el escuchador de hazañas genera magnetismo personal, también hay otro personaje prototipo: "el escuchador de anti-hazañas".

Son personas muy competitivas que se comportan como periodistas de errores e imperfecciones.Quieren saber qné fallaste y, cuando lo encuentran, como que se alegran. Cualquier cosa -apariencia, error propio, derrota-. Eso como que los atraen y quieren preguntar por el error, por la anti-hazaña.

Esas personas producen un magnetismo personal invertido, ya que nadie quiere hablar de sus anti-hazañas, entonces genera incomodidad los que están como muy interesados en eso.

Conclusión: el magnetismo personal del escuchador de hazañas es una muestra de las habilidades que se generan quienes ya conocen el M.A. Es decir, no lo conocen como teoría pero espontáneamente se dan cuenta de estas dinámicas movilizadas por las emociones de hazañas y anti-hazañas. Además, si bien el "prestigio social por contagio" es la forma más habitual de magnetismo personal -o magnetismo personal invertido-, puede verse que también hay muchas otras.

9- Posición en El Mapa
de la Autoestima.

Alude a todas tus características, hechos, circunstancias que pueden mover tu posición en el M.A., porque cuando es distinta tu posición son distintas también las hazañas y las anti-hazañas que debes lograr para construir tu orgullo y tu prestigio social.

9.1. Posición por género.
Investigaciones de campo.
Las culturas machistas.

Según si eres hombre, o si eres mujer, es muy posible que cambien radicalmente las cosas que serán hazañas y las que serán anti-hazaña.

Esto es muy importante -extremadamente importante- para conocer bien las diferencias entre hombres y mujeres al momento de relacionarse.

Veamos una cosa.

Si una mujer es abandonada por 200 hombres, todos dicen *"pobre mujer, que fracasada"* porque vivimos en una cultura algo machista donde el "M.A.S." *determina que para una mujer el tener muchísimas relaciones es una anti-hazaña... incluso las muchas relaciones son una anti-hazaña que puede conducir a la identidad estereotipada machista de la "fulana".*

Es decir: las muchas relaciones son anti-hazaña en tanto debilitan su prestigio social como mujer y lleva a que esa una persona menos considerada en la sociedad, menos respetada. A su vez, como el M.A.S. influye sobre el M.A.P. es muy posible, que, según su propio M.A.P. esto de haber sido abandonada por 200 hombres, sea también una grave anti-hazaña que entonces destruya su orgullo, su ego, e incluso, tal vez, toda su autoestima.

Si un hombre es abandonado por 200 mujeres, todos suelen decir "que genio, es un ganador" porque en esta misma cultura algo machista el "M.A.S." determina que para un hombre el tener muchísimas relaciones sea una hazaña. Es algo que aumenta su prestigio social, y conduce a que se convierta en una persona mucho más respetada en la sociedad.

Por eso te digo que el rasgo de ser hombre o de ser mujer, mueve tu posición en el M.A. y cambia las hazañas que debes lograr para mejorar tu orgullo, o aumentar tu prestigio social.

Las investigaciones de la psicología experimental dan cuenta que, por ejemplo, las mujeres son juzgadas socialmente según su imagen mucho más que los hombres, y que ellas tienden más a compararse a sí mismas según la apariencia y disminuir su autoestima si resultan perjudicadas (Abell & Richards, 1996; Furman, 1997).

Asimismo, una reciente investigación patrocinada por la marca de jabones femeninos Dove, de Unilever, halló que 4 de cada 5 de todos los comentarios (tweets) negativos en la red social Twitter identificados con imagen y apariencia, son escritos por mujeres hablando de sí mismas. (Dove Speak Beautiful Social Media Study, 2015)

Por otra parte, también se ha documentado que para los hombres el empleo y el sentirse competentes en su trabajo tiene una relevancia distinta que para las mujeres (Pugliesi, 1995)

Pero respecto de las relaciones hombre – mujer, y la gran incomprensión que existe, resulta importante considerar este cambio de posición en el M.A. según si eres hombre o si eres mujer. Es muy importante que "muchas relaciones" es hazaña para los hombres, y es anti-hazaña para las mujeres en el M.A.S. de nuestras culturas machistas.

Los investigadores Buss y Schmitt (1993) les preguntaron a estudiantes norteamericanos que establezcan cuantas parejas sexuales idealmente ellos desearían tener en un rango de un mes, hasta un rango de toda la vida. El resultado fue que los hombres deseaban siempre más parejas sexuales que las mujeres en cualquiera de los ejemplos. En el próximo año, los hombres deseaban tener seis parejas sexuales, cuando las mujeres deseaban solamente una. En el rango de toda la vida, los hombres deseaban tener más de 18 parejas sexuales, mientras que las mujeres sólo cuatro o cinco. Los resultados fueron corroborados por Schmitt (2004). Hizo una investigación intercultural con más de 16.954 participantes en 53 naciones distintas, y se corroboró que los hombres deseaban más parejas sexuales que las mujeres.

Citas extraídas de la tesis "T h e S c i e n c e o f S e d u c t i o n". Andreas M. Baranowski. Universidad Prof. Mag. Dr. Oliver Vitouch. Instituto de Psicología. 2011.

9.2.Posición por género. Afeminamiento y hermafroditismo. Adler.

En un artículo de Adler titulado *"El hermafroditismo en la vida y en la neurosis"*, se plantean unos lineamientos muy interesantes, que los podemos ver muy relacionados con lo que aquí llamamos "posición por género en el M.A."-

En esta publicación, Adler parte de la observación de muchos autores conocidos de su época (Fließ, Krafft-Ebing, Freud) de que en muchas personas afectadas de neurosis prevalecen rasgos físicos y psíquicos del sexo opuesto. Adler considera estos rasgos físicos (y sólo los físicos) una forma de minusvalía orgánica (p.ej. genitales subdesarrollados) que pueden dar lugar a un sentimiento de inferioridad.

Los niños que padecen alguna debilidad orgánica o problemas de funcionamiento físico de cualquier índole pueden llegar a sentirse inferiores respecto a personas no aquejadas de estos problemas. Esto les confiere un papel que les puede parecer poco masculino, ya que, explica Adler, en la sociedad se identifica generalmente la fuerza, la agresión y hasta la salud como masculina y la debilidad o inhibición de la agresión como femenina.

Con esto, Adler quiere expresar que la mujer, para compensar sentimientos de inferioridad, utiliza en mayor grado recursos "blandos" y recurre más al afán de notoriedad (ser admirada por lo que es -sobre todo por ser guapa-, no por lo que hace), que parece socialmente más aceptado que el afán de superioridad, generalmente reservado al hombre. Sin embargo, lo vemos muy consistente a este desarrollo con una distinta posición en el M.A.: al ser hombre o mujer, serán distintas las hazañas necesarias para lograr prestigio social.

Pero, explica Adler, un niño varón muy desanimado puede también recurrir a estas formas blandas, como llorar, mostrarse cobarde, etc.

Es decir, desde esta óptica, lo que ve Adler, tras observar decenas de casos de distintos psiconalistas y psiquiatras, es que las anti-hazañas en el plano de lo físico en un niño pueden enemistarlo con su característica biológica de ser "hombre", buscando las hazañas que se necesitan para tener orgullo cuando se tiene la característica de ser "mujer".

Volveremos a Adler, en breve.

9.3. Posición por edad.

Hay otras cosas que mueven la posición en el M.A.

Un ejemplo es la edad. Por ejemplo: vivir en la casa de los padres…¿es anti-hazaña? A los quince años no es anti-hazaña sino que es la regla normal. A los veinte años… es una anti-hazaña débil con cierto potencial para afectar el orgullo y el honor social de la persona. A los treinta años… es una anti-hazaña más fuerte. A los cuarenta años… puede ser una anti-hazaña aún más fuerte según el M.A.S. Y esto lo vemos porque una persona de veinte años que vive con los padres suele ser criticada poco, una de treinta años suele ser criticada más, y una de cuarenta años mucho más.

En otras palabras: la misma anti-hazaña (vivir en la casa de los padres), aumenta su potencia apenas va aumentando la edad, y esto lo sabemos por estos estudios, y porque la gente tiende a tener una mirada más reprobadora de quien vive en la casa de sus padres cuanto más edad tiene esa persona. Y esto, si bien en los últimos años está cambiando ya que por cuestiones económicas y también por comodidad y practicidad, nos demuestra que la edad también cambia la posición en el M.A. Así, vivir en la casa de los padres a los quince no es anti-hazaña, a los treinta es anti-hazaña, a los treinta y cinco es anti-hazaña más potente, a los cuarenta es más anti-hazaña.

Más allá de la edad, hay muchas otras cosas que pueden mover la posición en el M.A.

9.4. Posición por anti-hazañas. Alfred Adler.

Según Adler, el niño nace con un potencial intrínsecamente bueno. Pero existen factores que pueden impedir el desarrollo sano del Sentimiento de Comunidad en el niño.

En vez de sentirse aceptado, apreciado y querido, el niño puede llegar a tener la convicción de que vale menos que las demás personas, que es menos querido, menos aceptado o menos fuerte. Estos factores pueden ser de índole orgánica (una "minusvalía de órgano"). Es decir, debidos a problemas de salud, a una disminución psíquica o discapacidad física, o de índole psicológica, debidos a una educación inadecuada por parte de los padres.

Adler entonces carga las tintas sobre el sentimiento de inferioridad. Y como el sentimiento de inferioridad es un sentimiento doloroso y difícil de tolerar, los humanos tienden a compensarlo y a sobre-compensarlo: el que se siente excluido, quiere incluirse aún a costa de excluir a los demás; el que se siente humillado quiere vengarse. Y nace el afán de superioridad, o afán de poder. El afán de poder, es la expresión patológica de un individuo que en el fondo se siente inferior, excluido, minusválido.

El concepto de sobrecompensación trata de eso: el afán de poder como consecuencia de un sentimiento de inferioridad. Pero Adler va más lejos. Para este autor, la neurosis no es "causada" por el sentimiento de inferioridad (el neurótico se siente inferior, por lo tanto se vuelve depresivo/ansioso/compulsivo, etc.), sino la sintomatología neurótica es un intento -inconsciente, eso sí- de escapar del sentimiento de inferioridad y de obtener poder (el individuo se vuelve depresivo para evitar enfrentarse a sus sentimientos de inferioridad y para poder sentirse, aún de forma rudimentaria y retorcida, superior).

Este afán de superioridad puede tener dos manifestaciones: la búsqueda de poder y superioridad directa (dominar sobre los demás), o el afán de significación (búsqueda de prestigio o querer aparentar) que implica la persecución de un estatus de importancia. El sufrimiento psicológico, causado por la patología (los síntomas depresivos, fóbicos, de ansiedad, etc.) son, en palabras de Adler, "los costes de guerra" que el neurótico paga para evitar su confrontación con el problema real.

¿Qué es lo que vemos acá? Que las anti-hazañas (reales como cuestiones físicas, minusvalías, o imaginarias, como percibidas) empujan a la persona a una zona donde ya no puede tener orgullo por sí misma, donde se ve obligada a sentirse inferior a las otras personas.... y, por eso, necesita excepcionales hazañas para sobre-compensar esa situación. Es decir: una posición en el M.A. a la que es arrojado por humillaciones, y anti-hazañas...lleva a una personalidad característica de querer intentar dar su vida por "salir de allí", intentando lograr excepcionales hazañas que compensen, y eso puede manifestarse también como un desmedido afán de poder.

Referencias:

"Estudio sobre la inferioridad de los órganos y su compensación psicológica." 1919. Alfred Adler.

*"Comprensión de la naturaleza humana".*1930. Alfred

Adler.

9.5. Posición por anti-hazañas. La afirmación de la identidad. Claude Steele.

Muchos hemos visto que las personas que fracasan en un área, tratan de compensarse desarrollando inusual habilidad en otra área. Por eso, dentro de M.A., esto puede ser entendido como "posición en el M.A." donde el fracaso o la incompetencia te aleja de ciertas hazañas y por ello te esfuerzas por destacar en otras hazañas diferentes.

Esto va formando la personalidad, porque lleva a que reniegues cada vez más de aquello que sentiste que fracasaste y alimentes más aquello otro que te pudo servir para sentir que destacabas. Así es como se cronifica y se convierte en un rasgo de la personalidad.

La posición en el Mapa de la Autoestima resultado de que por estar lejos de una hazaña, te intentas acerca más a la otra. Si una chica cree que no es linda ni agraciada (lejos de la hazaña de la belleza), puede esforzarse más para ser culta y verse como más inteligente (cerca de la hazaña de la inteligencia) y, por ello, los fracasos o frustraciones para alcanzar "las hazañas" que marca nuestro M.A. son determinantes muchas veces en la posición en el M.A. que se convierte en un elemento central de nuestra personalidad.

Coherentemente con este desarrollo y con lo que había planteado también Alfred Adler, se destaca la Teoría de la Afirmación de la Identidad de Steele (1998).

Según afirma Claude Steele, la gente reduce el impacto de la amenaza al auto-concepto que significa un evento vergonzoso o frustrante, concentrándose y afirmando su competencia en algún otra área.

Referencias:

Steele, C.M. (1988). The psychology of self-affirmation: sustaining the integrity of the self. En L. Berkowitz (Ed.), Advances in experimental social psychology(Vol. 1, pp. 261-302). San Diego, CA: Academic Pres DOI:10.1016/ S0065-2601(08)60229-4

9.6. Posición por género. La gordura como anti-hazaña.

La Anorexia decimos que se da más frecuentemente en mujeres que en hombres porque la flacura es una hazaña más relevante si eres mujer que si eres hombre. Por ello, el hecho de ser mujer mueve la posición en el Mapa de la Autoestima ya que lleva a que "ser flaca" sea una hazaña importante (ver 4.4, Anorexia).

Pero la posición no solamente es en el M.A.P. (*Mapa de la Autoestima Personal*), sino también en el M.A.S. (*Mapa de la Autoestima Social*)

Entonces la gordura es una anti-hazaña para las mujeres según el M.A.S. de nuestra cultura. La característica de gordura quita más prestigio social a una mujer que a un hombre.

En abono de esta postura, Fikkan y Rohtblum (2012) se preguntan si la gordura debería ser un asunto para el feminismo. Al respecto, realizan una extensa revisión de investigaciones empíricas y advierten que la gordura pesa tanto como un estigma para las mujeres en ámbitos tan diversos como el empleo, las relaciones románticas y la salud mental. El peso del estigma de la gordura tiene importancia grave para las mujeres, con repercusiones en su vida laboral, cuando no sucede lo mismo para los hombres (Fikkan y Rohtblum, 2012). Por ello, concluyen que las feministas deben interesarse por esta disparidad de género: mientras que la gordura en hombres no les genera estigma, discriminación ni perjuicio en su carrera laboral, la gordura en mujeres tiene un peso muy importante en todos esos ámbitos.

En el mismo sentido, en un estudio hecho sobre 942 adolescentes en España (49% mujeres) se encontró que el miedo a la gordura era solamente un predictor de síntomas depresivos en las mujeres y no en los hombres (Ferreiro, Seoane & Senra, 2012).

Por ello, estos estudios también ilustran la utilidad del concepto "posición en El Mapa de la Autoestima" para comprender la personalidad: el género es una de las características que mueven la posición llevando a que sean más relevantes ciertas hazañas o menos relevantes otras anti-hazañas, como sucede con el caso de la gordura.

Referencias:

Fikkan, J. L., & Rothblum, E. D. (2012). Is fat a feminist issue? Exploring the gendered nature of weight bias. Sex Roles, 66(9-10), 575-592.

Ferreiro, F., Seoane, G., & Senra, C. (2012). Gender-related risk and protective factors for depressive symptoms and disordered eating in adolescence: A 4-year longitudinal study. Journal of Youth and Adolescence, 41(5), 607-622.

9.7 Posición y estereotipo.

Ciertas características mueven la posición en el Mapa de la Autoestima hacia cercanía a estereotipos negativos y ello perjudica el rendimiento.

En un estudio realizado por Steven J. Spencer en la Universidad de Michigan en 1999, se encontró que, al aplicar una prueba de matemática, el desempeño de las mujeres era mucho menor que el de los hombres cuando se les decía que estos sacaban mejores calificaciones. En cambio, cuando se les decía que hombres y mujeres sacaban iguales calificaciones, la diferencia entre hombres y mujeres fue mínima.

De todas maneras, un efecto similar los investigadores han encontrado con estudiantes norteamericanos negros comparados con los estudiantes blancos. Cuando se les dice que los negros suelen tener peor rendimiento que los blancos, los estudiantes negros sienten tanta presión que ello perjudica su rendimiento. En cambio, cuando no se les dice que hay una relación entre rendimiento y color de piel, la perfomance de estudiantes negros y blancos no es distinta (ver revisión de estudios de Schmader y colegas, 2008).

Por ello decimos que no solamente el "género" puede mover la posición en el M.A., sino también otras características como incluso el color de piel cuando hay valores racistas o estereotipos de gran impacto en la población.

Desde allí que hay autores como Steele que proponen que los estudiantes negros tienen peores notas que los blancos en Estados Unidos debido a esta amenaza de los estereotipos.

Spencer, S. J., Steele, C. M., & Quinn, D. M. (1999). Stereotype threat and women's math performance. Journal of experimental social psychology, 35(1), 4-28.

Schmader, T., Johns, M., & Forbes, C. (2008). An integrated process model of stereotype threat effects on performance. Psychological review, 115(2), 336.

Kinney, D. A. (1993). From nerds to normals: The recovery of identity among adolescents from middle school to high school. Sociology of Education, 21-40.

Scott, B. M., Paskus, T. S., Miranda, M., Petr, T. A., & McArdle, J. J. (2008). In-season vs. out-of-season academic performance of college student-athletes. Journal of Intercollegiate sport, 1(2), 202-226.

Zaugg, H. (1998). Academic comparison of athletes and non-athletes in a rural high school. NASSP Bulletin, 82(599), 63-72.

Naylor, A. H., Gardner, D., & Zaichkowsky, L. (2001). Drug use patterns among high school athletes and nonathletes. Adolescence, 36(144), 627.

Robst, J., & Keil, J. (2000). The relationship between athletic participation and academic performance: Evidence from NCAA Division III. Applied Economics, 32(5), 547-558

9.8. Estilos de personalidad según posición en el M.A.

Imaginativo vs. Realista.

Si una persona se sitúa más dentro del plano "imaginativo", o el "realista", depende de su tendencia a imaginar hazañas y vivir dentro de esos escenarios. Quienes son muy imaginativos, sueñan mucho, se imaginan escenarios, esos escenarios tienen hazañas, y disfrutan, como pago por adelantado, el orgullo de esas hazañas, aún sin haberlas realizado. Quienes son realistas se concentran más en el aquí y ahora, procurando obtener hazañas actuales, y son personas más de acción que tratan todo el tiempo de lograr cosas, y de cambiar la realidad que los rodea. Vivir "en las nubes" está relacionado con ello, con buscar hazañas dentro de la imaginación, y no concentrarse en mejorar la vida actual. Además, los muy imaginativos, también tienen invadida la mente por miedos, miedos de futuras y vergonzosas anti-hazañas.

Quien tiene este perfil Imaginativo puede llegar a hablar solo, porque imagina escenarios de hazañas, y habla en voz alta para perfeccionar esa imaginación y sentirla más real, de modo de disfrutar más el placer de la hazaña imaginaria.

Muchas veces se llega a ser una persona del estilo "Imaginativo" por no lograr hazañas en las primeras edades. Al no lograr hazañas, la persona es como que se "retira" de la vida, y se refugia en un mundo de ensueños. Y esta dificultad y problema, puede llegar a terminar siendo una ventaja: gracias a los soñadores ha cambiado el mundo en infinidad de ocasiones.

Aplicación práctica: Ser realista es muy bueno para

concentrarte en lograr mejoras en tu vida concretas. Ser imaginativo es muy bueno para tener sueños grandiosos, y creer en esos sueños, a pesar de que la realidad te intente desanimar con su color gris. Pero, en ambos casos, hay que tratar de agregarle las ventajas del otro, para compensar la debilidad. El realista, debe probar soñar, y encandilarse con el brillo y el efecto en el orgullo de hazañas futuras, y sintiendo, por adelantado, cómo se sentirá cuando las alcance, y el imaginativo debe intentar lograr mejorar concretas y actuales en su vida. Este "pago por adelantado" que permite la imaginación al soñar una hazaña futura es característico del soñador, pero sirve porque aumenta el entusiasmo necesario para luchar por un sueño.

Histriónico vs. Antisocial.

En esto también hablamos de dos extremos problemáticos, y que cada persona está situada en una graduación dentro de ello. Histriónico, cuando se buscan hazañas que logren gustar, seducir, y ser aprobados por el otro (apuntadas al prestigio social). Antisocial, cuando se buscan hazañas que intentan ser demostraciones para lograr la propia aprobación, el propio orgullo (apuntadas al orgullo personal), y con total desinterés por el otro. En el extremo antisocial, la persona se desinteresa totalmente de la aprobación externa, de gustar y de ser amado por el otro, y lo único que busca son hazañas que la hagan sentir orgullosa de sí misma. En el extremo histriónico, la personalidad se vuelve más exagerada, estridente, llamativa, porque trata siempre de capturar la atención de la mirada externa, y lograr la aprobación.

El histriónico puede ser demasiado cambiante, adaptándose a lo que cree que despertará la aprobación externa. Intentando ser el centro, haciendo morisquetas para gustar al otro, y cuando recibe esa aceptación, allí, en esa aceptación externa, tiene su hazaña. El anti-social, puede ser indiferente, y si va unido al rasgo "Imaginativo" que vimos recién, puede estar totalmente recluido y desinteresado por la persona que tiene enfrente. A veces el anti-social disfruta de sus propias hazañas y de exhibirlas al otro, pero no para obtener su aprobación, sino para disfrutar de la envidia y del dolor ajeno ante el esplendor de la hazaña propia.

Debido a los patrones del M.A.S. (Mapa de la Autoestima Social) machista, en general este tipo histriónico es más común en mujeres. Es que, hablando en general y lo profundizaremos más adelante, en sociedades machistas, el hombre prestigioso es aquel que logra importantes hazañas por sí mismo (poder, dinero, trabajo, méritos deportivos, etc.), y la mujer prestigiosa es aquella que logra seducir, y despertar el amor de un hombre con importantes hazañas y con prestigio. Por eso, el "gustar", el lograr la aprobación, el lograr la emoción en el otro, es una hazaña, según el M.A.S. machista, de corte más femenino y, en general, este tipo histriónico se ve más en mujeres.

Logros vs. Apariencia

Dentro de lo que es la búsqueda de hazañas, podemos diferenciar a quienes tiene como hazaña su belleza (músculos, ropa, físico), de aquellos otros que tienen como hazaña sus logros (méritos deportivos, poder, méritos profesionales, estudios, trabajo)

Hablamos de esto también como una graduación. Pero, como vimos antes con Adler y la compensación, a veces se busca, como una isla cercana, la hazaña que está más cerca ante la propia imposibilidad de lograr la hazaña que demanda el M.A.S. Vimos que, según género, el M.A.S. puede darte más prestigio si eres mujer en caso de tener hazañas como belleza, físico y ropa, y darte más prestigio si eres hombre en caso de tener hazañas como inteligencia, méritos deportivos, trabajo, y poder... No obstante, desde la naturaleza, no todos somos iguales, no todos alcanzamos las metas exigidas por el M.A.S. para tener prestigio, y, al no caber dentro del "molde" de lo que según la sociedad es un hombre, o es una mujer, puede pasar que tratemos de adoptar un molde distinto.

De todas maneras, más allá de estos extremos, es también importante, para la personalidad, identificar si a una persona se guía más por hazañas que son logros externos, o si su hazaña es su apariencia externa.

El Nº 1 vs. El rebelde.

En esto también hay graduaciones de un extremo al otro, pero esta regla sirve para medir este aspecto de la personalidad. El Nº 1, es quien logra y alcanza las hazañas importantes según el M.A.S. y por eso se mantiene en la vereda del prestigio social. Su característica es la competencia permanente por esas mismas hazañas. El Rebelde, en cambio, es quien está contra el M.A.S., intenta cambiar el M.A.S., y tiene un comportamiento militante para tratar de cambiar el M.A.S. por un nuevo M.A.S. donde él mismo sea más prestigioso. Milita en un desprecio intencional hacia las principales hazañas del M.A.S. y hacia quienes las han logrado. El Rebelde se caracteriza por algo que veremos en el próximo capítulo: la Actitud Política, que es el intento de cambiar el M.A.S.

La contra del Nº1 es que es demasiado conformista, celoso del prestigio que ya logró, apenas intenta ser mejor en lo que ya hace, no se anima a la innovación. La contra de El Rebelde, es que no se anima a esforzarse por lograr las hazañas comunes porque, si lo hace, lo experimenta como una traición a sí mismo.

La víctima vs. El humillador.

Este ítem se refiere a la relación con la humillación. La humillación es un elemento clave de la sociología desde el M.A., y, en el aspecto interno, se toman distintas posiciones o formas de encararla. La Victima, busca ser agredida y humillada, pero necesita que se la victimice de manera injusta. Entonces, una vez victimizada, puede arrojar a su humillador a la zona de las anti-hazañas morales del M.A., y situarse dentro de la posición de víctima y de "buena", y esto último es lo que disfruta. Compensa todos los fracasos de la vida, todas las frustraciones, el creer que la gente tiene inferior calidad moral, y para eso sirve que te victimicen, pero, para eso, debe ser una victimización injusta. Por eso la víctima siempre manipula, manipula para ser victimizada injustamente, y luego poder quejarse de ello. La víctima a menudo usa la estrategia del sacrificado, se sacrifica para poder luego echar en cara eso, y arrojar a la otra persona a la zona de las anti-hazañas morales, y sentirse victimizada.

El humillador, en tanto, desea denigrar, basurear, y de esa forma sentirse mejor que la otra persona. Pero no lo puede hacer contra cualquiera, primero debe justificarse moralmente, y para eso el humillador tiende a tildar a su víctima de "mala", "soberbia", o "distinta". Para poder humillar, el humillador necesita tener poder. Puede ser el poder económico, el poder de la superioridad en la violencia física, el poder en un grupo, o de otro poder. Al humillador, como a muchos otros, se lo reconoce por su alarde: el humillador, cuando habla, suele narrar anécdotas de luchas contra quienes identificará como "soberbios", "malos" o "distintos", y hará alarde y se pavoneará de cómo venció en estas luchas y los venció. Generalmente eligen a personas débiles para humillar, y se justifican acusándolas primero de ser malvadas, soberbias, o distintas.

Empático versus Egocéntrico.

La Empatía, como capacidad de sentir por lo que le pasa al otro, interactúa con las razones de las hazañas y anti-hazañas. El Empático es quien se identifica con el otro, y por eso, disfruta sus hazañas, disfruta su alegría, y disfruta como propio cuando la otra persona tiene un mérito. El Empático también sufre como propias las anti-hazañas del otro, se puede poner en su lugar emocionalmente. Este tipo de personalidad tiende a ayudar, a alentar al otro, porque obtiene una felicidad propia al contemplar la felicidad del otro, se llena su propia felicidad con la felicidad ajena. Al contrario, el Egocentrismo, tiende a solo interesarse por sus propias hazañas y anti-hazañas, y sin producirle ninguna tristeza el mal ajeno, ni tampoco ninguna alegría el mérito ajeno.

Son dos escalas extremas de una regla, Empático vs. Egocéntrico, y la persona debe estar situada en una graduación intermedia.

Retrato de la Personalidad
según posición en el M.A.

De acuerdo a cómo clasifica dentro de estos parámetros, cada cual puede tener más o menos de un aspecto o del otro, o puede no tener nada de ninguno. Y es el resultado final de la combinación de todos lo que traza una personalidad, así como también cuál es el ancla, cuáles son las hazañas primordiales que sostienen a una persona. Se trata de conocer el perfil de personalidad de acuerdo a su posición en el M.A., y de cuáles son y donde están las hazañas que busca para sentir orgullo, y sentirse una persona valiosa y respetada.

9.9.   Estilos de personalidad
según posición en el M.A.

Aquí describimos formas puras de personalidad según la posición en el M.A., entendiendo que en la realidad estos estilos aparecen mezclados. Sin embargo, individualizarlos permite reconocer en cada caso qué rasgos dominan y qué tipo de relación tiene la persona con sus propias hazañas y anti-hazañas. Cada tipo es, en esencia, una estrategia para sostener el orgullo dentro de la posición particular que le tocó ocupar, seleccionando los hechos que servirán para construir ese orgullo o reinterpretar sus derrotas.

El Compensador Épico

Nace de biografías marcadas por humillaciones tempranas o anti-hazañas fuertes que arrojan a la persona a una zona de inferioridad. Desde allí, su vida se convierte en un proyecto obsesivo de sobrecompensación. Sus hazañas son siempre hechos grandiosos y visibles: títulos, récords deportivos, fortunas repentinas. Cada logro es una prueba viva de que ya no pertenece a la zona de los débiles. Pero su orgullo es frágil, porque necesita reafirmar de manera constante esa imagen de ganador. Vive alerta a cualquier señal de desprecio, como si una humillación nueva pudiera devolverlo a su posición original. Detrás de su ambición y agresividad late una inseguridad profunda. El niño enfermizo que se obsesiona con transformarse en un atleta de élite o el adolescente ridiculizado que busca convertirse en millonario antes de los treinta son ejemplos claros: sus hazañas son medallas que los rescatan, aunque sea temporalmente, de la herida de su origen.

El Conformista de Oro

Es quien encontró desde temprano un camino llano hacia las hazañas legitimadas por el M.A.S. y aprendió a cuidarlas con celo. Sus logros son hechos previsibles, casi obligatorios, que consolidan su prestigio: carreras profesionales respetadas, ascensos dentro de instituciones valoradas, éxito dentro de las normas aceptadas. No arriesga porque arriesgar sería exponerse a perder lo que ya tiene. Su orgullo es sólido, pero dependiente de mantener ese mismo nivel de aprobación social. Vive más para conservar que para conquistar nuevas alturas. Es el alumno ejemplar convertido en adulto ejemplar, más preocupado por no caer que por subir más alto. Cada éxito repetido es una confirmación, pero también una cárcel, porque lo ata a la necesidad de no fallar jamás. Es una persona tranquila y, en general, logra construir buenos proyectos de vida a base de metas concretas y que le reportan una posición buena en la sociedad. Suele ser autoexigente. Suele tener disciplina. Como contrapartida, no se animan a tomar riesgos, ya que no están acostumbrados al fracaso o el ridículo, de manera que son muy estructurados.

El Artista de su Biografía

Es un subtipo diferenciado del Conformista de Oro. No busca las hazañas más señaladas ni las que otorgan el prestigio convencional, sino aquellas que son más elegantes, las que le permiten gustar y, sobre todo, gustarse. No solamente que se viste muy bien, sino que cada trozo de su vida es un accesorio que potencia el atrativo del conjunto de su personalidad. Vive su vida como una obra de arte: cada hecho que realiza es un trazo que debe encajar con los anteriores y armonizar con el cuadro general de su biografía personal. No necesita grandes logros señalados por todos como los obvios. En cambio, busca acciones coherentes con el estilo que ha elegido, hechos que, puestos en conjunto, dibujen un personaje atractivo y consistente.

Sus hazañas son seleccionadas con un criterio casi estético. Puede elegir un viaje a un lugar remoto, una afición refinada, un gesto romántico inesperado, no por su impacto social directo, sino porque encajan con el personaje que quiere ser. Su orgullo nace de sentir que su biografía es una narración seductora, un cuadro bien compuesto que despierta admiración en otros, pero que ante todo lo seduce a él mismo. Esta coherencia lo vuelve difícil de manipular: nunca hace algo porque otros lo quieren, sino porque sabe que "le queda bien", que contribuye a su estilo de vida. Generalmente son seductores y encantadores, porque antes de seducir a los demás han logrado seducirse a sí mismos trabajando cuidadosamente en su propio relato vital.

El Rebelde Militante

Su posición en el M.A. es marginal respecto de las hazañas principales, pero no se resigna. Sus hazañas son actos reales de desafío: escribir un libro que derribe ideas dominantes, crear una obra que rompa cánones estéticos, organizar movimientos que enfrenten abiertamente el prestigio convencional. Su orgullo no depende de gustar, sino de tener el coraje de enfrentarse al sistema y proponer uno nuevo. Busca contagiar su visión, no solo rechazar el mapa actual. No quiere destruir el M.A.S. porque sí, sino construir otro donde sus logros sean reconocidos como hazañas legítimas. Es el activista que desafía el éxito económico para exaltar otras formas de vida o el artista que no solo rompe, sino que crea nuevos estándares.

El Histriónico Dependiente

Vive atrapado en la necesidad de aprobación externa. Es especialista en el show y el espectáculo, pero su show es efímero. Sus hazañas existen solo si son validadas por otros: necesita la mirada, el aplauso, el gesto de aprobación constante. Es un coleccionista de gestos ajenos.

Cambia de actitud como un camaleón, adaptándose a lo que cree que generará aceptación: hoy puede mostrarse audaz, mañana tímido, siempre pendiente del efecto que provoca. Un silencio prolongado o una desaprobación pública lo arrojan a una anti-hazaña devastadora. En culturas donde el prestigio femenino se mide más por la seducción, este tipo es más común en mujeres, aunque no exclusivo. Su orgullo es prestado, porque no nace de sus hechos por sí mismos, sino de cómo son percibidos.

El Soñador Retirado

Al percibir que no puede competir en las reglas del M.A.S., se retira a un mundo interno donde las hazañas son imaginarias. Vive del pago anticipado de orgullo que le dan sus fantasías: se imagina triunfando, respetado, amado, y disfruta por adelantado de esa victoria ilusoria. Algunas veces esa imaginación se convierte en creatividad real —artistas, escritores, inventores han surgido de este tipo—, pero muchas veces se queda en aislamiento, sin transformar la fantasía en hechos. Es el adolescente que sueña ser héroe pero nunca da el paso, o el escritor que acumula cuadernos pero teme mostrar sus textos.

El Resiliente Reconstructor

Es quien, tras caer en zonas de anti-hazañas o ser humillado, logra redibujar su mapa. Sus hazañas no responden al M.A.S., sino a valores personales elegidos conscientemente: escribir un libro íntimo, cuidar un jardín, ayudar a otros de manera anónima. No busca aprobación social, busca coherencia interna. Su orgullo es profundo porque no depende de la mirada de nadie; vive en paz porque eligió un terreno que no puede serle arrebatado. Es raro encontrarlo porque exige autoconocimiento y aceptación elevados, pero quienes lo logran irradian serenidad.

El Antisocial Orgulloso

Sus hazañas son actos de superioridad que disfrutan el contraste con el fracaso ajeno. No busca aprobación, busca comparación. Necesita hechos que confirmen que está por encima: humillar a un rival, ridiculizar a un colega, exhibir un logro no para ser admirado, sino para provocar envidia. Su orgullo es corrosivo, porque se alimenta del dolor ajeno y mide su valor por cuántos pierden frente a él.

La Víctima Estratega

Habita en la zona de las anti-hazañas del M.A.S., pero se niega a aceptar su posición sin una narrativa que la rescate. Construye un relato donde su derrota no se debe a su incapacidad, sino a su integridad. Para ello necesita hechos concretos: manipula a los demás para que reaccionen mal, busca que la critiquen o la maltraten, porque cada gesto negativo es una hazaña moral para ella. Cada humillación ajena es una prueba de que es buena en un mundo de malos, y eso le permite sentirse superior moralmente. No busca compasión abierta, sino trofeos morales que le confirmen que está hecha de algo diferente. Su orgullo no nace de logros visibles, sino del contraste que fabrica.

El Empático Nutritivo

Sus hazañas son actos de impulso y sostén hacia otros. Cada vez que alguien cercano alcanza un logro gracias a su ayuda, siente que ganó con él. Es un líder invisible, un mentor, un padre que disfruta más del éxito ajeno que del propio. Su orgullo no está en el centro de la escena, sino en ser la fuerza silenciosa que permitió ese éxito. Sabe escuchar, detectar talentos y alentar. Es una figura que construye prestigio indirecto, pero real, porque todos recuerdan que fue quien los impulsó. Ayudan a que pueda florecer lo mejor de cada persona. Pero tras largos años de tener una personalidad con este esquema, es muy difícil superarlos en su capacidad de observación. Ellos conocen a la gente. Conocen cómo sacar lo mejor de sí a cada cual y, cada vez que lo consiguen, se sienten bien.

El Curador de Anti-hazañas.

Convierte sus fracasos en relatos que generan simpatía y alivio. En lugar de ocultar o negar sus caídas, las exhibe con naturalidad, transformándolas en su encanto. Sus hazañas son, paradójicamente, hechos que otros considerarían vergonzosos, pero narrados con tal carisma que dejan de ser humillantes y se vuelven trofeos de autenticidad.

Este tipo puede bifurcarse en dos caminos. Cuando su habilidad para narrar anti-hazañas empieza a ser reconocida y celebrada, puede deformarse en un Bufón Social: alguien que inconscientemente comienza a buscar nuevas anti-hazañas solo para alimentar esas expectativas de humor y diversión en los demás. Vive para aliviar a otros con su ridículo, convirtiendo su vida en una comedia que lo atrapa.

En su versión más equilibrada, el Curador se mantiene humilde y no deriva en ese papel. Usa sus relatos para enseñar, para transmitir aceptación y aliviar la vergüenza social de los fracasos. Este Curador no busca tropezar para entretener, sino que elabora con sus propias caídas un mensaje carismático que ayuda a otros a reconocer errores y a vivir con menos miedo al ridículo.

El Estratega del Intercambio

.Se mueve con precisión en el tablero social, no para ser un simple Conformista de Oro, sino para acumular poder y prestigio mediante intercambios calculados. Cada hazaña es un movimiento frío y oportuno: un favor hecho en el momento exacto, un comentario que suma aliados, una renuncia táctica que mejora su imagen. Su orgullo no depende de la aprobación directa ni del afecto, sino de saberse más hábil que el resto en el manejo invisible de las reglas del M.A.S. No es un Antisocial Orgulloso porque no disfruta humillar; lo que disfruta es ganar posiciones con astucia. Es el que siempre parece estar en el lugar correcto y con las personas correctas, no por azar, sino porque cada paso fue pensado como una jugada.

El Rebelde Narcisista.

Parte de la zona de las anti-hazañas según el M.A.S., pero convierte esa marginación en su orgullo. Necesita actos deliberados que provoquen rechazo: sabotear un trabajo, insultar a una figura respetada, cometer infracciones visibles. Cada reacción negativa es para él una medalla, una prueba de que su código moral invertido es más fuerte que la obediencia de los demás. Cuanto más lo odian, más se siente valioso, porque solo alguien realmente "distinto" soportaría ese odio. No busca cambiar el sistema ni contagiar a otros: su lucha es solitaria, casi autodestructiva, pero es la única manera de convertir su herida en orgullo. No puede ir por el camino que siguen todos, ya que se quedaría último. Pero necesita esas hazañas: hechos concretos que le prueben, ante sí mismo, que el desprecio de la gente no le importa. Esos hechos concretos lo calman y lo consuelan de todo su dolor interno. En algunos perfiles de asesinos seriales puede verse este subtipo, ya que buscan hechos que demuestren ser personas que no les importa ser aceptadas con el M.A.S., al tiempo que muestran la superioridad de su propio e invertido M.A.P., en constangue guerra uno con el otro. Este tipo de personalidad lleva a la constante tendencia de perturbar o incomodar a los otros, a documentar que el M.A.S. es malo mediante conductas que demuestren que se busca ser odiado por ellos. Siembra constantemente enemigos invisibles en las personas que quedan enojadas.

Además de estos "personajes prototipo", podríamos enumerar aún muchos más. No obstante, con algunos pocos sirve para poder entender el tipo de personalidad que se forja.

Estos son tipos puros, delineados como formas casi arquetípicas para entender las distintas maneras en que una persona se relaciona con sus hazañas y anti-hazañas dentro del Mapa de la Autoestima -según la posición de cada quien en el M.A.´P-. Sin embargo, no son los únicos posibles. La variedad de posiciones en el M.A., sumada a la mezcla de biografías, culturas y temperamentos, puede dar lugar a combinaciones infinitas y a nuevos perfiles que emergen con el tiempo. Cada época, cada contexto social, produce también sus propios modelos de prestigio y, con ellos, nuevos modos de buscar orgullo o de escapar a la humillación.

Existen, no obstante, individuos que operan en un nivel avanzado de manejo del Mapa de la Autoestima, dotados de una capacidad inusual para comprender y manipular las reglas implícitas del prestigio social y de la autovaloración. Se trata de sujetos con habilidades psicológicas sofisticadas, que logran identificar patrones de conducta, anticipar reacciones emocionales y modular las percepciones de los demás con un alto grado de precisión, así como lidear mejor con sus propias emociones. No es un fenómeno masivo, sino restringido a personas con un perfil de alta inteligencia social y una percepción particularmente aguda de los mecanismos de validación y desvalorización en su contexto.

Por eso, más que un catálogo cerrado, y más allá de casos extremos de manipuladores muy sofisticados y frios, esta tipología es un punto de partida para observar cómo cada persona, en su vida cotidiana, crea su propio estilo de relación con el M.A., eligiendo, reinventando o incluso inventando hazañas que le permitan sostenerse.

Es importante reconocer estos "tipos puros" de personalidad enquistados. A veces, se convierten en lógicas que detienen que una persona pueda desbloquear todo su potencial. Son lógicas que pueden llevar al auto-saboteo constante, auto-saboteo que se realiza de manera inconsciente para tratar de llevar a cabo sofisticadas "venganzas" contra hechos sucedidos en el pasado, que solamente perjudican, a quienes las realizan.

Todos estas lógicas, además, están en la partes bajas de la pirámide de Maslow, ya que responden a la necesidad de a) estima de sí b) necesidades sociales. Solamente si se puede salir de ellas, se pasa a una lógica superior que es la necesidad de auto-realización. La necesidad de auto-realización apunta al sentido de propósito en la vida y va mucho más allá de todas estas lógicas. Pero, a su vez, estas lógicas son auto-engañosas y sigilosas. Por eso, la psicoeducación en el Mapa de la Autoestima permite visbilizar estas lógicas inconscientes, aprender a reconocer cómo nos perjudican en el día a día, ayudarnos a neutralizarlas en las ocasiones en que son disfuncionales.

Nosotros ubicamos al M.A. dentro de la Psicología Humanista y este tipo de construcción no apunta a un determinismo biologista irreversible, ni a conductas que no se puedan mejorar. El ser humano se puede auto-construir. Pero la Aceptación Incondicional que planteaba Carl Rogers, junto a la Psicología Humanista de Maslow, a la búsqueda de propósito son avenidas más amplias donde caben estos desarrollos.

Puede preguntarse uno mismo "¿Cómo soy? ¿De qué estoy hecho? ¿Cómo puedo mejorar mi vida?" con una mirada muy amplia de la propia vida, de las propias derrotas, de los propios éxitos y capacidades, para buscar el propósito y realizar la felicidad. El tránsito hacia niveles superiores de autorrealización requiere desactivar estas lógicas, que funcionan como estructuras defensivas rígidas y limitantes. Por ejemplo, si porque fracasamos una vez en un área de la vida y ello nos dolió mucho, nos perjudica si adoptamos un rasgo de personalidad de criticar constantemente todo lo que esa área significa, sin probar desplegar capacidades propias que podrían salir de ese destino rígido.

REFERENCIAS:

Rogers, C. R. (1961). On becoming a person: A therapist's view of psychotherapy. Boston, MA: Houghton Mifflin.

Maslow, A. H. (1954). Motivation and personality. New York, NY: Harper & Row.

Maslow, A. H. (1968). Toward a psychology of being (2nd ed.). New York, NY: Van Nostrand Reinhold.

9.10. Posición en el M.A. Conclusiones.

En suma le llamamos "posición en el M.A." a las circunstancias particulares que cambian, o que determinan el especial racimo de hazañas o anti-hazañas que debe lograr una persona para sentirse orgullosa de sí misma y tener prestigio social.

De la posición en el M.A. depende que tan cerca o que tan lejos se siente de determinadas identidades estereotipadas (que si son buenas y cercanas las intentará abrazar, imitando, y si son negativas vergonzosas las intentará alejar), y cuáles serán sus particulares hazañas, sus especiales anti-hazañas.

La posición en el M.A. vimos que puede ser determinada por el género sexual, por la edad, por las limitaciones o deformidades físicas o fracasos o frustraciones de la vida (complejo de inferioridad, y necesidad de compensación, Adler), por muchísimas cosas distintas.

El género mueve la posición cuando en el M.A.S. de una sociedad son distintas las hazañas que dan prestigio a una persona según si es hombre o si es mujer, pero también la edad mueve la posición y, además, las frustraciones graves personales pueden mover la posición percibida de una persona y motivarla a afirmar su identidad en otras hazañas muy distintas para compensar (este último un fenómeno observado tanto por Alfred Adler como por Claude Steele)

Lo importante es que de "*la posición en el M.A.*" dependen cuáles son las hazañas que deberá lograr esa persona para sentir más orgullo de sí misma, y cuáles serán las peores anti-hazañas que podrán jaquear ese mismo orgullo. Además, de acuerdo a la posición en el M.A., se puede tener distintos rasgos que distinguen una personalidad que son los que vimos.

La psicoeducación en todas estas lógicas, la aceptación de ellas, puede ayudar en mucho a desactivar algunos patrones inconscientes que impiden a una persona dirigir su vida hacia niveles mayores de autorealización. Además, como se trata de lógicas inconscientes, solamente a partir de su visibilización y de la psicoeducación, se pueden reconocer y salir de ellas. Entender el M.A. es un paso previo para trascender las necesidades de estima y pertenencia y dirigirse hacia una vida más coherente con valores propios.

10. ORGULLO Y PRESTIGIO SOCIAL. LAS DOS GRANDES TORRES.

Tanto el deseo de preservar y aumentar el sentimiento positivo y agradable de Orgullo, como el de preservar y aumentar el Prestigio Social, constituyen las dos fuerzas emocionales principales, los dos motores del comportamiento principales, que estudiamos desde la teoría "Mapa de la Autoestima".

Son ambos deseos, muy pero muy poderosos, y, además, tienen la propiedad de ser sigilosos -quien se está dejando llevar por ellos, no se percata de lo que está sucediendo-

Asimismo, en lugar de hablar de 2 deseos, podemos hablar de 2 deseos, y de 2 miedos, porque son simétricos y estamos hablando de la misma cosa: el deseo de aumentar el orgullo y el prestigio, y el miedo de perder el sentimiento de orgullo y el prestigio social.

10.1.Las dos torres de fichas de ruleta.

Para conocer bien a las emociones que estudiamos con el M.A. debes tener presente que estas emociones persiguen, fundamentalmente, ganar en una especie de juego que consiste en proteger y aumentar dos grandes torres: orgullo y prestigio social.

Imagina una torre hecha de fichas de ruleta, la torre del Orgullo, y una torre hecha de fichas de ruleta, la torre del Prestigio Social. Y las fichas que las sostienen son tus hazañas.

10.2. Miedo al qué dirán.

Es, en realidad, fundamentalmente, el miedo al qué dirán de nuestra anti-hazaña.

Si lo que nosotros hacemos, lo que nosotros somos, no nos avergüenza, no nos frustra, entonces poco nos importará lo que diga la gente. Pero si alguna cosa que hicimos o que tenemos nos parece una grave anti-hazaña, entonces ahí sí hace fuerte este miedo. Tratamos de proteger la "torre" del prestigio social.

Por eso es muy triste una vida cuando las anti-hazañas nos parecen tan graves que destruyeron nuestro orgullo, y solamente nos preocupamos de taparlas de la mirada de los demás, nos escondemos debajo de la mesa con vergüenza de lo que somos, y deseamos solamente que no se enteren de eso.

Aplicación práctica: Es muy importante aprender a advertir el miedo al qué dirán, para poder gestionar ese miedo y que no gobierne nuestra vida. Para eso, prestar atención a las ocasiones en que este miedo aparece, y verificar si está apuntado sobre anti-hazañas nuestras.

10.3. Deseo de qué dirán:

Suele ser, muchas veces, el deseo de que se enteren de nuestra hazaña.

Si alguna parte de tu vida, alguna característica, algo que nos pasó, nos tiene muy orgullosos, nos provoca vanidad, entonces experimentamos una tendencia a desear que otros se enteren. La misma hazaña que aumentó "la torre" del orgullo, queremos darla conocer para que aumente la torre del prestigio social.

10.4. Las dos grandes mentiras: la mentira al otro, y el auto-engaño.

" *Te diré una cosa para que juzgues nuestras costumbres: apenas encontrarás uno que pueda vivir con la puerta abierta*" Séneca

Como las hazañas y anti-hazañas impactan en el Orgullo y en el Prestigio Social, las dos grandes mentiras, como vimos, son:

a) La mentira interna para agrandar el orgullo:

Ocurre cuando nos auto-engañamos para no asumir una anti-hazaña (puede ser un error propio, un deseo prohibido).

B) La mentira externa para agrandar el prestigio social:

Aquí es cuando engañamos al otro para que no vea nuestra anti-hazaña, o cuando le mentimos hazañas que no tenemos o exageramos (puede ser el pescador que vuelve del lago, y exagera el tamaño que tiene el pescado que logró pescar al gesticular con las manos...agranda su hazaña).

10.5. El inconsciente. La terapia del psiconálisis.

"*Los hombres se engañan al creerse libres; y el motivo de esta opinión es que tienen conciencia de sus acciones, pero ignoran las causas por que son determinadas; por tanto, lo que constituye su idea de libertad, es que no conocen causa alguna de sus acciones*". Baruch Spinoza.

Como dijimos, dos efectos más importantes que tienen las hazañas y las anti-hazañas es que afectan dos cosas 1) el orgullo 2) el prestigio social.

Por ello, por deducción, podemos predecir 2 grandes clases de mentiras relacionadas con hazañas y anti-hazañas:

1) Mentiras para proteger prestigio social o aprobación externa.

¿Esto existe? Sí, se puede comprobar a simple vista. El pescador que vuelve del lago, agranda el tamaño del pescado que dice que pescó (hazaña, agranda su hazaña) para aumentar su prestigio. El nene que vuelve del colegio esconde su boletín con baja nota avergonzado (anti-hazaña) lo esconde, y miente, para proteger su imagen.

Son las mentiras "al otro" para que no vea nuestra anti-hazaña, y proteger el prestigio social o la aprobación, o mentiras para exagerar o inventar hazañas.

Ya vimos que la mentira de hazañas por prestigio social es un hecho planteado primero por los ensayos del sociólogo Ervin Goffman y documentado, luego, por los investigadores experimentales (ver 8.6), de manera que, más allá de que se pueda comprobar de manera sencilla en la vida cotidiana, también es algo demostrado.

2) Mentiras para proteger el Orgullo.

Esto ya es un poco complicado, pero al ver que es cierto lo anterior, se deduce que también tienen que existir mentiras para proteger nuestro orgullo.

Lo que pasa que para experimentar orgullo ya no tenemos que mentirle al otro sino... a nosotros mismos.

Aquí se trata de "Auto-engaño", y encierra un problema. Nadie puede engañar a quien es consciente de que está siendo engañado.

Porque para que exista engaño... es condición necesaria que el engañado crea en su contenido. Por lo tanto, el auto-engaño es un proceso que 1) es voluntario 2) no es consciente.

La psicología experimental ha demostrado de manera muy contundente que, en efecto, el Auto-engaño existe y es un proceso muy habitual (ver 4.6, auto-engaño de hazañas de fantasía).

Se trata igual de "mentiras" sobre hazañas y anti-hazañas, pero esta vez no para el prestigio social o aprobación externa, sino para producir -aumentar, proteger- la emoción interna placentera de orgullo que las hazañas producen.

Estas mentiras son sobre toda clase de anti-hazañas como anti-hazañas externas.

Por ejemplo, el jugador de tenis arrogante "ve" que la pelota pico en el fleje, pero como eso afecta su orgullo ya que no la pudo atajar (anti-hazaña), se engaña y "ve" que picó afuera del fleje y realmente cree que fue mala. Sería el caso de auto-engaño para no ver una circunstancia externa.

Sin embargo, a veces la anti-hazaña, puede ser un sentimiento, una emoción, o un deseo, un recuerdo.

Es decir: la anti-hazaña es una experiencia interna.

Un ejemplo puede ser un deseo homosexual que en nuestro M.A.S. se considera anti-hazaña y tal vez en el M.A.P. de la persona también. Entonces puede esconderse de la mirada de los demás (mentira para proteger el prestigio) o esconderse de la propia mirada (mentira para proteger el orgullo).

Este tipo de anti-hazañas internas abarcan deseos, recuerdos de experiencias y otras sensaciones, y precisamente este territorio es el inconsciente freudiano.

Claro que Freud lo llenó de monstruos mitológicos como eros, muerte, pulsiones, complejos de Edipo, envidias al pene, etc. Nosotros no podemos afirmar que estas criaturas estén.

En la época de moral victoriana de Freud el deseo sexual fuera de los preceptos morales era gran anti-hazaña según el M.A.S. Por ende, es posible imaginar inicialmente el inconsciente como poblado por deseos prohibidos. Pero, en nuestra época, otras son las anti-hazañas internas como por ejemplo "el no placer" (las mujeres deben disfrutar el sexo), o por ejemplo el sufrimiento (parece que fuera una vergüenza sufrir), o también algunos recuerdos o experiencias.

La técnica del psicanálisis, mediante la asociación libre, puede reconciliar a la persona con esas anti-hazañas internas.

Aclaración: esto que describimos no es el inconsciente freudiano tal como lo plantean en el psiconálisis y como lo formuló Freud, sino que es lo que nosotros, desde el M.A., rescatamos y defendemos. Es decir, apenas nuestras coincidencias.

ALGUNAS INVESTIGACIONES EXPERIMENTALES SOBRE AUTO-ENGAÑO.

Barrick, M. R., & Mount, M. K. (1996). Effects of impression management and self-deception on the predictive validity of personality constructs. Journal of applied psychology, 81(3), 261. (Este articulo muestra también la relación del auto-engaño con la mentira por prestigio social).

Sackeim, H. A., & Gur, R. C. (1979). Self-deception, other-deception, and self-reported psychopathology. Journal of consulting and clinical psychology, 47(1), 213.

Tenbrunsel, A. E., & Messick, D. M. (2004). Ethical fading: The role of self-deception in unethical behavior. Social Justice Research, 17(2), 223-236.

En el siguiente estudio queda más clara la relación entre auto-engaño y orgullo.

Gur, R. C., & Sackeim, H. A. (1979). Self-deception: A concept in search of a phenomenon. Journal of Personality and Social Psychology, 37(2), 147.

10.6. Tres formas del yo. "Yo social" versus "Yo íntimo" versus "Yo inconsciente".

Como decimos, las hazañas y anti-hazañas impactan en el orgullo y en el prestigio social, y el deseo de aumentar ambos puede ser un deseo tan fuerte, tan potente, que lleva al mecanismo de las mentiras.

A resultado de estas mentiras (ver 10.5, 10.6, 8.6, 4.16), y en la medida en que esas mentiras crecen, hay tres perspectivas para ver el "Yo".

"Yo Social"

Es el que sufre más efecto de las mentiras. Lo que nosotros le mostramos al otro con el fin de lograr su aprobación, o mejorar nuestro prestigio social.

Ante la escrutadora mirada del otro, nosotros tendemos a exagerar o inventar hazañas y a minimizar o esconder anti-hazañas. Por ello, lo que los otros ven es nuestro "Yo Social" que, en ocasiones, intentamos que sea una suerte de Super Héroe.

Como dice Ervin Goffman (1959), somos actores tratando de representar una versión idealizada de nosotros mismos. Esa versión idealizada entonces es el "Yo Social", lo que le contamos a los otros que nosotros somos.

"Yo Intimo"

Aquí se incluye cómo realmente nosotros nos vemos. A diferencia del "Yo Social", aquí están las hazañas y anti-hazañas tal como realmente las vemos. Aquellas partes de nosotros que, por ser anti-hazañas, las ocultábamos de la mirada del otro, en nuestro fuero interno se encienden con luz clara y las reconocemos.

Es decir: el *"Yo Intimo"* es el *"Yo Social"* descontadas todas las mentiras, maquillajes, y ocultamientos que se hacen por deseo de aumentar el prestigio social.

No obstante, aún hay cosas que el *"Yo Intimo"* desconoce porque sabemos que las hazañas y anti-hazañas no solamente afectan el prestigio social, sino también el orgullo. Una vez descontadas las mentiras que le hacemos al "otro" para que nos vea mejores de lo que realmente somos, quedan todavía las mentiras que nos hacemos a nosotros mismos para poder sentirnos orgullos de lo que somos.

En efecto, hay anti-hazañas cuya presencia no asumimos en una mentira interior que realizamos para proteger el sentimiento placentero de orgullo. Auto-engaño. El caso de manual son los errores que no asumimos –sea echando culpas a otros, sea porque nos negamos a reconocerlos-, pero también hay recuerdos, sentimientos, deseos....

"Yo Inconsciente"

Descontadas las mentiras que le hacemos a los demás (por prestigio social), y descontadas las mentiras que nos hacemos a nosotros mismos (por orgullo), queda, finalmente, el "yo entero" que contiene todas aquellas partes nuestras que nos avergüenzan (tales como defectos que no admitimos, recuerdos de experiencias que no deseamos asumir porque nos parecen vergonzosas, etc.)

Es este sector que se encuentra sumergido en aguas profundas de auto-engaño del Yo, está lo que le llamamos *"Yo Inconsciente"*.

El Ideal de Salud Mental. El punto máximo de Patología.

Una vez identificados estos 3 "Yo", que producen las mentiras, entonces podemos ubicar un "Ideal de Salud", y un "El punto máximo de Patología". Ni uno ni el otro son más que extremos, porque lo estaremos situados en una posición intermedia.

La mayor serenidad ocurre cuando el *"Yo Social"*, el *"Yo Intimo"* y el *"Yo Inconsciente"* se unifican en uno solo. Ocurre cuando podemos aceptarnos como realmente somos, y no mentirle a las otras personas algo que no somos.

Desde el otro extremo, el punto máximo de Patología ocurre cuanto más grande es la distancia entre el *"Yo Social"*, el *"Yo Intimo"* y el *"Yo Inconsciente"*. Si la distancia es grande, es porque grandes son las mentiras.

Veamos un ejemplo. El caso de un delirio de grandiosidad donde una persona se cree que es John Lennon. Entonces en su

Yo Intimo anida esa certeza, pero, en su Yo Inconsciente, está toda su verdadera historia de vida que, por tener demasiadas anti-hazañas, resultó insoportable y quedó entonces allí reprimida. Este tipo de delirio de grandiosidad es un claro ejemplo de exageración de un patrón de mentiras interiores que lleva a reprimir recuerdos, deseos, experiencias... hasta el punto de que una persona puede ignorar toda su vida, y reemplazarla por otra.

Sin llegar a tan lejos, una distancia grande entre el *"Yo Intimo"* y el *"Yo Inconsciente"* se la puede observar en todas aquellas personas que no pueden asumir sus errores. Este *"Yo Intimo"* demasiado perfecto, les trae muchísimas angustias, porque los desafíos no provienen solamente del interior (con recuerdos de experiencias, con deseos, etc.), sino también de la vida que puede arrojarle anti-hazañas que pulvericen esa versión perfecta de sí mismo que es el *"Yo Intimo".* Ocasiona miedo a la vida – miedo a los desafíos, miedo a las decisiones, miedo a la incertidumbre, miedo al amor, miedo a equivocarse, miedo a la vida- por resultar las anti-hazañas una posibilidad atemorizante.

Otros problemas distintos ocurren cuando se distancia mucho el *"Yo Intimo"* del *"Yo Social",* porque, en esos casos, se vive para la aprobación ajena. Cuesta mantener la máscara, y, además, esto lleva a cambiar la máscara según la ocasión.

Es cierto que, en algunos casos, por estrategia, es importante un *"Yo Social"* (un personaje) que sirva para construir prestigio, o dar una imagen apropiada. Pero no hablamos de esta distancia y de estas mentiras, sino de las que son involuntarias, ocasionadas por impulsos emocionales de intentar agradar todo el tiempo. Esta importante distancia entre el *"Yo íntimo"* y el *"Yo Social"* muestra que no somos fieles a nosotros mismos, en tanto intentamos adaptarnos a lo que creemos que va a gustar al otro. Así va creciendo una distancia muy grande entre lo que nosotros somos, y el personaje que intentamos mostrar, y eso lleva a tener un intenso miedo a la destrucción de ese *"Yo Social".* Concretamente, se vive con miedo de la mirada del otro, pensando todo el tiempo en cuidar la reputación, y con una permanente angustia por el qué dirán.

Ante el error público, viene la posibilidad tan temida: la destrucción del *"Yo Social"* perfecto que habíamos vendido. El error público se hace entonces insoportable y lleva a la persona, con su frágil "Yo Social" a vivir la vida por la ancha avenida de las convenciones aplaudidas, esquivando con miedo las callecitas intermedias e intransitadas de la originalidad, por miedo a que allí pueda estar el error. De esta manera, la renuncia a los propios deseos, a los propios sueños, a los propios impulsos, se justifica por el inmenso temor de que un día ese "Yo Social" caiga derribado por el golpe de una anti-hazaña. Los perfeccionistas de la vida (hay perfeccionistas que son "divertidos" pero porque ser "divertido" es una hazaña para ellos, pero son igual predecibles y acartonados) entonces tienen demasiado miedo del error y renuncian a sí mismos no solamente al precio de no buscar la vida que ellos sienten, sino también de vivir con intensa angustia, la angustia por el error propio que de cualquier parte puede llegar.

En conclusión: los tres Yo se unen en uno solo cuando 1) nos vemos realmente como somos, y no como nos imaginamos ser 2) le mostramos a los demás como realmente somos, y no como nos imaginamos que debemos ser para ser aceptados.

Verdadero self. Falso self. Donald Winnicott.

El psiconalista Winnicott hace una conceptualización muy conocida entre *"Verdadero Self"* y *"Falso Self"* que guarda mucha relación con lo que estamos viendo de *"Yo Social"*, *"Yo Intimo"*, *"Yo Inconsciente"* y por ello es interesante repasarla.

El verdadero self, según este autor, en la salud expresa la autenticidad y la vitalidad de la persona, y estará siempre en parte, o en su totalidad, oculto.

Mientras que el verdadero self hace sentirse real, el falso self tiñe la existencia de un sentimiento de irrealidad, de futilidad.

Winicott clasifica las organizaciones del falso self :

1) El falso self se establece como real, pero en las relaciones empieza a fallar y siente que le falta un elemento esencial. El verdadero self está oculto.

2) El falso self defiende al verdadero, al que, de todos modos, se le reconoce un potencial y se le permite una vida secreta.

3) El falso self se ocupa, principalmente, de buscar las condiciones que permitan al verdadero entrar en posesión de lo suyo.

4) El falso self se edifica sobre identificaciones

5) El falso self se halla representado por toda la organización de la actitud social cortés y bien educada.

El verdadero self se relaciona con el gesto espontáneo que lo hace capaz de imaginar y jugar. Luego también con la idea personal y la originalidad creadora.

El origen, según este autor, se halla en la relación con la madre. La madre "suficientemente buena" responde a la omnipotencia del niño y le da sentido. De este modo, el verdadero self cobra vida a través de la fuerza que la madre le da.

La madre que no es suficientemente buena, deja de responder al gesto del mismo. En su lugar coloca su propio gesto, al que somete al niño. *"Esta sumisión constituye la primera fase del falso self y es propia de la incapacidad materna para interpretar las necesidades del pequeño"*. Winnicott.

El verdadero self adquiere realidad viviente como resultado del éxito repetido de la madre en su respuesta al gesto espontáneo del niño.

El falso self se somete a las exigencias del ambiente que parecen ser aceptadas por el niño. Establece, así, relaciones falsas y se comporta reactivamente. Puede llegar a adquirir una ficción de realidad por medio de las introyecciones y ser, al crecer, la copia de la madre, niñera, tía, hermano, o quien sea que haya dominado la situación.

Cuando prevalece la sumisión, la espontaneidad no constituye uno de los rasgos de las experiencias vitales del niño y el sentimiento prevalente es de irrealidad o futilidad.

"Ego distortion in terms of True and False Self". Donald Winnicott. 1960.

Yo Social – Yo Intimo- Yo Inconsciente.

Quizá con todo lo que estuvimos viendo, complementado con la mirada que han tenido de nuestro objeto de estudio distintas corrientes (conductismo, gestalt, psiconálisis) y diferentes autores, haya quedado confuso el tema y convenga resumirlo.

Esta clasificación surge de las mentiras que ocasiona nuestro deseo de aumentar nuestro orgullo y nuestro prestigio social. Las mentiras al otro (mentiras exagerando o inventando hazañas, mentiras escondiendo hazañas) llevan a que le mostremos una visión distorsionada de nosotros mismos, una visión recortada y que nos parece más prestigiosa, una visión que tiende a ser conservadora – el "Yo Social"- y las mentiras a nosotros mismos (también no asumiendo nuestros errores, no viendo nuestras anti-hazañas, y exagerando nuestros méritos) pueden dar ocasión a un "Yo Inconsciente" donde está reprimido toda la parte de nosotros que no queremos ver y que incluye deseos reprimidos, recuerdos reprimidos, experiencias olvidadas, y pensamientos.

Las terapias basadas en la imposición de pensamiento así como los libros de autoayuda que intentan insertar motivación y pensamientos positivos, pueden aumentar esta brecha entre "Yo Intimo" y "Yo Inconsciente" llevando a problemas como los que señalaba Winnicott. Por el contrario, aquellas otras disciplinas basadas en Aceptación y en Auto-compasión promueven la desaparición de estas mentiras internas y externas y una mayor serenidad y autenticidad.

10.7. La represión.
Recuerdos reprimidos.

Uno de los postulados del Psiconálisis que más polémica genera es el de la represión. Además, se postula el consiguiente retorno de lo reprimido.

Según el psiconálisis, algunos contenidos resultan insoportables a la consciencia y son expulsados de ella. Luego quedan en el inconsciente, pero pueden retornar a la consciencia afectando la vida de la persona. Se plantea que retornan incluso de manera simbólica.

En palabras de Freud: *"La esencia de la represión consiste exclusivamente en rechazar y mantener alejados de lo consciente a determinados elementos"* (Freud, 1915).

No obstante, muchos investigadores modernos descreen de la represión. Argumentan que no hay evidencia que avale este postulado fundamental del psiconálisis. En particular, se ha dado todo la mayor polémica en torno de los llamados recuerdos reprimidos.

Holmes, tras una intensa revisión sobre la literatura del tema, sostiene que cualquier uso del concepto de la represión de recuerdos debe ser precedido por una advertencia: *"Peligro. El concepto de la represión no ha sido validado por la investigación experimental".* (Holmes, 1990).

Según Patihis, Llienfeld, y Loftus (2014), los intentos por encontrar evidencia experimental de las memorias reprimidas en el inconsciente han fracasado dramáticamente.

Desde la teoría M.A. nosotros avalamos la Represión, y creemos que estos investigadores que niegan los recuerdos reprimidos lo hacen porque no han investigado guiados con teoría acerca de ellos.

Los recuerdos que se reprimen son aquellos recuerdos sobre anti-hazañas que perjudican el auto-concepto. Por eso, reprimir un recuerdo es similar a no asumir un error. El recuerdo esta... pero las necesidades del auto-engaño llevan a expulsarlo de la consciencia. Se recuerda, pero no se conscientiza. Por este proceso de represión es que el recuerdo, al volver, genera los comportamientos traumáticos.

Investigando su rastro en la literatura científica, se observa que la represión de recuerdos (por auto-engaño) ya ha sido advertida. Entre otros conceptos para describir el fenómeno, se le ha dado el nombre de *Mnemic neglect* (Green, Pinter y Sedikides, 2005).

Mnemic neglect es un modelo que describe un patrón de memoria selectiva en el que las memorias auto-biográficas se recuerdan más fácil, si son consistentes con un auto-concepto positivo y se olvidan, en cambio, si son amenazantes a la auto-imagen.

La teoría estipula que la memoria es "protectora del self" si la información es negativa, auto-referente, y referida a las creencias centrales de la identidad. Sedike y Green (2005) hicieron un estudio donde, a la mitad de los participantes, se les preguntaba que consideren un feedback como si les hubiera sido dirigido a ellos, y, a la otra mitad, como si se les hubiera dirigido a otros. Encontraron que los feedback negativos eran recordados con tanta frecuencia como los positivos cuando iban dirigidos a otros. Sin embargo, cuando el feedback negativo era auto-referente, entonces eran recordados menos frecuentemente que los feedback positivos auto-referentes.

A partir de este trabajo, se realizaron más investigaciones y se volvió a comprobar este efecto de tergiversación. En estos experimentos, se les pide a los voluntarios que intenten recordar cierta información sobre un ejercicio, como los errores o aciertos que tuvieron, o las críticas o elogios que recibieron. La memoria, una y otra vez, demuestra ser auto-protectora del self, olvidándose con más frecuencia aquellos eventos o feedbacks que resultan amenazantes para el auto-concepto (entre otros: Sedikides y Green, 2006; Green y colegas 2009; Newman y colegas 2009; Saunders, Worth y Fernandes, 2012; ; Saunders, Barawi y McHugh, 2013; Zengel y colegas, 2015; Newman, Eccleston y Oikawa 2016)

Referencias:

Freud, S. (1915) La represión. En: Obras completas Amorrortu editores, Buenos Aires. 1996

Green, J. D., Pinter, B., & Sedikides, C. (2005). Mnemineglect and self-threat: Trait modifiability moderates self-protection. European Journal of Social Psychology, 35(2), 225-235

Green, J. D., Sedikides, C., & Gregg, A. P. (2008). Forgotten but not gone: The recall and recognition of self-threatening memories. Journal of Experimental Social Psychology, 44(3), 547-561.

Green, J. D., Sedikides, C., Pinter, B., & Van Tongeren, D. R. (2009). Two sides to self-protection: Self-improvement strivings and feedback from close relationships eliminate mnemic neglect. Self and Identity, 8(2-3), 233-250

Holmes, D. (1990). The evidence for repression: An examination of sixty years of research.(In J. Singer (Ed.), Repression and dissociation: Implications for personality, theory,

Newman, L. S., Nibert, J. A., & Winer, E. S. (2009). Mnemic neglect is not an artifact of expectancy: The moderating role of defensive pessimism. European Journal of Social Psychology, 39(3), 477-486.

Patihis, L., Lilienfeld, S. O., Ho, L. Y., & Loftus, E. F. (2014). Unconscious repressed memory is scientifically questionable. Psychological science, 0956797614547365.

Sedikides, C., & Green, J. D. (2006). The mnemic neglect model: Experimental demonstrations of inhibitory repression in normal adults. Behavioral and Brain Sciences, 29(05), 532-533.

Saunders, J., Barawi, K., & McHugh, L. (2013). Mindfulness increases recall of self-threatening information. Consciousness and cognition, 22(4), 1375-1383

10.8. Los recuerdos sobre parejas sexuales entre hombres y mujeres.

Cuando estudiamos *"Posición en el Mapa de la Autoestima"*, vimos que el género suele ser una de las cosas que cambia esta posición, determinando que sean distintas las hazañas que dan orgullo y prestigio según si tienes la característica de ser hombre o ser mujer (ver posición por género, 9.1, y 9.2)

Por ello, observábamos que cuando un hombre está con muchas mujeres, los amigos lo ven como más ganador (prestigio social), mientras que cuando una mujer está con muchos hombres las amigas le dicen "ellos te usan" (desprestigio social).

Ahora, planteamos que hay un *"Yo Inconsciente"* donde quedan reprimidos los recuerdos de anti-hazañas que contradicen la forma en que nos gusta mirarnos a nosotros mismos.

¿Qué pasa cuando hombres y mujeres cuentan la cantidad de parejas sexuales que tuvieron en toda su vida?

Desde M.A. deduciremos que los hombres tenderán a exagerar el número total de parejas sexuales de toda su vida y las mujeres a disminuirlo. En efecto, ello es lo que han encontrado los investigadores.

Reiterados estudios observan el hecho de que los hombres heterosexuales reportan un número promedio de parejas sexuales superior al número promedio de parejas sexuales que reportan las mujeres heterosexuales (ver revisión de Smith, 1992, o el trabajo de Wiederman, 1997). Incluso la discrepancia se mantiene, aunque aminorada, si el formulario es anónimo (Wittrock, 2004)

¿Cómo puede ser? Matemáticamente la cuenta es imposible, porque con alguna mujer estuvieron esos hombres que dicen tener un número tan elevado de parejas sexuales. Matemáticamente, el número promedio de parejas sexuales de hombres y mujeres se debería nivelar para que sea idéntico. Y ello no es lo que sucede: los hombres dicen tener un historial mayor.

Brown y Sinclair (1999) sostienen que se debe a que hombres y mujeres recuentan de distinta manera sus parejas y, por eso, los hombres tienden a reportar un número superior al real, y las mujeres uno inferior.

Según Freud (1914), la condición para que exista la represión es que se forme un ideal. Se reprimen las representaciones contrarias a dicho ideal.

Por lo tanto, desde M.A. volveremos a darle la razón a Freud.

Los estereotipos de género que prescribe la cultura, entonces, se absorben implícitamente formando un ideal, y el ideal cambia según si eres hombre o eres mujeres (posición en el mapa de la autoestima, ver 9.1 y 9.2.) Hombres y mujeres adulteran su memoria... para evitar que su propio auto-concepto se distancie demasiado de dicho ideal.

Referencias:

Brown, N. R., & Sinclair, R. C. (1999). Estimating number of lifetime sexual partners: Men and women do it differently. Journal of Sex Research, 36(3), 292-297.

Freud S. (1914). Introducción al narcisismo. En: Obras completas. Amorrortu editores, Buenos Aires. 1996

Smith, T. W. (1992). Discrepancies between men and women in reporting number of sexual partners: A summary from four countries. Social biology, 39(3-4), 203-211.

Wiederman, M. W. (1997). The truth must be in her somewhere: Examining the gender discrepancy in self-reported lifetime number of sex partners. Journal of Sex Research, 34(4), 375-386.

Wittrock, L. A. (2004). The gender discrepancy in reported number of sexual partners: effects of anonymity. Journal of Undergraduate Research, 7, 1-5.

10.9. Represión del deseo
sexual en hombres y mujeres.

Adams, Wright y Lohr (1996) realizaron un experimento sobre dos grupos de voluntarios; uno de ellos compuesto por heterosexuales homofóbicos (n=35), y otro compuesto por heterosexuales no homofóbicos (n=29).

Los voluntarios fueron asignados en uno u otro grupo, según la medición que se les realizó aplicándoles el Índice de Homofobia (Hudson y Ricketts, 1980). A los participantes se les mostró mostraron videos pornográficos de contenidos heterosexuales, videos de mujeres homosexuales, y, finalmente, videos de hombres homosexuales.

La tecnología pudo medir, por los cambios fisiológicos, que ambos grupos de voluntarios se excitaron ante los videos pornográficos heterosexuales y con los videos de mujeres lesbianas o sexo homosexual entre mujeres. Pero solo el grupo de los hombres heterosexuales homofóbicos mostró excitación sexual ante videos de hombres gays. Tras realizar el ejercicio, preguntaban a los sujetos cual había sido su impresión durante la proyección y todos (incluso los que habían experimentado excitación) afirmaban que su pene no se había alterado ante el estímulo homosexual.

Muy bien lo que sucede con los hombres homofóbicos pero...¿Qué pasa con las mujeres?

Una reciente línea de investigación se interesa por las diferencias entre hombres y mujeres en su excitación sexual, manifestada fisiológicamente en sus genitales, comparada con el auto-reporte que de ella se hacen las personas. En realidad miden: excitación versus consciencia de excitación. Utilizan tecnología para medir la reacción fisiológica genital y los exponen a videos de contenidos sexuales y a videos sin impacto sexual. En ambos géneros los estímulos provocan un efecto y, mientras que los videos que no tienen contenidos pornográficos no causan reacciones sexuales fisiológicas, en hombres y mujeres el contenido sexual se plasma en la consiguiente reacción sexual del cuerpo que la tecnología luego puede medir. Pero lo que estos experimentos verifican son, sobre todo, las discordancias entre la excitación sexual fisiológica y el auto-reporte subjetivo de dicha excitación.

Chivers y colegas hicieron una extensa revisión de estas investigaciones que comparan el auto-reporte de deseo de los hombres y de las mujeres. Concluyen que hay una significativa diferencia estadística entre el auto-reporte que se hacen los hombres y el que se hacen las mujeres respecto de su excitación sexual, siendo que en las mujeres se verifica un patrón de discordancia (Chivers y colegas, 2010)

Laan y colegas (2006) han encontrado algo más interesante aún. Usando resonancia magnética cerebral durante los experimentos, observaron que las mujeres, durante la exposición de los videos eróticos, encendían áreas cerebrales asociadas con la inhibición emocional... a pesar de que no habían recibido la instrucción de inhibir el deseo sexual (Laan y colegas, 2006.)

¿No es dicho fenómeno cerebral.... la represión del deseo?

Entonces... ¿Cuáles son las teorías de los investigadores para explicar esta discordancia del registro que hombres y mujeres tienen de su propio deseo sexual?

Según lo explican ellos, se debería a que la reacción genital femenina sería una respuesta automática fisiológica y, por lo tanto, se produciría aunque no se haya producido verdadera excitación a nivel subjetivo (Laan, 1994, Chivers, 2005).

Desde aquí podemos hacer una hipótesis alternativa basada en el auto-engaño como forma de ocultar hazañas.

Según vimos en *"Posición en El Mapa de la Autoestima"*, hay conductas que suelen ser hazañas para las mujeres y otras distintas para los hombres (Ver, 9.1, 9.2) Por lo tanto, diremos que por razones del M.A.S. machista que prescribe como anti-hazaña el deseo sexual exagerado y rápido en una mujer, a ellas les resulta más difícil auto-percibir su propio deseo y con más frecuencia lo reprimen. No es esta represión algo propio de las mujeres, sino consecuencia de la cultura.

Pero, sin embargo, los hombres también reprimen el deseo en las ocasiones en que el deseo es para ellos una anti-hazaña. Esto sucede con el experimento de Adams y colegas (1996) en el que se vio que los hombres homofóbicos no aceptaban el deseo sexual que les producían los videos con contenidos sexuales homosexuales.

Referencias:

Adams, H. E., Wright, L. W., & Lohr, B. A. (1996). Is homophobia associated with homosexual arousal?. Journal of Abnormal Psychology, 105(3), 440.

Chivers, M. L. (2005). Leading comment: A brief review and discussion of sex differences in the specificity of sexual arousal. Sexual and Relationship Therapy, 4, 377–390.

Laan, E., Scholte, H. S., & van Stegeren, A. (2006). Brain imaging of gender differences in sexual excitation and inhibition. Invited presentation for the 12th annual World Congress of the International Society for Sexual Medicine, Cairo, Egypt.

10.10. Represión y consecuencias.

Cuando "reprimimos" un sentimiento, un recuerdo o un deseo no lo eliminamos, sino que lo que hacemos es auto-engañarnos para no conscientizar o no aceptar esto que nos pasa. Como no lo eliminamos, puede manifestarse de todas maneras y entonces lo reprimido retorna.

Al respecto, el inconsciente –donde habitan las sombras que no queremos ver de nosotros- impacta sobre nueva vida porque tenemos una mala gestión de todo aquello que no queremos ver y nos influye igual.

Según vimos en *"Posición en El Mapa de la Autoestima"*,

hay conductas que suelen ser hazañas para las mujeres y otras distintas para los hombres (Ver, 9.1, 9.2). Al respecto, los sentimientos románticos suelen ser anti-hazaña en el M.A.S. (Mapa de la Autoestima Social) para los hombres y hazaña para las mujeres. Por eso, se dice que las mujeres son más románticas ya que ellas tienden a expresar más sus sentimientos, a conscientizarlos y conocerlos. Y se dice que los hombres son más fríos, porque los hombres los tienden a reprimir con más frecuencia debido a que se sienten más orgullosos de sí mismos sino "lloran", o sino tienen muchos sentimientos.

Y esto de que "sentir" es una anti-hazaña para los hombres lleva a una mala gestión de los sentimientos. Por ello, tras una ruptura amorosa, un hombre tiene 4 veces más de probabilidades de suicidarse que una mujer según las estadísticas.

Aunque, a primera vista, las mujeres sean más románticas y los hombres menos; lo cierto es que, en la superficie, parece así porque las mujeres "expresan" más sus emociones románticas ya que son hazañas para ellas. Al contrario, los hombres las expresan menos porque son anti-hazañas para ellos. En la profundidad esta diferencia mítica de la psicología popular sobre el mayor romanticismo de las mujeres parece ser falsa en la generalidad sino que el romanticismo y el sentimiento es igual, pero los hombres, al reprimir estas emociones y expresarlas menos, tienen un mal manejo de ellas y por ello un mayor riesgo de suicidio.

Al respecto Tamres y colegas (2002) hicieron una comprensiva meta-revisión de diferencias de género en el afrontamiento de eventos altamente estresantes. Encontraron que las mujeres son mucho más propensas a realizar estrategias de afrontamiento tales como expresar verbalmente sus sentimientos o la búsqueda de apoyo emocional o usar la auto-charla positiva (Tamres y colegas, 2002).

Por ello, la condición de ser "Hombre" mueve a una posición en El Mapa de la Autoestima donde los sentimientos propios son anti-hazañas y ello los lleva a reprimirlos lo cual dificulta que se puedan tomar estrategias de afrontamiento positivas para situaciones muy estresantes. El resultado es que los hombres viven menos, tienen peor salud y se suicidan con mucha más frecuencia que las mujeres ante experiencias de desamor. Lo reprimido retorna pero de una manera mucho más poderosa y dañina, en cambio cuando se acepta el sufrimiento amoroso y se expresa, entonces se gestiona de manera eficaz.

También son coincidentes, al respecto, las investigaciones sobre estilo represivo de afrontamiento de la ansiedad. Weinberger, Schwartz y Davidson (1979), propusieron el estilo represivo para llamar "represivos" a aquellas personas que puntúan bajo en los cuestionarios de ansiedad, pero, fisiológicamente, tienen altos niveles de ansiedad. Entonces es una "represión" de la ansiedad.

Desde que se investiga el estilo represivo de la ansiedad, se han hecho numerosas investigaciones sobre su relación con las enfermedades. Se ha encontrado una importante correlación entre estilo represivo y un aumento de la mortalidad, siendo que los "represivos" son más propensos a sufrir problemas como paros cardíacos y cáncer (Korbel y Matwin, 2013).

En una meta-revisión de investigaciones empíricas realizada por Mund y Mitte (2012) encontraron una alta relación entre ser represivo de emociones y sufrir un incremento de riesgo de padecer cáncer e hipertensión. También encontraron relación con otras enfermedades como diabetes y asma.

Conclusión: la represión de eventos internos –e incluso de las emociones como ansiedad- no implica la eliminación de esos eventos internos y, por lo tanto, pueden retornar a la consciencia causando problemas. Y en ese camino hay importantes líneas de investigación.

Referencias:

Tamres, L. K., Janicki, D., & Helgeson, V. S. (2002). Sex differences in coping behavior: A meta-analytic review and an examination of relative coping. Personality and social psychology review, 6(1), 2-30.

Möller-Leimkühler, A. M. (2003). The gender gap in suicide and premature death or: why are men so vulnerable?. European archives of psychiatry and clinical neuroscience, 253(1), 1-8.

Korbel, C., & Matwin, S. (2013). Defensiveness. In Encyclopedia of Behavioral Medicine (pp. 544-547). Springer New York.

Mund, M., & Mitte, K. (2012). The costs of repression: a meta-analysis on the relation between repressive coping and somatic diseases.

Aplicación Práctica: Desarrollar una mirada de auto-aceptación incondicional compasiva de todos los eventos internos –como angustia, miedo, ansiedad, sufrimiento- puede redundar en un beneficio muy importante para gestionar de manera apropiada estas emociones. Si las negamos, nos pueden hacer mal. Aprender técnicas de Mindfulness puede ayudar a practicar aceptación a nuestras emociones, recuerdos y deseos para permitir el ampliar la consciencia.

10.11.Represión. Conclusión

A pesar de que faltan seguramente realizarse nuevos experimentos para verificar el controvertido postulado freudiano de la represión –y el inconsciente como conjunto de eventos reprimidos-, vemos perfectamente coherente la represión con los postulados desde M.A. ya que sería una parte del auto-engaño destinada a proteger el orgullo de eventos internos (como deseos, recuerdos, emociones) cuando son anti-hazañas.

A pesar de que los experimentos sexuales son, por sus características, los más fáciles de hacer para probar el fenómeno (ya que se puede verificar la excitación fisiológica), no creo que hoy se reprima lo sexual o "la libido" como lo dicen los psiconalistas.

Al contrario, a mi entender en el M.A.S. actual hedonista de nuestra época la imposición máxima es "ser feliz", "ser alegre" y "disfrutar" y, por lo tanto, lo que más se reprime es el sufrimiento. Al reprimirse el sufrimiento no se lo elimina, sino que se lo esconde de la consciencia. El sufrimiento sigue allí, tapado por falsas sonrisas y una falsa idea de felicidad auto-impuesta. Al estar reprimido, influye drásticamente la conducta desde el inconsciente, llevando a conductas que pueden sabotearnos o perjudicarnos o alejarnos de una consciencia más plena sobre lo que hacemos y sobre lo que buscamos para nuestra vida en un sentido profundo y último.

Por ello, el Mindfulness y la Auto-compasión, pueden ayudar a reconocer este "Yo Inconsciente" (o parte oscura que no queremos reconocer) en tanto permiten una mirada amorosa con la propia imperfección. Si nos amamos aún en el defecto, el auto-engaño cae porque no es necesario. Y la consciencia se amplía.

Cuanto más rígida sea nuestra propia mirada sobre nuestra vida, más grande será el espacio de aspectos y fenómenos oscuros que no aceptamos de nosotros. Por no aceptar aquello tememos... podrá gobernar nuestra vida sin que lo advirtamos.

10.12. Timidez. Aplicación práctica.

La Timidez es mayor cuando somos niños, o adolescentes, porque en esas edades, lo "social" es una hazaña muy pero muy relevante, debido a que no hay otras hazañas tales como trabajo, realización personal, trayectoria de vida, etc. Entonces el error social aparece como una anti-hazaña gravísima, el no saber comportarse socialmente genera un miedo muy fuerte, porque es equivalente a cometer una gravísima anti-hazaña.

Se combinan las dos cosas potenciando el temor: primero cometer la anti-hazaña (el error social), y segundo la mirada del otro sobre nuestra anti-hazaña. Si a ello le añadimos inseguridad o baja autoestima, resulta que vemos a ese "otro" como una persona más valiosa que nosotros, y digna de juzgarnos, y despreciarnos por nuestra anti-hazaña del error social.

La Timidez aumenta cuando estamos frente a personas que admiramos. Por ejemplo: podemos ser parcialmente tímidos con todos, pero cuando estamos frente a quien idealizamos, a quien amamos, nos aumenta la timidez. Ello porque el desprecio o desaprobación de esa persona, se ve como algo mucho más grave.

Así, de esta manera, cuando estamos frente a quien admiramos, suele crearse una mayor distancia entre el *"Yo Intimo"* y el *"Yo Social"*. Dejamos de prestarle atención a nuestra autenticidad, para intentar, desesperadamente, proyectar una imagen de nosotros, un *"Yo Social"* que contenga muchas hazañas y que carezca de anti-hazañas. Pero este esfuerzo de actuación, se vuelve dramático porque sentimos –sospechamos- que no es exitoso.

A su vez, la misma Timidez, y sus manifestaciones (nerviosismo, tono de voz dubitativo,) se ve como una anti-hazaña en sí misma. Es decir, el tímido se avergüenza de los errores sociales que puede cometer, pero empieza avergonzado de su propia timidez y eso contribuye a una inseguridad mayor. El tímido esconde su propia timidez incluso de sí mismo, aumentando la distancia entre el *"Yo Intimo"* y el *"Yo Inconsciente"*.

Por eso, el proceso para revertirla comienza en sentido inverso: si la timidez es anti-hazaña, debemos asumir esa anti-hazaña, aceptarla, y, a partir de allí, empezar a trabajar en mejorar los efectos que provocan estos miedos.

No sirve para nada intentar cambiar nuestra timidez a la fuerza, renegando de lo que realmente nos pasa. Es mejor la misma metodología que aceptamos para toda anti-hazaña:

aceptarla, asumirla. Se trata, concretamente, de observar estos miedos que aparecen en una situación social, aceptarlos, y aprender, poco a poco, a desobedecerles. Ejercicios de "exposición" a anti-hazañas pueden ser un entrenamiento que ayude, y esto sucede cuando decidimos, por ejemplo, hacer el ridículo a propósito, aprendiendo que somos capaces de soportar eso. Al exponernos al sentimiento temido (vergüenza, ridículo, etc.) y vencerlo, nos fortalecemos.

Aplicación práctica: Este enfoque, por sí solo, puede ayudar a enfrentar la timidez. En la medida en que desarrollamos la capacidad de observar estas emociones, y de aceptarlas, el *"Yo Inconsciente"* se acerca al *"Yo Intimo"*, porque sabemos que están allí y a pesar de eso nos aceptamos. Luego podemos indagar esa distancia entre el *"Yo Social"* que intentamos proyectar (perfecto, sin errores, que no hace chistes tontos, que no hace comentarios inadecuados, que no hace ridículo nunca), y nuestro pobre *"Yo Intimo"* (que sabemos que tiene errores). Al acercarse ambos, al dejarse la pretensión de ser un Super-Héroe, se va recuperando seguridad, aplomo, y serenidad.

Aprender a reconocer nuestros miedos y a aceptarlos, aprender a identificar que es sólo una anti-hazaña y un desprecio resultante lo que nos atemoriza, puede contribuir a conocernos y a mejorar en este aspecto. También son compatibles con este enfoque de M.A. las prácticas de la *Terapia de Aceptación y Compromiso*, *Terapias de Exposición*, y *Técnicas Cognitivo Conductuales* (siempre y cuando no se trate de implantar pensamientos de seguridad, sino que todo comienza con aceptar la propia inseguridad y los propios miedos).

10.13. LA PSICOLOGIA PROFUNDA DE CARL JUNG. UNA APROXIMACION DESDE M.A.

En este apartado, intentamos dialogar desde las construcciones del Mapa de la Autoestima con la psicología profunda de Carl Jung. Lo que aquí presentamos como los tres Yos –el Yo Social, el Yo Íntimo y el Yo Inconsciente–, formulados a partir del modo en que las personas se cuentan o se ocultan sus hazañas y anti-hazañas, tiende un puente natural hacia las ideas junguianas. Jung, aunque hablaba desde otro lenguaje y con un horizonte simbólico mucho más amplio, describió dinámicas muy similares a las que nosotros abordamos desde una perspectiva directa y observable.

El Yo Social, en nuestro modelo, es la imagen que mostramos a los demás, cuidadosamente moldeada para exhibir hazañas y disimular anti-hazañas. Es el "yo-actor" que busca prestigio social, aun a costa de exagerar sus logros o maquillar sus fracasos. Jung llamó a esto Persona: la máscara social que usamos para adaptarnos a las expectativas de los otros. Subrayó que no es algo negativo en sí mismo; es necesaria para vivir en comunidad. Pero advirtió un peligro: cuando alguien se identifica completamente con esa máscara, deja de distinguir entre su papel social y su verdadera identidad. En nuestro lenguaje, sería el momento en que el Yo Social se vuelve tan rígido que la mentira externa –exagerar hazañas, negar anti-hazañas– ya no es una simple estrategia, sino el centro mismo de la identidad.

Más adentro encontramos el Yo Íntimo, esa versión de nosotros mismos que aparece cuando ya no estamos bajo la mirada ajena. Aquí aceptamos algunas anti-hazañas, pero seguimos mintiéndonos para proteger el orgullo: reinterpretamos recuerdos, minimizamos errores, justificamos deseos que nos incomodan. Para Jung, este nivel corresponde al primer contacto con la Sombra. La Sombra es, quizás, el gran concepto de su obra: el conjunto de rasgos, impulsos y emociones que rechazamos porque no encajan con la imagen que queremos de nosotros mismos. Jung insistía en que la Sombra no es solo aquello que consideramos negativo; también guarda potencialidades no desarrolladas, aspectos valiosos que reprimimos porque no encajan con el papel social que interpretamos.

La psicología junguiana sostiene que el proceso de volverse realmente uno mismo –la Individuación– comienza cuando dejamos de negar esa Sombra. En nuestro marco, aceptar nuestras anti-hazañas en el Yo Íntimo es el equivalente práctico de lo que Jung proponía: reconocer sin justificaciones las partes incómodas de nuestro carácter y dejar de proyectarlas en los demás. Cada vez que alguien asume un error sin excusas, cada vez que admite un sentimiento que le avergüenza, está dando un paso concreto hacia esa individuación, porque está rompiendo la mentira que protege un orgullo frágil.

En el Yo Inconsciente colocamos todo lo que nos resulta insoportable admitir: deseos prohibidos, recuerdos humillantes, emociones que consideramos inaceptables. Jung también habló de este nivel, diferenciando dos capas: la Sombra más profunda, donde se encuentran nuestros rasgos más negados, y, más allá de ella, el Self, el núcleo que contiene nuestra totalidad y que busca expresarse. Lo que en nuestro lenguaje llamamos anti-hazañas internas coincide, en gran medida, con esa Sombra profunda. Pero Jung añadía un matiz crucial: muchas veces, lo que ocultamos no son defectos, sino capacidades y deseos auténticos que nunca nos atrevimos a desarrollar porque chocaban con nuestra Persona.

El trabajo con el Yo Inconsciente que proponemos –reconocer deseos, recuerdos y emociones sin negarlos, nombrarlos aunque nos incomoden– coincide con el espíritu de las terapias junguianas, que, a través de la exploración simbólica, los sueños y la reflexión profunda, buscan traer a la conciencia ese material oculto. La finalidad es la misma: integrar estas partes para no vivir fragmentados ni dominados por aquello que reprimimos. Jung lo expresó en una frase célebre: "Uno no se vuelve iluminado imaginando figuras de luz, sino haciendo consciente la oscuridad."

Así, lo que en el M.A. formulamos como reducir las

mentiras del Yo Social, aceptar las anti-hazañas del Yo Íntimo y reconciliarnos con el Yo Inconsciente, en Jung se traduce en desidentificarse de la Persona, integrar la Sombra y encontrar el Self.

Añadimos, además, que el entrenamiento en reconocer y admitir las emociones ligadas a nuestras hazañas y anti-hazañas ayuda a romper las estructuras rígidas de mentiras y autoengaños. Esto abre un espacio de mayor flexibilidad interior, y, desde ahí, puede surgir una versión más auténtica de nosotros mismos –aunque no siempre sea necesario mostrarla al exterior–.

Para conocernos, no basta con observarnos: hay que hacerlo con una condición ineludible, y es la auto-ternura. La auto-ternura es mejor que la auto-estima porque puede aceptar los errores, las fallas y las imperfecciones sin convertirlos en un juicio implacable. La ternura hacia uno mismo es, en última instancia, la mejor vía para integrar esas partes negadas y reconciliarnos con ellas. Una práctica útil es repasar mentalmente el día, como si viéramos una filmación de nuestras interacciones, pero mirándonos "desde afuera" con la curiosidad afectuosa con la que miraríamos a un amigo. Así, las emociones de hazañas y anti-hazañas se vuelven menos intensas, y esto nos permite ver con mayor realismo quiénes somos, cómo actuamos, qué patrones repetimos y, sobre todo, cómo podemos mejorarlos.

10.14.   ALGUNAS TECNICAS JUNGIANAS. UNA APROXIMACION DESDE M.A.

Para quienes deseen avanzar en esta integración entre el **Mapa de la Autoestima** y la psicología profunda de Jung, resulta valioso considerar algunas de las herramientas que el propio Jung propuso y que, vistas desde nuestro enfoque, se adaptan naturalmente a la dinámica de los **tres

Yos**. No se trata de simples ejercicios, sino de pequeñas prácticas que, si se sostienen con constancia, facilitan el tránsito desde la mentira protectora –ya sea hacia los otros o hacia uno mismo– hacia una versión más auténtica y flexible.

Una de las técnicas más características de Jung es el **diálogo con la Sombra**, y su utilidad se vuelve evidente en el trabajo con el **Yo Íntimo**. Jung la llamaba **imaginación activa** y consistía en dar "voz" a esa parte de nosotros que solemos rechazar. Puede realizarse escribiendo como si mantuviéramos una conversación con esa parte negada, preguntándole: *"¿Qué me querés decir? ¿Por qué te aparecés cada vez que siento esto?"*. Responderse sin censura y repetir el intercambio durante varios días ayuda a revelar qué necesidad, qué herida o qué miedo se esconde detrás de una **anti-hazaña** que, de otro modo, seguiríamos justificando o ignorando. Lo importante aquí no es la exactitud de las respuestas, sino la disposición a escuchar lo que habitualmente callamos.

El **trabajo con los sueños** es otra herramienta esencial, particularmente útil para el **Yo Inconsciente**. Jung veía en los sueños el lenguaje simbólico de lo que la consciencia niega. Mantener un cuaderno en la mesa de noche y anotar apenas despertamos cualquier fragmento onírico, aunque parezca incoherente, es el primer paso. Luego, con calma, se trata de preguntarse: *"¿Qué parte de mí podría estar hablando aquí?"*. Muchas veces, los personajes que nos resultan desagradables o vergonzosos son representaciones de nuestra **Sombra**, y reconocerlos como propios es un avance importante: es aceptar que no todo lo rechazado es necesariamente "malo", sino que puede ser un aspecto reprimido de nuestra energía vital o de nuestra capacidad creativa.

Jung también creía que el **Self** –esa totalidad que somos– se fortalece con la conciencia afectuosa de lo que somos en el día a día. Los instructores de M.A. Suelen insistir en que la **auto-ternura** es más transformadora que la autoestima, porque puede aceptar los errores y las imperfecciones sin convertirlos en un juicio implacable. Por eso, resulta particularmente valioso un **ritual de revisión diaria**: al final del día, cerrar los ojos y repasar lo vivido como si viéramos una película donde nosotros mismos somos el protagonista. No se trata de evaluar con dureza ni de buscar solo hazañas que nos enorgullezcan, sino de mirar nuestras reacciones –las buenas y las malas– con curiosidad y ternura, como miraríamos a un amigo al que queremos ayudar a crecer. Ese cambio de tono, más amable y menos severo, permite que el orgullo deje de ser una defensa frágil y se convierta en un reconocimiento genuino de nuestras verdaderas fortalezas y límites.

Finalmente, Jung recomendaba una práctica que él mismo utilizaba con frecuencia: la creación de un **diario simbólico**. Esta técnica es ideal para trabajar con el **Yo Inconsciente**, porque permite que emerjan contenidos que las palabras cotidianas no logran expresar. Dibujar libremente lo que sentimos, sin preocuparnos por la estética, o escribir palabras, frases o asociaciones que vengan a la mente sin censura, ayuda a sacar a la superficie aspectos de nosotros mismos que permanecen ocultos.

11- CAMBIAR EL MAPA DE LA AUTOESTIMA. ACTITUD POLÍTICA.

11.1. Distintos M.A.S., diferente posibilidad de tener prestigio social. La subcultura criminal. Delito en las ciudades.

"He cuidado atentamente de no burlarme de las acciones humanas, no deplorarlas, ni detestarlas, sino entenderlas" Baruch Spinoza

Imagina ahora una persona que robó, asesinó, realizó crímenes, y sale de la cárcel sin deuda con la sociedad.

Con esa biografía, nunca tendrá prestigio social en la sociedad, porque sus delitos serán graves anti-hazañas según el "Mapa de la Autoestima Social" (M.A.S.) de la cultura común de la sociedad. Sus hechos serán sus anti-hazañas, que serán como un estigma que impedirán que pueda ser respetada nunca.

Sin embargo, ¿Qué puede hacer? Puede ir al ambiente de la sub-cultura, integrada por pares que transcurrieron por una vida parecida.

En esos grupos de gentes de la subcultura, el M.A.S. será bien distinto, porque sus robos, delitos, etc. serán considerados como "hazañas", y entonces, justamente, tendrá respeto y admiración por estas acciones dentro de ese ambiente de la sub-cultura, inclinándola a realizar nuevos delitos más importantes que los anteriores, los cuales no solamente le darán beneficios económicos, sino que también le conferirán un mayor honor social, y también le permitirán sentir un mayor orgullo de sí misma.

El estudio de la sub-cultura del delito tiene su origen en los estudios realizados por la escuela de Chicago en los años veinte. Los investigadores dividieron la ciudad de Chicago en cinco zonas, realizando círculos concéntricos y comparando la tasa de delincuencia y la relación entre el número de delincuentes y el total de la población de cada zona. Los datos evidenciaron que el valor de la tasa disminuía conforme se alejaba del centro. Y lo que es más interesante, que entre 1900 y 1920 la relación entre las tasas de delincuencia de cada zona permaneció invariable, a pesar de que en este periodo hubo grandes movimientos de población que cambiaron la composición étnica de cada zona. Estos hechos hicieron llegar a los investigadores a la conclusión de que la subcultura desviada formaba parte de la idiosincrasia de algunos barrios, por lo que era trasmitida a los nuevos habitantes.

Por eso decimos que en el M.A.S. de la sub-cultura lo mismo que para toda la sociedad sea objeto de desprecio, y rechazo (anti-hazaña), sea considerado allí hazaña, y, por lo tanto, produzca status social y admiración, dentro de esos grupos.

Y, a su vez, quien tiene una biografía personal con estas acciones, indefectiblemente se sentirá rechazado por todos los grupos cuyo M.A.S. las considera anti-hazañas, y tenderá a juntarse con grupos integrados por personas también rechazadas, generando el ambiente de la sub-cultura.

Más que sentirse rechazado el criminal por su biografía, la palabra correcta es "será rechazado". La gente lo rechazará de verdad por más que, según la ley, él no tenga deuda con la sociedad al haber salido de la cárcel. Sucede que las anti-hazañas fuertes tienen un impacto social en el prestigio: cuando el prestigio se destruye totalmente hasta la vergüenza, la gente se aleja. En sentido inverso, las hazañas fuertes producen prestigio social, y la gente se acerca para poder pegarse y recibir una mejora de su propia imagen (tema desarrollado en

Por lo tanto, inevitablemente se sentirá rechazado en la sociedad y empujado a un sub-mundo donde tendrá el reconocimiento y aprecio que no recibe en otros sitios. En este sub-mundo existe un M.A.S. de la subcultura criminal, donde este tipo de biografía antes que una vergüenza... es una hazaña.

Un ejemplo de estas hazañas del submundo de la subcultura la puede dar el conocido criminal estadounidense Fred Barker quien nos dice: *"Mi profesión fue la de robar bancos, secuestrar ricos, y gastar el dinero. Fui bueno en esto. Quizás el mejor en Norte América entre los años 1931 y 1936. En otras circunstancias podría haber sido el mejor abogado o el empresario más exitoso, o haber conseguido alguna posición que demande inteligencia, estilo y frescura a la hora de manejarse."*

Es un buen testimonio del M.A.S. de la subcultura: un ambiente donde los mismos delitos que causan desprecio y desprestigio en la sociedad, allí provocan sentimientos de orgullo y deseo de hacer alarde de ellos.

Citas extraídas de:
"The causes and cures of criminality". Hans J. Eyenseck. Gisli H. Gudjonson. 1989.

11.2 La Actitud Política. La práctica anti-hegemónica y rebelde creadora de las diferentes sub-culturas.

"Los hombres construyen la sociedad y la sociedad construye los hombres." Skinner

Ahora bien.... ¿Por qué hay tantas diferencias entre el M.A.S. de los distintos grupos? ¿Por qué no explicar esta diferencia entre el M.A.S. también del mismo sentido en que se formaron las culturas reales, las culturas mayores?

Esto es lo que llamamos "Actitud Política".

La Actitud Política es la conducta de intentar cambiar "El Mapa de la Autoestima", por uno nuevo donde merezcamos más orgullo, más ego, más vanidad, y también obtengamos un mayor prestigio social.

Es decir: la vía más sencilla de sentir orgullo es realizar una hazaña, y la hazaña está indicada como tal en nuestro "Mapa de la Autoestima". Pero otra vía más complicada es cambiar el "Mapa de la autoestima", por uno nuevo donde lo que ya hicimos sea considerado hazaña. Si lo que tenemos, si nuestra circunstancia, si lo que nos pasó, es una anti-hazaña, una forma de escapar al sentimiento de vergüenza puede ser realizar acciones y conseguir éxito que nos alejen de la zona de la anti-hazaña. Pero otra forma puede ser cambiar el "Mapa de la Autoestima".

Por ejemplo, si el M.A.P. de Ana indica que estar excedida de peso es una anti-hazaña, la forma básica de salir de esa zona de anti-hazaña será adelgazar, y así ella perderá esa vergüenza que siente. Pero, otra alternativa, sería ponerse en campaña para convencer y convencerse que estar excedida de peso no es anti-hazaña. Entonces ella tendría un discurso del estilo *"el peso es algo superficial, no me importa, solo la gente frívola se fija en eso"*, pero estaría tratando de convencer y de convencerse de que estar excedida de peso no es anti-hazaña, estaría intentando modificar "El Mapa de la Autoestima" por uno nuevo donde ella, tal como es, merezca más orgullo, y sea más respetada, y tenga más prestigio social.

No hablamos de algo intelectual. Es emocional y es

algo que ocurre todo el tiempo, en nosotros y alrededor nuestro. Es muy común que identifiquemos rasgos nuestros, características nuestras, experiencias de vida, y hagamos un discurso para darles valor, para quitarles calidad de anti-hazaña, y/o para darles condición de hazaña.

Por todas partes se ve la Actitud Política: médicos hablando de la formación, importancia y excelencia que tiene el ser médicos, abogados diciendo que ellos son los que dan justicia y que son más nobles, hombres diciendo que son más inteligentes y honestos que las mujeres, mujeres diciendo que las mujeres son más sensibles que los hombres, pobres diciendo que solamente son honestos y buenos los que son pobres, personas, en suma, que hacen propaganda de una característica que ya tienen, y como si se tratara de un discurso intelectual y desinteresado. También puede ser más sutil, como por ejemplo adherir a determinada idea del mundo, o a cierta religión, sentirla como un rasgo propio, y luego incurrir en Actitud Política tratando de darle valor a esa característica.

11.3. La Actitud Política sobre el M.A. Documentada por la evidencia y la investigación. Distintos estudios experimentales que la demuestran.

En un estudio se documentó que las estrategias que adoptan las personas con sobre-peso abarcan, a veces en la misma persona, desde denodados esfuerzos por perder peso para salir de su condición, hasta la asunción orgullosa de la misma, y la movilización para luchar contra la discriminación. (Puhl y Brownel, 2003).

En una investigación sobre preferencias vocacionales, por ejemplo, se halló que los estudiantes que eligen una determinada carrera, le atribuyen un mayor grado de prestigio que al resto de carreras que no resultaron elegidas (Alvarez

Hernandez, 2014).

Blake y Kreiner (1999), por su parte, se interesaron por saber cómo construyen su identidad y su autoestima las personas que realizan "trabajos sucios" o trabajos desprestigiados, indagando si el realizar este tipo de trabajos estigmatizados podía comprometer la propia auto-valía. Tras revisar diferentes estudios, encontraron en estos grupos una reacción de defensa por parte de sus integrantes que los llevaba a tener una opinión diferente de su trabajo y más positiva que la opinión general. El mecanismo defensivo, alegan los autores, transforma el sentido de "sucio" y atenúa el impacto de las percepciones sociales que ello genera.

En un estudio realizado por Grove, Fish, y Eklund (2004), midió la identidad deportiva una semana antes, poco después, y dos semanas después del anuncio de la selección de un equipo de jóvenes mujeres, estrellas del deporte. Aquellas jóvenes que no resultaron elegidas, sufrieron una disminución inmediata de la importancia que ellas decían darle al deporte en su vida. Los investigadores concluyeron que los deportistas poco exitosos se identificaron menos con el deporte, con el objeto de proteger su auto-imagen.

Dentro de la conocida Teoría de la Identidad Social, se postula una tendencia individual a la consecución de la autoestima a través del propio grupo, y esta tendencia maximiza las diferencias entre el propio grupo -"endogrupo"- y las otras personas -"exogrupo"-, (Tajfel y Turner, 1979; Tajfel, 1981).

Las personas, según postula la Teoría de la Identidad Social, construyen su identidad con categorías sociales como sexo, raza, religión, color, pertenencia política, y luego se consideran ubicadas en grupos. Tras realizar ello, comparan al endogrupo (los que tienen la misma característica) con el exogrupo (los distintos), y tienden a considerar a los otros en un plano de inferioridad o estereotipo.

Según esta visión, a través de la comparación el endogrupo establece su diferenciación respecto de los posibles exogrupos, tendiendo a hacer mayores las diferencias intergrupales, especialmente en aquellas dimensiones en las que el endogrupo destaca positivamente. (Hogg y Abrams, 1988).

Pero más allá de los postulados comprobados de la Teoría de la Identidad Social de Tajfel y Turner en cuanto a que cada persona tiende a comparar su propia pertenencia grupal con las demás, y a considerarla mejor... esto también prueba la Actitud Política, porque se trata de darle más valor de hazaña a una característica que ya se tiene como por ejemplo el mismo hecho de pertenecer a un grupo.

En general, como dicen Tajfel y Turner tendemos a clasificar a las personas por categorías según diversas características como color de piel, club al que pertenecen, el hecho de practicar un deporte, pertenencia política o ideológica, etc. etc., y luego a armar grupos con esa clasificación, luego sentirnos ubicados dentro de uno de esos grupos, y luego comparar nuestro grupo con las personas que no pertenecen, y, finalmente, evaluar más positivamente nuestro grupo para aumentar nuestra autoestima.

Pero eso es justamente la Actitud Política (o intento de cambiar El Mapa de la Autoestima) y no se da únicamente con estas categorías sociales como pertenencia ideológica, política, religiosa, género sexual, nacionalidad, sino que se da absolutamente con todas las características, circunstancias, o dones que pueden tener valor de hazañas.... porque todo el tiempo, y de forma no consciente, tratamos de darle más valor de hazañas a las características que ya tenemos.

Tratamos de cambiar el Mapa de la Autoestima Social por uno nuevo donde merezcamos más prestigio social y más orgullo. Lo hacemos todo el tiempo, y sin darnos cuenta.

Una persona habla muy bien de la soltería y de todas las ventajas que representa y por qué los solteros son más inteligentes... pero resulta que ella misma es soltera. Otra persona dice que las personas con ascendencia italiana suelen ser más cariñosas y que tienen más valores familiares, pero resulta que ella misma tiene ascendencia italiana.

A poco que prestemos atención, veremos lo habitual que es ver a una persona promocionando a valor de hazañas a características que ya tiene.

Referencias:

Brownell, P (2003). "Psychosocial origins of obesity stigma: toward changing a powerful and pervasive bias". Nov;4(4):213-27.

Alvarez Hernandez (2014). *"El prestigio profesional y social, determinante de la decisión vocacional"*. Universidad de Almería. España. 2014.

Britton W. Brewer & Allen E. C. *Self-Protective Changes in Athletic Identity Following Anterior Cruciate Ligament Reconstruction"*.

Ashforth, B. E., & Kreiner, G. E. (1999). *"How can you do it?": Dirty work and the challenge of constructing a positive identity*. Academy of management Review, 24(3), 413-434.

Tajfel, H. (1981). *Human groups and social categories: Studies in social psychology*. CUP Archive.

11.4. La Actitud Política como formadora de la subcultura criminal. La dificultad es hazaña.

Se forman ambientes donde los mismos hechos –delitos, crímenes, etc.- que para la mayoría de la gente merecen desprecio, allí son considerados hazañas. Es el M.A.S. de la subcultura criminal.

Cada uno elogia y hace propaganda de su propio estilo de vida, y muchas personas que delinquieron pueden estar interesadas –por Actitud Política- en publicitar su conducta y darle prestigio. A resultas de este discurso, logran más prestigio social y de esta forma, cuando se hace multitudinario y en grupos, se va formando el M.A.S. de la subcultura criminal el cual, a su vez, estimula a que se vuelva a delinquir. En este submundo quien tenga una biografía de ex-convicto o de marginal no será discriminado ni despreciado por ello, ya que estas acciones pueden ser consideradas hazañas. La vida delictiva genera un discurso que la justifica, pero luego ese discurso se convierte en algo social y viene a estimular y potenciar a la misma vida delictiva.

El M.A.S. de la subcultura criminal tiene características propias del estilo de vida, pero comparte las líneas generales sobre lo que es una hazaña y lo que es una anti-hazaña, lo que da a suponer que estas características serían genéticas y biológicas.

En 4.5 vimos que uno de los rasgos más importantes de "las hazañas" es que la dificultad las potencia. Por lo tanto, suele suceder lo mismo con los delitos en el M.A.S. de la subcultura criminal.

Así, por ejemplo, mientras que robar una bicicleta olvidada no exige una gran dificultad, en cambio, robar un camión blindado con armas largas viene a ser un objetivo mucho más difícil. Por ello, quien roba una bicicleta olvidada suele tener muy poco prestigio en el M.A.S. de la subcultura criminal, y en cambio los que realizan delitos que implican una mayor dificultad como robar blindados, obtienen, tras hacerlos, mucho mayor status social.

Según nos informa en su investigación antropológica sobre las cárceles peruanas Rodriguez Fernandez (2014), allí se advertía una clara jerarquía entre los reclusos que dependía del delito que habían cometido. La máxima autoridad la consagraban los llamados "Taitas" , los líderes supremos del pabellón, y, debajo de ellos, el prestigio social de los delincuentes se iba reconociendo de acuerdo al tipo de delito cometido. Al respecto, debajo de los Taitas y primeros en el rango de prestigio por delito, aparecían, dice el antropólogo, los asaltantes con rango de "Jefe de Banda" y los narcotraficantes. Entre los Jefes de Banda, se destacaban por su mayor prestigio los más desalmados, y, en especial, los que tenían prontuario por varios delitos anteriores. Los que tenían más cortes en el pecho y brazos recibían con ello todavía más prestigio (Rodriguez Fernandez, 2014)

Además, como forma de aumentar el prestigio social y ascender socialmente allí, se van adquiriendo prácticas de una extrema violencia, siendo que cuanto más desalmado y violento sea, más prestigio puede lograr (Rodriguez Fernandez, 2014) Por ello, mientras que antes en el Perú los jóvenes e iniciados podían ser más respetuosos de las jerarquías de los otros delincuentes, luego se desató una dinámica donde ellos son cada vez más violentos, en tanto ser extremadamente violentos es lo que les permite el ascenso en la jerarquía social (Rodriguez Fernandez, 2014) El utilizar faca y, además, el no rehuir los innecesarios desafíos a pelear que puede sufrir el delincuente, serán hazañas que le asegurarán un mínimo de prestigio, pero, en cambio, si rehúye las peleas entonces lo verán como que "no se la aguanta" y le podrán destinar los rangos más bajos de la jerarquía social (Miguez, 2002)

Más allá de las características del M.A.S. de la subcultura criminal, que varían seguramente caso a caso y según la idiosincrasia, es de notar que tienen una relevancia máxima las hazañas como medios para asegurar el prestigio social que permitirá sobrevivir. Y que se observa que la mayor dificultad que tiene el delito para su realización, también repercute sobre la calidad de hazaña que tendrá para darle prestigio al delincuente.

Referencias:

Guillen, Elizabeth (1997). *La cárcel. Un símbolo claro del poder del estado*. V Congreso de Antropología Social.

Míguez, D. (2002). *Inscripta en la piel y en el alma: cuerpo e identidad en profesionales, pentecostales y jóvenes delincuentes*. Religiâo e Sociedade, 22(1).

Rodriguez Fernandez, E.C. (2014). *Criminalidad: jerarquía*

y poder de los reos sentenciados por homicidio calificado del penal el milagro 2005-2012. Universidad Nacional de Trujillo.

11.5. El magma de las significaciones sociales. La rebeldía a lo instituido. Castoriadis.

Al igual que hicimos bien en citar a Moscovici y su teoría de las representaciones sociales cuando hablamos del M.A.S., también es importante considerar los influyentes desarrollos de Cornelius Castoradis en cuanto al *"magma de las significaciones sociales".*

Lo que llamamos M.A.S. es más específico (centrado en lo que es hazañas y anti-hazañas, identidades estereotipadas, relacionado con prestigio social y orgullo), pero puede ubicarse dentro del magma de las significaciones sociales de Castoradis, así como también dentro de las representaciones sociales de Moscovic.

Sin embargo, en este punto es importante citar a Castoradis, porque este autor hace énfasis en que la cultura y el medio "nos forma", pero también somos nosotros los que la formamos y reformamos la cultura.

De ahí la coherencia que tiene este enfoque con lo que llamamos "Actitud Política" sobre el M.A., cuando responsabilizamos a la Actitud Política de la formación de los distintos M.A.S., las culturas, las sub-culturas, y las contra culturas.

El imaginario social según este autor, es un *"magma de significaciones imaginarias sociales"* encarnadas en instituciones. Como tal, regula el decir y orienta la acción de los miembros de esa sociedad, en la que determina tanto las maneras de sentir y desear como las maneras de pensar. En definitiva, ese mundo es esencialmente histórico. En efecto, toda sociedad contiene en sí misma una potencia de alteridad.

Siempre existe según un doble modo: el modo de "lo instituido", estabilización relativa de un conjunto de instituciones, y el modo de "lo instituyente", la dinámica que impulsa su transformación.

Dentro de los conceptos de la teoría de Castoradis, entonces, el M.A.S. viene a ser "lo instituído", que influye en el M.A.P. de cada persona, moldeando su conducta al indicarle cuáles son las hazañas que debe lograr para sentir orgullo y para tener prestigio social, pero, a su vez, la Actitud Política, es "lo instituyente", cuando cada persona influida por el M.A.S. trata de influirlo también, a la búsqueda de nuevos valores donde con sus características merezca más prestigio social.

Referencias:
"La institución imaginaria de la sociedad".Cornelius Castoriadis (1975)

11.6. La Actitud Política y los debates sobre religión, deporte, política, ideología.

Si prestas atención, si realizas un alto y llevas estos conceptos a tu vida, vas a poder desarrollar la habilidad de identificar la Actitud Política en tu persona y en quienes te rodean.

La mayoría de las discusiones y de los debates interminables nunca llevan a ningún lado, porque las razones emocionales son las importantes. Se actúa como si los argumentos intelectuales fueran lo decisivo... pero, si eres observador, vas a ver que cada uno de los participantes trata de darle valor a un rasgo o cualidad que ya tiene.

Casi todos estos debates inservibles son "Actitud Política". Cada cual de los discutidores intenta cambiar el Mapa de la Autoestima para darle calidad de hazaña a la característica que tiene, y de anti-hazaña a la que no tiene, mientras que el otro discutidor puja en la dirección opuesta.

Y la "Actitud Política" es la que va creando las distintas sub-culturas donde tienen valor de hazaña otras cosas.

Porque todos tratamos, todo el tiempo, y mediante la

Actitud Política, de cambiar *El Mapa de la Autoestima,* por uno nuevo donde nuestra propia vida tenga más valor de hazañas o menos anti-hazañas. Por eso, los que tienen una vida desviada de las "normas" de la sociedad, y son despreciados por la sociedad, pueden con Actitud Politica, ir creando una subcultura, ir creando un nuevo M.A.S. donde sus propias conductas y estilo de vida serán allí considerados hazañas.

11.7. Las revoluciones morales.

Cuando en un determinado grupo, en un cierto momento histórico, el M.A.S. resulta aplastante para muchísimas personas y les hace sentir menos orgullosas de sí mismas, y merecer menos prestigio social, entonces, un líder, un mito, una leyenda, puede encabezar un cambio en los valores, por el apoyo de la Actitud Política masiva, de todas esas personas, logrando un nuevo M.A.S. donde todos ellos resulten más prestigiosos y merecedores de honor social.

De esta manera podemos entender los cambios en la cultura. Cambios a favor de los derechos de la mujer, cambios a favor del reconocimiento del derecho a la identidad sexual o a la homosexualidad como elección de vida.

El M.A.S. resulta injusto para grandes sectores a los cuales condena al desprestigio social y a no tener orgullo por sí mismos, entonces por Actitud Política, se forma un discurso, a favor de estos sectores despreciados, y se forma una verdadera revolución moral, que da origen a un nuevo M.A.S. donde ellos logran más respeto y más orgullo de sí mismos.

11.8. La revolución moral del cristianismo según Nietzsche.

Nietzsche es un autor muy interesado en la Moral que ha escrito obras clave al respecto, sobre todo de denuncia y crítica a la moral cristiana, y pretendiendo desenmascararla, proponiendo él, en realidad, una nueva moral que entiende más acorde con la vida y con la naturaleza.

El filósofo presenta como la "moral natural" a la impartida por los aristócratas, la moral de los señores. Habla de una aristocracia representada por los guerreros cuyos valores serían el coraje, la conquista, la guerra –una aristocracia representada por la bestia rubia-. Los valores morales son dictados por ellos mismos como "Lo Bueno". Además, por el poder que merecen estos señores, ellos mismos decretan como "Lo Malo" a todo aquello que señale a los inferiores, Los inferiores son en sí mismos malos, despreciables, decadentes. En esta moral se practica el culto a la vida, el culto a la naturaleza, y a dejar soltar los propios instintos, siendo que el autor celebra también la crueldad como un derecho de los fuertes. La moral de los señores es la moral de la vida, la moral de la fuerza, la moral de los caballeros, creadora y activa. Una moral a favor de las diferencias que merecen los fuertes y sobre todo de los super-hombres.

Luego aparece la "moral de los esclavos" que el autor desprecia y que la ve como un embuste y una rebelión de ellos. Producto del resentimiento de los inferiores, y a partir de la figura del sacerdote y ascetismo, "la moral" de los esclavos consiste en invertir el orden anterior y lo que era señalado como "Bueno" marcarlo como "Malo" y lo que era señalado como "Malo" indicarlo como "Bueno". Señala al cristianismo como el gran artífice de la moral de los esclavos, una moral que en lugar de creer en la Vida la desprecia y pone sus esperanzas en un más allá. Además, la moral de los esclavos está signada por una búsqueda de Igualdad que no es más que envidia a los superiores señores, y un deseo de castigo. El castigo en el más allá -el infierno- es una venganza que los débiles e inferiores anhelan para saciar su propia envidia. Nietzsche describe con desprecio de todos los valores favorables a los débiles como la misericordia, la compasión, la blandura y los ve como el producto de este embuste impulsado por los sacerdotes que cambió la "moral natural" y la reemplazó por esta "moral de esclavos".

De esta manera, vemos dos M.A.S. presentados por el autor.

El de "la moral de los señores" donde el éxito, la fuerza, el poder es hazaña y atributo que merecerá prestigio social. Luego, el de "la moral de los esclavos", donde rige la bandera de la igualdad y del intento de nivelar hacia abajo, así como la desconfianza hacia todo lo que significa poder y éxito.

Sin perjuicio de que no compartimos esta división conceptual tan tajante, sí es interesante presentar su observación: una revolución moral por cambio de M.A.S.

Mientras que en el M.A.S. anterior la fuerza y el éxito y la diferencia eran las hazañas, a través de un discurso de igualdad y de reconocimiento hacia los humillados estos valores se invierten. Y esto es –decimos- ocasiona un entusiasmo inmenso de parte de quienes saldrán beneficiados en su orgullo y en su prestigio con los nuevos valores.

Es lo que Nietzsche considera la rebelión de los esclavos. El autor la entiende como un embuste, un artificio de inteligencia orientado a despojar a los aristócratas guerreros del lugar que les corresponde y hacerlos sentir culpables.

No creo, en cambio, que se trate de algo racional, sino que es emocional. Por eso, esta Genealogía de la Moral que retrata el filósofo alemán para criticar un proceso histórico donde los esclavos (débiles, inferiores) inocularon sus valores a los señores (fuertes, superiores) puede ser una buena descripción de cómo la Actitud Política de las mayorías –y las mayorías son los débiles, los despojados- ha logrado crear los valores morales. Como cada uno le da valor a su propia característica, las masas de débiles siempre tenderán a darle valor a su propia debilidad condenando el uso de la fuerza como un acto del mal, y generando un M.A.S. donde esta "maldad" comienza a ser despreciada.

De esta manera, podemos prescindir de su crítica a los judíos y a los cristianos (el autor los identifica como culpables de esta moral de esclavos), y proponer que este mismo proceso que describe el filósofo siempre se dará de todas maneras ya que, por Actitud Política, tendemos a darle valor a nuestra propia característica y la mayoría no tenemos poder, no tenemos fuerza, y no podemos sentirnos superiores. Aunque seamos "Fuertes" y "Poderosos", de todas maneras no querremos que estas hazañas sean necesarias para la dignidad del ser humano porque una apuesta así nos expondrá a caer en indignidad si perdemos un día nuestro poder o somos derrotados: por lo tanto, tendemos a criticar, con Actitud Política, todo aquel espectáculo donde un fuerte despliega su fuerza para aplicarle crueldad a un débil.

Por ello, es interesante la descripción psicológica que hace el filósofo del surgimiento de la Moral. Quizá no sea aplicable a "los cristianos" sino a toda las civilizaciones: tarde o temprano las masas, por Actitud Política, hacen propaganda, cambian el M.A.S. y generan los valores morales de respeto por el débil, igualdad, dignidad, y compasión.

De esta manera, aunque sin necesariamente coincidir con su evangelización filosófica hacia "cómo debemos vivir", su descripción psicológica es coherente con lo que estamos estudiando aquí: la Actitud Política no solamente es la creadora de las sub-culturas criminales con valores morales invertidos, sino que posiblemente lo sea también de los valores morales o reglas morales.

Como vimos, la Actitud Política es una conducta donde cada cual le da valor de hazaña a una característica que ya tiene. Por ende, las masas de oprimidos, humillados, perjudicados en un orden anterior donde los guerreros tienen más poder y hacen lo que desean, serán multitud y poco a poco, en Actitud Política, van a cambiar el M.A.S. dando origen a los valores morales.

En este sentido, el feminismo y los movimientos de lucha por los derechos de la mujer, han cambiado el M.A.S. permitiendo que muchas mujeres escapen de los estereotipos del M.A.S. anterior.

Sin quedarnos con estos conceptos de "moral de esclavos" o "moral de señores", este tipo de revoluciones morales se han dado a los largo de la historia en innumerables ocasiones. Muchos líderes políticos del siglo XX han logrado un inmenso carisma cuando decidieron darle un lugar de honor en la sociedad a los mismos grupos que estaban en una zona de desprestigio y de falta de orgullo por sí mismos.

Aplicación Práctica: En política los líderes deben estar atentos al M.A.S. de su época y detectar cuando hay grandes cantidades de personas dentro de una zona de desprestigio y humillación. Si eso sucede, un discurso y una propuesta que genere un cambio de M.A.S. hacia uno nuevo –nuevos valores- donde los humillados o desprestigiados logren más reconocimiento y puedan sentir más orgullo por sí mismos, será recibido con gran entusiasmo y podrá ocasionar, eventualmente, una masiva conducta de Actitud Política apoyando la propuesta y dando ocasión a una revolución moral.

Referencias:

Nietzsche, Friedrich(1882) Así habló Zaratustra. Un libro para todos y para ninguno
Nietzsche, Friedrich (1887) La genealogía de la moral. Un escrito polémico.

11.9. La Actitud Política como justificación del fracaso. Creadora de más fracaso.

La Actitud Política consiste en crear un discurso para cambiar el Mapa de la Autoestima, por uno nuevo donde merezcamos más orgullo y más prestigio con lo que ya somos. Por eso, puede actuar como una verdadera programación subconsciente donde nos creamos un nuevo Mapa de la

Autoestima más parecido a la vida que ya tenemos: y de esa manera, perdemos la posibilidad de cambiar. A veces, la alejamos totalmente.

Cuando creemos que fracasamos en algún ámbito, podemos tratar de hacer un discurso de que eso no es importante. Es lo que cuenta Esopo en la famosa fábula de la zorra y las uvas. La zorra primero intentó alcanzar las uvas, pero luego, al ver que no podía llegar, se justificó diciendo que eran verdes.

Esto lleva a hacer un discurso donde reivindicamos el fracaso de manera de sentir más orgullo en la posición en que estamos, pero de esa manera, el propio discurso es como un muro que nos impedirá salir de esa situación. Quien se sabe fracasado hace un discurso para reivindicar su fracaso y ese discurso lo lleva a fracasar más.

De esta manera, la Actitud Política, a veces puede ser como una trampa: el discurso que hacemos para justificar nuestra vida es como una red que nos condena a no poder cambiarla ya que "nos creemos" el mismo cuento.

11.10. La Actitud Política como justificación del fracaso. Valores emprendedores y valores contrarios a la empresa.

Como cada uno hace propaganda de los rasgos que ya tiene, los padres predisponen a que los hijos tengan un M.A.P. parecido al de ellos, y otro tanto se puede decir de los abuelos o parientes. Entonces estos valores se van trasmitiendo de generación en generación.

En particular, la Actitud Política del resentimiento contra las personas que tienen hazañas (como éxito) y la justificación de la propia vida, influyen como prejuicios que se graban en los hijos marcando su destino. En un estudio intercultural realizado sobre una base de más de 40.000

personas provenientes de 15 países, se encontró que las intenciones empresariales se trasmiten de padres a hijos y de abuelos a hijos, aunque esta trasmisión no es igual en todas las culturas (Laspita y colegas, 2012). También se obtuvo que, aunque no haya un abuelo emprendedor, puede haber un padre emprendedor; y, aunque no haya un padre emprendedor, puede igual un abuelo emprendedor infundir estas intenciones empresariales (Laspita y colegas, 2012).

En efecto, otros investigadores han llegado a la misma conclusión. Los padres emprendedores incrementan la probabilidad de que los hijos sean emprendedores en un 60% (Lindquist y colegas, 2015).

Hay una Actitud Política muy habitual de resentimiento que lleva a criticar al éxito, o igualar a los exitosos con estereotipos negativos. Es una Actitud Política tendiente a cambiar El Mapa de la Autoestima, por uno nuevo que sea más afín a nuestra propia vida que consideramos poco exitosa: consiste en criticar a quienes tienen éxito, igualar a los ricos con avaros o con personas sin sentimientos positivos o con ladrones. Este tipo de mensaje prende muy fuerte porque sirve para que millones de personas se sientan mejor, y se trasmiten de generación en generación, formando "micro-climas" de desprecio hacia el éxito.

Estos discursos luego se graban e influyen de manera subconsciente la conducta. Generalmente atan a quien los tiene, lo atan a conformarse con su propia vida y a no poder cambiarla nunca, pero, a veces, pueden incidir sobre otras personas como sobre los hijos y/o nietos.

Ello también va determinando que existan "sub-culturas" emprendedoras, en familias que trasmiten estos valores de generación en generación –cada uno para defender y justificar su propia vida-, y otras subculturas que son decididamente contrarias a la empresa, en tanto que se iguala a los empresarios a estereotipos negativos.

Referencias:

. Laspita, S., Breugst, N., Heblich, S., & Patzelt, H. (2012).

Intergenerational transmission of entrepreneurial intentions. Journal of Business Venturing, 27(4), 414-435.

Lindquist, M. J., Sol, J., & Van Praag, M. (2015). *Why do entrepreneurial parents have entrepreneurial children?*. Journal of Labor Economics, 33(2), 269-296.

11.11. La Actitud Política. Resumen.

Distintos autores, y diversos investigadores han observado, y teorizado viendo sobre ese mismo fenómeno que ahora estamos describiendo como central para la teoría psicológica Mapa de la Autoestima.

Es el intento de cambiar el M.A. para construir un nuevo que sea más generoso con lo que ya somos. Mientras que el M.A., al indicar cuáles son las hazañas, y las anti-hazañas, nos influye la conducta porque, para tener orgullo y prestigio social, nos encaminamos hacia unas y nos alejamos de la otras.... hay una conducta de propaganda que consiste en intentar cambiar el M.A. por uno nuevo donde merezcamos más orgullo y prestigio social con lo que ya somos.

La Actitud Política se verifica en todas las características, experiencias de vida, circunstancias que tenemos y que les damos valor de hazañas o anti-hazañas: si tienen valor de hazañas, les queremos dar más valor de hazañas, para aumentar nuestro orgullo y prestigio, y si tienen valor de anti-hazañas, se lo intentamos quitar.

Cuando una persona hace de su pensamiento, de sus ideas, de su ideología, de su color político, de su religión, de su equipo, de su nacionalidad, una "hazaña" o una "anti-hazaña", le encantará tener discusiones donde le intentará dar más valor de hazaña.

Asimismo, la Actitud Política se verifica más en características que son graves anti-hazañas según el M.A.S., porque las personas que tienen esas características desprestigiadas (como vimos la gordura y exceso de peso, o también puede ser un género sexual, una preferencia sexual, una religión, un color de piel, etc.), tienden a tratar de ponerse en campaña contra esa discriminación, darle orgullo a esa característica, y crear, finalmente, un nuevo M.A.S., donde ellos, con esa característica, pierdan su situación actual de desprestigiados.

-12-. LAS DIFERENCIAS ENTRE ENVIDIA Y ADMIRACIÓN.

" *Proporcionalmente al número de los admiradores crece el de los envidiosos.*" Séneca.

La contemplación de la hazaña en "el otro"… rara vez es desinteresada.

En la mayoría de los casos cuando la hazaña está en la otra persona, eso puede provocar distintas emociones que inciden, asimismo, en la manera en que la vemos a esa persona. Las dos emociones más importantes de la contemplación de la hazaña ajena son la Envidia y la Admiración, en tanto que ambas emociones tienen la propiedad de torcer la percepción de la realidad.

Estudiar las diferencias entre la Envidia y la Admiración es muy importante para la seducción y el amor romántico, y para la generación de discursos magnéticos y carismáticos.

12.1 ¿Qué es lo que se envidia?
San Agustín. Santo Tomás.

"*No hay venganza más insigne que los méritos y cualidades que vencen y atormentan a la envidia […] Este es el mayor castigo:*

hacer del éxito veneno". Baltasar Gracián

Primero tengamos en cuenta algo: *"solamente se envidian las hazañas."*

De este enunciado, se desprende que, si el envidioso llegara a tener aquello que le provoca envidia, en todos los casos, sentiría orgullo por eso, deseo de hacer alarde... porque si envidia algo, es porque, desde su Mapa de la Autoestima Personal (M.A.P.), lo considera primero una hazaña. Entonces habrá de sentir orgullo de sí mismo si lo consigue. Si un compañero de oficina envidia a otro porque el otro consiguió un ascenso y llegó a ser Jefe, podemos concluir que, si ese envidioso llegara a tener un ascenso mañana y llegara a ser jefe, entonces se sentiría orgulloso de sí mismo.

Por ello decíamos en *"El Mapa de la Autoestima"* al respecto:

"Envidiamos aquellas cosas que, si las tuviéramos, nos pondrían orgullosos. Todo envidioso es un orgulloso que no logró tener aquello que le daría orgullo y que, para su disgusto, lo descubre en otra persona"

Si vinculamos la Envidia a la contemplación de la hazaña ajena, y la hazaña al Orgullo, entonces estamos vinculando la Envidia al Orgullo.

Como antecedente de esta mirada, podemos citar a San Agustín de Hipona quien vinculaba la Envidia a la Soberbia.

"Donde domina la Soberbia, pronto surge la rivalidad, porque la soberbia es la madre de la envidia" San Agustín

"El primer retoño del orgullo es la vanagloria que, al corromper la mente, engendra a la envidia " San Agustín

Le llamamos "hazañas" a las circunstancias, méritos, posesiones, éxitos... que producen sentimiento de orgullo y prestigio social. Decimos que sólo se envidian las hazañas, observando una realidad que guarda cierta vinculación con lo que sostenía la filosofía cristina que ha observado esta emoción, a la que considera un grave pecado.

En efecto, dentro de la filosofía cristiana se le ha prestado mucha atención a la Envidia. A veces las reflexiones que realizan los filósofos, más allá del costado religioso, son muy interesantes en cuanto a su agudeza psicológica, y tienen mucha coherencia con lo que venimos observando desde M.A. (Mapa de la Autoestima). Dentro de la filosofía cristiana está muy observada esta vinculación entre la envidia y el orgullo.

"El hecho de que la Envidia que es un pecado capital, surge del orgullo, no prueba que este último sea un pecado capital, sino que la envidia es aún más grave que los pecados capitales en sí mismos" Santo Tomas de Aquino.

En efecto, el tema crucial de la Envidia es que las hazañas ajenas pueden desmerecer al orgulloso que queda visto, por comparación, en un plano de inferioridad.

La Envidia se produce cuando la hazaña ajena, de alguna forma, nos afecta la vanidad propia, e incluso amenaza el prestigio social. Puede verse siempre que se trata de una persona con quien tendemos a compararnos para establecer nuestro valor.

Cuando nos comparamos con el otro hacemos un cuadro sinóptico mental con dos columnas: en una columna las hazañas del otro, y en otra columna las nuestras... resulta que salimos perdiendo y nuestro orgullo o vanidad se resiente. Es ahí cuando nos sentimos inferiores y sufrimos y ese sufrimiento es la Envidia.

Citas extraídas de:

"La tragedia de la envidia" Jorge Kahwagi Macari. 2013.

12.2 Alteración de la percepción de la realidad. El síndrome del envidioso.

" Cuanto más se eleva un hombre, más pequeño les parece a los que no saben volar". Friederich Nietzsche

¿Cuál es el principal efecto del sentimiento de Envidia? El deseo de despreciar, devaluar, al envidiado. Se intenta quitarle condición de hazaña a sus hazañas.

Al devaluar al envidiado, el envidioso logra dejar de sufrir la envidia, y por eso trata de argumentar, pensar, y denostar la hazaña del otro para tratar de quitarle brillo. A medida que le quita esplendor, disminuye su sufrimiento.

Es decir: contrariamente a lo que el sentido común indica, el principal efecto de la Envidia no es "Destruir", sino "Despreciar".

A veces, para poder despreciar, necesitamos destruir, pero, en la mayoría de los casos, nos puede bastar con quitarles méritos, con criticar a esa persona, devaluarla, encontrar excusas intelectuales para quitarle valor a su logro o éxito.

Entre las excusas mayores para poder denostar es el clásico "No lo merece". Se trata de una argumentación de raíz moralista: no merece el éxito ya que no se ha esforzado lo suficiente, o no es una buena persona. A través del moralismo, conseguimos sacarle brillo a la hazaña ajena. El moralismo es una fuente de buenos argumentos para tratar de hacer lo que necesitamos hacer: despreciar...para dejar de sufrir.

Por ello, la envidia suele producir un pequeño síndrome que podemos llamar "síndrome del envidioso". Primero, se caracteriza por la presencia de envidia, y como envidia que es, se trata de un gran sufrimiento. Luego, el envidioso intenta quitarle valor a su envidiado, intenta devaluar, subestimar, y quitarle brillo a sus hazañas.

A medida que logra despreciarlas, disminuye su sufrimiento y, por eso, para dejar de sufrir, logra ver a su envidiado "peor" de lo que en verdad es. Por esta razón se altera la percepción de la realidad.

Cuando el envidioso logra ver a su envidiado "peor" de lo que "en verdad es"... su orgullo queda a salvo, y de ahí que subestimar y mentirse a sí mismo respecto del mérito ajeno es la forma de dejar de sufrir el dolor.

Pero la hazaña ajena no sólo amenaza el orgullo del envidioso, sino que también, como toda hazaña, afecta el prestigio social. Por ello, el envidioso no solamente suele mentirse a sí mismo para ver a su envidiado "peor" de lo que "en verdad es" (despreciar, ningunear, subestimar), sino que también se pone en campaña para desprestigiar a su envidiado (Criticar, difamar, calumniar) y que todos lo vean "peor" de lo que "en verdad es". Si estas críticas, calumnias, y mentiras que dice el envidioso son eficaces, entonces logra que todos vean al envidiado "peor" de lo que "en verdad es", y, de esa manera, el prestigio social del envidioso deja de verse amenazado por esta comparación.

Finalmente, quien padece el síndrome del envidioso, le cuesta reconocer que siente envidia, porque, si lo reconoce, entonces está advirtiendo el valor de su envidiado y reconocer su valor es lo último que quiere hacer. Todos alrededor del envidioso se dan cuenta de que su conducta está movida por la envidia, pero el envidioso no. Jamás podría reconocer su envidia porque eso es homenajear a su envidiado, y él intenta justamente despreciarlo y ningunearlo.

 Claro que si es estudioso de estas emociones, si conoce por ejemplo el M.A. y se estudia a sí mismo, puede entonces advertir su propia envidia, y desactivar este "síndrome de envidioso", aprendiendo a gestionar mejor este sentimiento.

El envidioso se auto-engaña, y disfraza su conducta con otra excusa, como por ejemplo, la "indignación moralista".

Además, la mayoría de las personas no reconocen ni asumen que tienen envidia, porque este sentimiento, es, a su vez, una anti-hazaña.

12.3. Experimento casero. Cómo reconocer a quien te tiene envidia.

Dijimos que "*solamente se envidian las hazañas*".

Por ende, si quieres saber qué te envidian, trata de observar de qué te sientes orgulloso, de qué disfrutas presumir o pavonear, de qué habilidades, circunstancias, etc. (si eres humilde quizá no pavoneas, pero igual puedes saber cuáles son tus principales hazañas con introspección).

Vas a comprobar que siempre aparece alguien, alrededor tuyo, interesado en devaluar o subestimar eso mismo que te da orgullo... ahí descubriste al envidioso.

La "auto-observación" sincera, la expansión de la propia consciencia, también ayuda a la observación del otro. Aprendiendo a reconocer qué cosas te permiten sentir orgullo, puedes aprender a reconocer qué te puede provocar la envidia ajena.

Aplicación práctica: Si una persona te intenta devaluar constantemente, intenta devaluar lo que haces, intenta devaluar tus logros, y ello parece inexplicable, seguramente sea envidia, porque una de las manifestaciones más características de la envidia es el deseo de devaluar y desdeñar.

12.4. Envidiosos de futuro.
Envidia al soñador.

Una facultad muy importante del ser humano es la imaginación, porque la Imaginación nos permite soñar, o fabricar escenarios futuros como si fueran reales.

Habrás notado que, cuando sueñas hazañas, cuando sueñas que lograrás proyectos, o metas, o cuestiones que te darán orgullo, entonces la imaginación te lo muestra tan real que disfrutas el placer del orgullo de esa hazaña, aún sin realizarse.

Esto es una característica de los soñadores. El soñador sueña hazañas futuras, a veces grandiosas. Con el sólo hecho de soñarlas disfruta, como un pago por adelantado, parte del orgullo que provoca el haberlas realizado. Y de entre los soñadores, el Líder es un soñador muy especial: no solamente sueña una hazaña futura, sino que la trasmite de tal manera y con tanta convicción y con tanta generosidad que les permite a otros también soñarla como propia, siendo que los "seguidores" también sueñan, porque también cobran orgullo, en razón de que el Líder les atribuye parte del mérito de la hazaña a realizarse.

Pero estas hazañas futuras, al verse reales, así como provocan Orgullo en quien las sueña propias, pueden provocar Envidia en quien las teme ajenas. Este tipo de envidioso ya siente una envidia no lo por la hazaña actual, sino por la probable hazaña futura. Entonces trata de disuadir al soñador, intenta ningunearlo con ironías, y subestimarlo, de manera tal de manipularlo e impedirle que logre su sueño: debido a que, en lo profundo, teme que la hazaña se haga real. Aparece como un mal consejero que con ironías, críticas, y malos consejos intenta disuadir al soñador.

Esto es lo que llamamos la envidia futura. Se envidia a soñadores por las dudas que sus sueños se concreten. Se teme que sus sueños se concreten.

Además de intentar disuadir al soñador, tratando de manipularlo para que deje de luchar por concretar su sueño - por ejemplo con un discurso irónico, despectivo, o con malos consejos-, el envidioso de futuro puede tratar de devaluar la hazaña futura.

Como recién dijimos en 11.4, la característica distintiva de la envidia es el intentar subestimar la hazaña, despreciarla, quitarle valor de hazaña, devaluarla.

Y en 4.5 habíamos advertido que *"La dificultad, es un rasgo asociado a las hazañas"*. La dificultad potencia las hazañas. Por ello, los envidiosos de futuro, a veces, tratan de denigrar la hazaña futura sosteniendo que es muy fácil de alcanzar, intentando subrayar que es sencilla y que cualquiera puede lograrla. Si el soñador la alcanza, ellos tendrán entonces menos envidia por ser una hazaña menos importante al no tener "dificultad". Así como en 4.5 dijimos que la dificultad potencia a la hazaña, sucede que para denigrar o devaluar la hazaña -comportamiento característico de la envidia- se intenta quitarle dificultad, y señalarla como "fácil", de modo de conseguir devaluarla.

En conclusión: así como los soñadores disfrutan en el orgullo el placer de imaginar sus sueños realizados, algunos envidiosos sufren por esa posibilidad y se esmeran por manipular y sabotear al soñador para que nunca pueda alcanzar su meta.

"La sociedad perdona a veces al criminal, pero no perdona nunca al soñador." Oscar Wilde.

12.5. Envidia de satisfacción. Schadenfreude.

"La desdicha no se perdona en los que durante mucho tiempo fueron dignos de envidia; su derrota nos venga y nos halaga implacablemente." Anatole France.

Existe otra Envidia que podemos llamar la *Envidia de Satisfacción.*

Consiste en el placer o deleite por la contemplación de la anti-hazaña del otro.

En el infierno de Dante se le cosió los ojos a los envidiosos porque disfrutaron al ver a otros caer. Aquí estamos con lo que se refiere la palabra en alemán Schadenfreude, y que designa la alegría propia experimentada por el sufrimiento del otro.

Hablamos de un morbo por disfrutar los fracasos y errores ajenos. Pero sobre todo aparece con los errores, con las imperfecciones, los fracasos y las malas decisiones ajenas...Si la Envidia común sólo se apunta a las hazañas, la Envidia de Satisfacción se apunta a las anti-hazañas.

Se puede ver esta Envidia de Satisfacción en el morbo que sienten los chismosos y criticones cuando despedazan a un ausente. Cuanto más critican, más disfrutan todos. Cuanto peores son los chismes que destruyen su honra, más se regodean, porque dicen "este... es más infeliz que nosotros", y la desgracia ajena, es lo que les calma el dolor de sus fracasos personales.

La envidia de satisfacción también suele estar muy presente en el bullyng escolar, o acoso escolar. En esas edades, la hazaña del éxito social es una de las más importantes de todas, porque no hay hazañas de vida. Así que la belleza, apariencia y postura, la ropa, y el éxito social suelen ser hazañas muy importantes. Por eso, con el fracaso social de otro, eso se siente con satisfacción, al ver a otra persona con una anti-hazaña muy importante.

Mientras el acosador humilla, denigra y desprestigia a la víctima, los observadores ven con deleite el espectáculo. Es el placer que sienten al ver a otro caer, y calmar sus dolores, inseguridades, o frustraciones personales, con el consuelo de ver a otra persona en peor situación. La anti-hazaña del otro se disfruta por Envidia de Satisfacción, ver otro "inferior" para no sentirse todos tan mal: un fracaso resonante de otra persona, es un consuelo para las mediocridades propias.

También este deleite por las vergüenzas ajenas, explica el interés de las noticias morbosas, y el éxito que tienen las noticias de desastres. Como dice la canción de 2 minutos *"Voy chusmeando, voy chusmeando... La programación, la programación... Solo veo, solo veo... Muerte y destrucción, muerte y destrucción"*

Programas de televisión donde se exhiben personas exageradamente gordas, y atraen ese morbo de verlas, y el televidente se siente menos mal por sus errores estéticos personales, por sus imperfecciones personales.

Y también se ve la Envidia de Satisfacción en esa conocida frase de Ignacio Larrañaga *"Los que sufren, hacen sufrir. Los fracasados, necesitan ver a otros fracasar"*.

Es decir, calmarse del dolor por la propia anti-hazaña, al ver la anti-hazaña en el otro. Si bien no se puede generalizar así y menos hablar de "los fracasados" (es una identidad estereotipada, definir a una persona por la anti-hazaña del fracaso... que es una anti-hazaña circunstancial, un caso de "fusión" con una anti-hazaña), es también esta sentencia una denuncia de lo que es la Envidia de Satisfacción: usar la anti-hazaña ajena como bálsamo para los propios dolores.

Si la Envidia común es un sentimiento mal visto (es anti-hazaña) y pocos admiten ser envidiosos, esta Envidia de Satisfacción, ya es muchísimo más vergonzosa, y ya nadie admite que existe un sentimiento de estas características.

No podemos generalizar y decir que todas las personas experimentan este tipo de sentimiento morboso en igual graduación. La Envidia de Satisfacción se ve en personas más perfeccionistas y competitivas. Son personas que parece que tuvieran un radar para encontrar siempre la parte de tu vida que está mal. Suelen ser interrogadores, porque preguntan siempre sobre el error, y les interesa hablar de eso... el error ajeno es lo que le calma las mediocridades propias.

"Cualquiera puede simpatizar con las penas de un amigo, simpatizar con sus éxitos requiere una naturaleza delicadísima." Oscar Wilde.

12.6. La Admiración. Transformar la Envidia en Admiración.

"La admiración es una perversión de la mirada" Jorge Luis Borges.

Ahora vayamos a la Admiración.

La Admiración se da cuando hay algunos canales especiales que le permiten al admirador disfrutar la hazaña del admirado, porque, por las características del vínculo, la hazaña ajena también le sirve para aumentar su orgullo, y quizá su prestigio social. Por eso, para aumentar la satisfacción de la Admiración, el admirador tiende a sobre-estimar a su admirado, hasta finalmente idealizarlo. La Admiración es la base del amor romántico y lo veremos más adelante.

Tanto para darse la Envidia como para darse la Admiración, es muy importante un concepto que se expuso más arriba: posición en el *Mapa de la Autoestima*.

Por ejemplo, muchas veces una identidad estereotipada que se incrusta cerca de la posición en el Mapa de la Autoestima de una persona se convierte en una especie de objetivo, alcanzarla, ser eso. Pero, a veces, es una persona con hazañas la que por estar en determinada posición genera que la propia posición de orgullo, cause euforia, y, para aumentar ese orgullo, entonces, se dobla la percepción de la realidad, y finalmente se idealiza.

La Admiración es una potencia emocional muy importante porque causa suaves locuras que alteran la percepción de la realidad, y es determinante en el amor romántico, en la seducción, en el carisma de algunos líderes, entre muchas otras cosas.

Aplicación práctica: Si te tienen Envidia (te difaman, te desprecian, te devalúan tus éxitos), es porque tienes una hazaña o varias hazañas. Si tienes hazañas, entonces puedes utilizarlas para generar Admiración. La técnica para usar tus hazañas para generar Admiración, consiste en atribuírselas a las otras personas. Si tienes un mérito, y parte de ese mérito se lo atribuyes a otra persona –sea porque te dio consejos, porque esa persona te instruyó, sea porque compartes una característica en común (ejemplo una nacionalidad, una religión, una habilidad, cuanto más exclusiva mejor) y a esa característica le atribuyes el éxito-, entonces esa persona se elevará gracias a tu hazaña, se podrá sentir más orgullosa de sí misma, y, por ende, sentirá Admiración hacia ti. Con tal de maximizar ese orgullo por la hazaña que le has hecho sentir, esa persona te sobrevalorará, y quizá te endiosará.... y todo para sentir más orgullo de sí misma.

12.7 La admiración a los padres. Los héroes de la familia.

Los primeros ídolos de una persona suelen ser sus padres. Los padres tienen, a los ojos de un niño, grandes hazañas.

Saber caminar, manejar autos, hablar con muchas palabras, relacionarse con el mundo son, desde la mirada de un niño, grandes hazañas.

La admiración a los padres produce distintos efectos.

Por un lado, imitación: cuando los padres hacen algo, los hijos tratan de imitarlo, porque, cuanto más parecidos logran ser a quien admiran, entonces más logran valorarse a sí mismos. Por otro lado, dependencia: frente al admirador, necesitan amor, y aprobación, porque los ven como personas muy valiosas, y necesitan ser reconocidos, amados, y queridos por ellos. El amor de los padres, el reconocimiento, es "hazaña" para los hijos, y se jactan y se sienten orgullosos cuando advierten estos sentimientos. Finalmente, y a efecto de lo anterior, los celos, porque, como el amor es hazaña, cuando ven que ese amor -o reconocimiento- se apunta hacia otro hermano, se siente como si ese hermano los hubiera superado.

Entre el progenitor del mismo sexo, puede que esas hazañas produzcan más Envidia porque, por tener la misma posición en el M.A., necesita la mismas hazañas para sostener su orgullo y prestigio. Así, cuanto más crece el hijo, cambia de posición por la edad, y se iguala al progenitor del mismo sexo, y más crece la competencia entre ellos, que va dificultando la Admiración. En cambio, con quien es progenitor del sexo opuesto, por necesitar distintas hazañas para sostener su orgullo en el M.A., es mayor la Admiración que la Envidia, y eso puede generar una idealización mayor.

12.8 La adolescencia. La caída de los héroes.

Al estar la admiración a los padres sustentada en las hazañas de los padres, la misma cae en declive en la adolescencia. Si antes patear una pelota lejos era hazaña, el hijo ve que él mismo la puede patear más lejos. Entonces, el niño, para sentir que "creció", y que pasó de la etapa anterior, necesita demostrarse que ya no considera a sus padres sus héroes.

El hijo sabe que la dependencia al amor y aprobación de ellos era un síntoma de su admiración, y de su etapa anterior. Ahora, para probarse a sí mismo que ya no tiene esa dependencia, realiza intencionalmente acciones que sabe que serán reprobadas por los padres. Hacer todo aquello que cause disgusto a los padres puede ser hazaña, porque demuestra, en esta etapa, que ya superó la admiración que antes les tenía, debido a que es capaz de afrontar a intención su desaprobación. El hijo se necesita demostrar a sí mismo que ya no teme su desaprobación, que ya no teme su desprecio, porque, cuando eso lo demuestra, entonces sabe que creció.

Ahora bien: esta etapa de rebeldía que suele culminar en la desaparición de la admiración a los padres, cuando se los saca del panteón de los héroes, suele tener una excepción en aquellos hijos que tienen, como padre, a una persona con sobresalientes hazañas.

Los hijos de grandes celebridades, o de personas que han logrado triunfos excepcionales, suelen tener más dificultad para atravesar esta etapa, y, en muchos casos, suelen quedarse toda la vida en un estado de fascinación hacia su *progenitor-héroe*.

12.9 La admiración en adolescentes. El líder. El ídolo.

Pero, decíamos, y sin perjuicio de las excepciones mencionadas, en la mayoría de los casos la persona se rebela en la adolescencia cuando las hazañas de los padres pierden brillo y magia, y, para demostrar que ya dejó la niñez o etapa anterior, suelen tener un trato durísimo hacia los padres.

Es en esta época donde las hazañas de los padres caen en el abismo -al comprobar el hijo que son hazañas que él también puede realizar-, la Admiración que les profesaba, debe apuntarse hacia otros blancos, buscando nuevos héroes.

Es importante, al respecto, considerar que en la vida

adulta hay hazañas muy fuertes relacionadas con el destino que cada persona construyó. Son hazañas fuertes que se asientan en la trayectoria en la vida que cada persona debió seguir. Y, además, son hazañas muy variadas unas con otras, lo que permite destinos distintos.

No obstante, en la adolescencia, los adolescentes todos van llevando un destino muy parecido. Todavía no ejercen la libertad necesaria para construir su vida, ni han tomado decisiones trascendentes como elegir su estudio, su trabajo, etc.

Entonces la hazaña más importante suele ser el éxito social. Ello lleva a un fenómeno contagioso: si un adolescente es considerado como que tiene éxito social, despierta enseguida admiración en los otros adolescentes, al tener una hazaña tan importante, y esta admiración va multiplicando aún más la hazaña.

Donde trata de liberarse de la necesidad de aprobación de los padres, en el adolescente se hace más fuerte aún la necesidad de aprobación de sus compañeros, y esta aprobación aumenta cuando se trata de camaradas admirados. Así que, en estas circunstancias, es común que algunos adolescentes, que tienen hazañas importantes según el M.A.S. del grupo, se vuelven líderes: son referentes a donde los otros quieren mirarse.

El líder del grupo, por el hecho de serlo, recibe una gran admiración de todos los otros adolescentes, y esta admiración profundiza el liderazgo. Puede pasar que la misma dependencia y deseo de aprobación que el hijo tenía con los padres, ahora los apunte hacia este adolescente, "el líder", quien por tener hazañas tan valoradas, adquiere y recibe tanta admiración. A resultado de la admiración, al líder se lo imita, se lo copia, se lo busca intentando lograr su aprobación, y se realizan también comportamientos para tener su aceptación. Como vimos en 7.6, y 7.7., cuando una persona tiene un altísimo prestigio social dentro de un grupo, las otras personas se le acercan para poder aumentar su propio prestigio, por contagio. Y, además, si realmente lo admiran, entonces experimentan una creciente tendencia a necesitar de su afecto y de su amor, y a realizar conductas apuntadas a que se lograr su aprobación. Todos hacen morisquetas para lograr el amor y el respeto del líder.

Tanto el líder, como los valores de los grupos de adolescentes, el M.A.S. de estos grupos, ejercen una gran presión social para que el hijo realice determinadas conductas que le pueden dar esa aceptación, y reconocimiento que necesita.

Pero la admiración fuerte que tenía por los padres, es común que se traslade y se experimente hacia el ídolo. Puede ser un rockero, un deportista, un artista. El ídolo no es un par, sino es una persona de una edad posterior que logró impresionantes hazañas, y que se lo usa como referente.

Cuando el adolescente "sueña" con mirarse a sí mismo en el espejo del ídolo, puede experimentar parte del orgullo que le confieren las hazañas de su ídolo. Se arman grupos de pertenencia que se vinculan con ídolos. Pertenecer a esos grupos, a esas culturas, es una forma de recibir parte del orgullo y el prestigio que dan las hazañas del ídolo.

A su vez es común la aparición de Amores Platónicos. Se caracterizan por una fuerte idealización, y el sueño de ser amados por esa figura tan idealizada. No obstante, al tener una idealización tan grande, una admiración tan fuerte, se experimenta un miedo fuertísimo al desprecio de esa persona idolatrada, y eso provoca una gran inseguridad, un gran temor, que impide el acercamiento.

12.10 Amor Romántico.

" *Siempre hay un poco de locura en el amor, pero siempre hay algo de razón en la locura*". Fiederich Nitzsche

"*El amor consiste en sobreestimar las diferencias entre una mujer y la otra*". Bernard Shaw.

Con el sentido común mucha gente, considera que el Amor Romántico disminuye la autoestima o sentimiento de sí de quien lo experimenta. No obstante, para el M.A. es una forma de Admiración, y por lo tanto, la aumenta.

La evidencia apoya esta última hipótesis contraria al sentido común. Veamos 1) el Amor Romántico produce euforia y frenesí, parecido a cuando se alcanza hazañas personales, mientras que la baja autoestima aparece en depresión y pasividad 2) Helen Fisher (2004) investigó el cerebro de personas enamoradas, y advirtió que el Amor Romántico produce un aumento de dopamina, y un efecto químico cerebral muy parecido al de una pequeña dosis de "cocaína".

Esto es importante porque la cocaína se la conoce como la "ego-droga", pues el impacto inicial de su consumo es euforia y suba abrupta y pasajera de la autoestima. Es decir: el amor romántico genera una euforia similar a la que se tiene cuando se alcanza una gran hazaña personal.

Lo importante es que tanto la envidia como la admiración alteran muy frecuentemente, y de forma suave, -sin que nadie se alarme- la percepción de la realidad.

Y esto debe servir también para considerar el potencial de las fuerzas emocionales que se estudian desde el M.A. para alterar la percepción de la realidad en la vida cotidiana, en episodios que pasan desapercibidos, y en todas las personas consideradas "sanas".

Por eso diremos que el Amor Romántico es una de las formas de la Admiración, y es una suave locura, en tanto produce idealización. La seducción es el arte de enloquecer a una persona, en tanto logra desatar el Amor Romántico.

Es importante, en este proceso, la ausencia. Porque en la ausencia trabaja la imaginación, y el enamorado se da cuenta de su situación, cuando empieza a extrañar demasiado. Para idealizar debe trabajar la imaginación, y por eso, en la ausencia, recortando pedazos de recuerdos, a través de la fuerza de la Admiración, con los dibujos y añadidos de la fantasía, se puede desencadenar esta idealización.

Esta Admiración intensa que da ocasión al Amor Romántico puede desatarse por muchas causas. A veces, un hombre desprotegido e imperfecto le da a una mujer la oportunidad de ser la "enfermera" que lo salva o que lo ayuda a salir adelante: ella, al tener su hazaña, tiene entonces un motivo para idealizarlo y sobre-valorar las hazañas de él, admirarlo, porque tiene un hueco donde hacer brillar su propia hazaña. Otras veces puede ser que admiramos hasta amar, a quien tiene la hazaña que nos falta para sentirnos completos, como sugiere Freud en esta reflexión:

"Aun en muchas formas de la elección amorosa, salta a la vista que el objeto sirve para sustituir un ideal del yo propio, no alcanzado. Se ama en virtud de perfecciones a que se ha aspirado para el yo propio, y que ahora a uno le gustaría procurarse, para satisfacer su narcisismo, por este rodeo" Sigmund Freud.

Existen muchas posibilidades y juega un papel crucial la posición en el M.A., porque de ello depende en mucho la Envidia o la Admiración, así como los juegos de la emoción. Cuando Admiramos, la emoción hacia nosotros de la otra persona es hazaña, y por eso, en la seducción, suele existir un lenguaje ambiguo respecto de la emoción: el seducido no sabe si realmente está, pero se interesa por lograrla, por lograr despertar la emoción en el otro, y, con ese interés por la emoción ajena, el juego empieza. A veces este juego conduce a la suave locura del Amor Romántico, una de las admiraciones más fuertes de todas, que genera una sed fuertísima por la emoción ajena, incluso hasta el dolor más vibrante. Sin embargo, es muy arriesgado pretender fórmulas universales, porque en la particularidad de la posición en el M.A..P de cada uno, e incluso en las diferencias de M.A.P. que hay de persona a persona, ya hay mucha distancia. Además de que da infinitas curvas y hay infinitas posibilidades en este terreno - por ejemplo, a veces, algunas personas saben utilizar sus propias anti-hazañas para seducir.-

Referencias:

"Psicología de masas y análisis del yo". Sigmund Freud. 1921.

"Why We Love: The Nature and Chemistry of Romantic Love". Helen Fisher. 2004.

12.11. Amor Romántico. Crítica a los libros de autoayuda.

El Amor Romántico es una de las formas de la admiración.

Hay mucha literatura de autoayuda que reniega contra estas idealizaciones que el A.R. produce. Pero, antes que criticarlo, es mejor aceptarlo, y observarlo.

Entendiendo el Amor Romántico como una forma de Admiración, se entiende que 1) las hazañas del amado producen respeto 2) hay un mecanismo especial que lleva a que sobredimensionar esas hazañas pueda aumentar el propio orgullo o satisfacción personal. 3) a resultas de ello, se idealiza.

Por ello, cuando se habla de "Dependencia" como si fuera algo malo, hay que observar que la dependencia emocional es intrínseca a todo este proceso. Ya vimos arriba, y en muchas partes (por ejemplo 7.6, 7.7, el amor de los prestigiosos como hazaña, 11.6, la dependencia con los padres), que, cuando se idealiza a una persona, crece más intensamente la necesidad de ser aceptados y queridos por esa persona.

Lo interesante es aceptar esta situación de dependencia -de necesitar el amor del otro, de necesitar su aprobación y respeto- y ver, luego de tomar serena conciencia sobre ello.

De eso se trata el M.A.: no es para "implantar" sentimientos correctos, no es para censurar sentimientos inconvenientes, sino para aceptar los sentimientos que tenemos tal como son, para aprender a observarlos con serenidad, y luego ver de qué manera se los puede gestionar mejor.

En este sentido, la postura del M.A., que se diferencia de esos libros de autoayuda, es compatible con las técnicas de la Terapia de Aceptación y Compromiso: técnicas que apuntan a aprender a observar nuestros sentimientos y pensamientos, intentar comenzar a verlos desde afuera como "pensamientos" nuestros y no como verdades, y luego poder aceptarlos, y ver cómo redirigir nuestra conducta hacia nuestros valores, para construir la vida que queremos construir.

Respecto del Amor Romántico, criticamos esta postura que tiende a considerar "inmaduro" o "insano" el idealizar y el amar, y propiciamos una aceptación incondicional de estos sentimientos, para luego ver de qué manera se pueden gestionar mejor.

Dependencia emocional no es dependencia de conducta, porque cada persona puede observar sus emociones, aceptarlas, y luego desobedecerles.

Por ejemplo: a veces la dependencia hacia quien amamos, nos puede anclar en una relación que nos hace daño. En ese caso, el intentar negar nuestro sentimiento, el intentar no extrañar a quien amamos, el achacarnos como si fueran "enfermos" esos sentimientos, conduce a que crezca todo ello dentro nuestro. Mejor es aceptar la dependencia emocional - resultado típico y natural de la idealización- y luego decidir gestionar esos sentimientos, realizando conductas que se adecúen al modo de vida que más queremos para respetarnos a nosotros mismos.

12.12. El comportamiento del admirador. Cómo reconocer al admirador.

El admirador, lo es tal, porque las hazañas ajenas le sirven para aumentar su propio orgullo, en razón de un vínculo especial. Un tipo de vínculo puede ser la identificación, cuando el admirador ve en su ídolo algo particular suyo, asume que son suyas las hazañas del ídolo por identificación, y de esta manera, las disfruta en el orgullo. También en los deportes los hinchas suelen disfrutar las hazañas de los deportistas de su equipo, porque como es "su" equipo o pertenencia, les llega parte del mérito de esas hazañas, y eso les permite disfrutarlas más.

En el comportamiento del admirador ya dijimos que hay: 1) aumento de la dependencia (se depende del reconocimiento, y aprobación del admirado, y se teme su rechazo o desprecio) 2) idealización (se sobrevalora al ídolo, porque como su valor da satisfacción en el orgullo, se lo sobrevalora para aumentar esta satisfacción) 3) deseo de hablar del ídolo, ya que el admirador es común que disfrute de un entusiasmo de hablar de quien admira y de sus hazañas 4) imitación, en general en todas las personas hay imitación, pero, cuando se admira, esa tendencia se potencia muchísimo más.

Además de todo esto, hay un tipo de hazañas del admirador. Cuando se admira mucho a una persona, resulta que es hazaña sacrificarse por esa admiración, o demostrar que esa admiración y ese amor es mucho más fuerte. Es hazaña demostrar que se ama más que nadie al admirado, y de ahí que puede ser hazaña un tatuaje, puede ser hazaña el demostrar agitadamente ese sentimiento.

En este sentido, se recuerda el poema de Gustavo Adolfo Bequer que termina "*Como yo te he querido... desengáñate... ¡así no te querrán!*",-

Siempre pienso en el verso de Becquer, "*como yo te he querido... desengáñate.... ¡asi no te querran!*". La intriga es.... ¿De qué sirve ganar la imaginaria carrera de los enamorados que aman y salir primero? ¿Es una manera de estar con ella así, como un rol eterno, quien mas la amó?

O tal vez, es una secreta y sofisticada venganza. Tu me abandonas, pero mi venganza será condenarte a un terrible destino "no habrás estado entonces con quien más te amó". Es una venganza débil y metafísica, pero quizá es lo único que se puede hacer para castigarla por tanto.

Y también es un consuelo: aunque no me quieras te equivocarás, porque nadie, nadie, te podrá querer tanto como te quiero yo.

Muchas veces, quien es abandonado cae en esta lógica.

Entonces, la lógica parece decir " ¿Así que me abandonas? Pues bien, mi secreta venganza será que nadie, nadie, nadie, te querrá tanto como te quiero yo". Se entra en una disputa de medición del propio sentimiento (de devoción) con el sentimiento de todos los demás rivales (que sería devoción inferior) y, en esa carrera, se cae en una especie de lógica del mártir. Por eso, se advierte que el propio sentimiento de amor parece ser una hazaña en tanto que da orgullo y ganas de presumir, así como una especie de competencia "Más alto e incondicional es tu amor, pues tanto más vales"

Se ve el comportamiento en enamorados abandonados y también en grupos, cuando hay un líder carismático. Los individuos del grupo que son destratados o humillados por el líder, se sienten heridos. Pero entonces solo quieren demostrar que aman mucho más al líder, de lo que lo aman los otros seguidores. El propio sentimiento del amor se convierte en una hazaña, en un trofeo, en una imaginaria competencia.

Un caso extremo de este martirio del admirador puede verse tras la muerte de Marilyn Monroe en 1962. Se documentaron suicidios de fanáticos que, en un acto desesperado y silencioso, parecían querer demostrar –aunque nadie lo presenciara– que nadie la amaba tanto como ellos. Ese gesto, irracional y extremo, es la cristalización de la lógica que ya vimos: el amor mismo se convierte en una hazaña, en un trofeo invisible. Igual que en los versos de Bécquer ('*Como yo te he querido... desengáñate... ¡así no te querrán!*'), estos admiradores parecían buscar el consuelo secreto de imaginar que ni siquiera la muerte de la estrella borraría su primacía afectiva; ellos serían, para siempre, los que más la amaron.

El amor se vuelve un acto competitivo, y el sacrificio final –el suicidio– se transforma en la mayor de las pruebas de devoción.

Los admiradores presentan estos mismos parámetros en el amor romántico, en la lógica de los ídolos de masas, entre muchos otros.

El brillo y el valor del ídolo es tan alto, que llega a ser un lugar valioso el convertirse en un "verdadero admirador" suyo. Entonces la existencia de estas hazañas se demuestra en que los fanáticos literalmente presumen, se jactan, fanfarronean, de todo lo que ellos hacen para demostrar que son verdaderos fanáticos. En el caso del enamorado esto se ve en amenazas de suicidio, o en "no rendirse jamás", el orgullo de "no rendirse" después de que el objeto de amor ha rechazado varias veces.

Dentro de los grupos de adolescentes fanáticos de un grupo de música o de un deportista, estas hazañas se ven en que ir a "todos" los recitales es hazaña porque demuestra más sacrificio y más admiración. Hacerse tatuajes y comprarse todas las remeras es hazaña. A menudo experimentan con desagrado la masificación del ídolo, porque ellos quieren ser un circuito cerrado y selecto de "verdaderos" admiradores, y pretenden darle exclusividad y dificultad a su hazaña, negándole la calidad de "verdaderos fanáticos" a los nuevos que llegan con la masificación del ídolo.

12.13. Admiración patrón masculino, y Admiración patrón femenino.

Como veremos más adelante, en el M.A.S. machista que tenemos, residuo de culturas donde los hombres eran los que lograban el poder, todavía queda el resabio de que los hombres son los que logran las grandes hazañas, y la hazaña de las mujeres es ser "amadas" por un hombre de prestigio.

Es decir: una mujer, en el M.A.S. tradicional y machista, se vindica y se eleva socialmente al tener la hazaña de ser amada por un hombre de alto valor en la sociedad. Cuando un hombre de alta jerarquía se enamora, ama y quiere a una mujer, entonces esa misma mujer ve elevar su prestigio social por sobre todas las otras, y es el amor de ese hombre lo que la eleva. Es el amor hacia ella del hombre prestigio la copa, el trofeo, lo que la eleva socialmente y le da el prestigio social, por contagio del prestigio social del hombre que ama.

A resultado de esto, resulta que los grandes ídolos adolescentes siguen siendo, en su mayoría, de sexo masculino.

Estos hombres admirados e idolatrados reciben la admiración patrón masculino, que es una admiración por identificación, y la admiración patrón femenino, que es una admiración por imaginar el amor.

Los adolescentes hombres sueñan con ser el ídolo, sueñan con un día ser iguales, sueñan con ser parecidos, y, al vivir en esa fantasía de "ser" el ídolo, aunque saben que es una fantasía, de todas maneras reciben, gracias a ella, parte del resplandor del mérito de las hazañas del ídolo. Las adolescentes mujeres que idolatran, en cambio, eligen a un hombre con hazañas, pero ellas sueñan con ser amadas por ese hombre platónico. Así como los chicos saben que no son el ídolo pero sueñan con serlo, ellas saben que no son consideradas, pero, en la intimidad, pueden creerlo... pueden jugar a creer que un día serán amadas o que son amadas y correspondidas por ese ídolo, esa persona llena de hazañas y de prestigio social que las elevará.

La fanática disfruta de una fantasía de complicidad y de intimidad, al ser "su" ídolo, soñando también que nadie lo querrá tanto como ella lo quiere. Es el vínculo del amor el que permite que ella se eleve con las hazañas y el prestigio del ídolo. En un recital, cuando aparece el ídolo en el escenario, es común que las masas de fanáticas griten enardecidas, pero para ellas gritar es expresar el amor y el deseo. Cuanto más lo aman, más "verdaderas fanáticas" son, y, por lo tanto, más merecen elevarse con el prestigio del ídolo. Porque más vinculadas a él están por estos lazos de amor.

Esto de "patrón masculino" y "patrón femenino" no es

biológico, sino cultural, y por eso, puede estar perfectamente superpuesto y mezclado. Además, el M.A.S., consecuencia de la llegada de las mujeres a lugares de poder, está cambiando, y aparecen, sí, como no, las nuevas ídolas mujeres. También existieron, desde siempre, los fanáticos de mujeres con hazañas, como los fanáticos de Maryln: hombres que, más allá de lo sexual, disfrutan de pavonearse y de presumir cierta relación de amor platónico con la ídola, y gracias a ello, es como si les llegara parte del mérito de su belleza, de su elegancia, de su seducción, de su leyenda.

En la admiración patrón femenino es interesante destacar las dos características que suelen tener estos ídolos. Por un lado, deben tener hazañas (por ejemplo, ser lindos, ser famosos, cantar bien, ser idolatrados, bailar bien, ser exitosos, ser millonarios, etc.), y, por el otro, deben expresar el amor. Siendo que es el amor del ídolo hacia la fanática, el amor lo que la elevará a ella socialmente, resulta que es más común que produzcan estos fanatismos los ídolos que expresan el amor. Puede ser el tradicional cantante que canta sus canciones de amor, donde expresa un intenso sentimiento de amor, o pueden ser también galanes de cine que participan en historia de amor, donde ellos expresan este sentimiento. A través de este sentimiento es que la fanática podrá recibir parte del mérito de las hazañas, y entonces es esto lo que forzará y permitirá que ella tenga interés en doblar la percepción de la realidad y comenzar a idealizarlo como a un dios.

12.14. Admiración. Amor Romántico. Tácticas para generar admiración y seducción.

En el libro *"La mujer de tus sueños. Instrucciones para enamorarla"*, de Fabio Fusaro y Bobby Ventura, hablan de la consabida ventaja que tienen quienes tienen un buen coche, una buena posición económica, etc. etc. No obstante, tras ello, dicen algo muy interesante a su lector: si no tiene bienes económicos, de todas maneras puede tener "proyectos". Y eso es muy importante, el tener "proyectos" a futuro.

Respaldaremos, desde el M.A., teóricamente, este consejo, e iremos más lejos, con otros añadidos.

El "proyecto" puede generar verdadera admiración, sobre todo si viene con el añadido de que "nadie cree en él". Entonces, esta "Mujer de tus Sueños" de la que hablan los autores, puede tener una hazaña muy atractiva: ser la única que creyó en él cuando nadie creía. Luego, años después, si el proyecto se realiza, y aparecen las grandes hazañas que antes se soñaban, ella recibe parte del mérito porque fue la única que creía en él, y quien lo apoyó a salir adelante, mientras que los demás lo desalentaban.

Por eso, al consejo de estos autores, añadiremos, como táctica, perfeccionar y lustrar la hazaña que se le ofrece a la potencial admiradora: no solamente hay un proyecto con grandes hazañas, sino que, además, se añade que nadie cree en él, pero él si cree que podrá realizarlo. La hazaña cobra más fuerza porque es una diferencia con respecto a las otras personas que no creyeron, y le permite a ella destacarse.

Dijimos aquí arriba (11.4), que existen los envidiosos de futuro, que son aquellos que envidian al soñador: la posibilidad de que la hazaña soñada se haga real, la posibilidad de que cumpla su sueño, los atormenta. Pero también existen admiradores de futuro, y este es el caso de "los proyectos" grandiosos en que cree el seductor, y nadie cree en él. Hay Admiración, porque la hazaña soñada se le presenta a la admiradora de tal manera que, si llega a realizarse, a ella le llega parte del mérito.

Respecto de la Admiración, habrás notado que se acrecienta en los equipos. Cuando hay juegos donde varios equipos concursan, los integrantes del equipo se sienten orgullosos de tener dentro de su mismo color a un participante muy valioso, que les puede servir para vencer a los otros equipos. Es esta complicidad en la lucha por las hazañas, en la competencia por ver quién es más valioso entre varios equipos, lo que permite que las hazañas de un jugador sean disfrutadas con orgullo por quienes forman parte de su mismo equipo. Por eso, diremos que la Admiración crece en la complicidad, y cuando se trata de lucha por el prestigio social y de bandos.

Este concepto teórico también se aplica de forma práctica en el terreno de la seducción. Y aquí nos vamos al tema de crear complicidad, o "nosotros contra el mundo". Se intenta buscar chistes en común, códigos en común. Mario Luna, en la fase de confort de la Seducción, acentúa la importancia de generar complicidad, y de buscar códigos en común, palabras en común, chistes en común.

Coincidimos en ello porque, este tipo de mensaje, de complicidad inducida, es la que facilita la aparición de la Admiración, y esa Admiración puede, si se desata de forma fuerte, contribuir a generar el Amor Romántico.

Por otra parte, debemos tener en cuenta que el Amor Romántico es una idealización, una adoración. Es parte de nosotros, como todas las civilizaciones y pueblos tuvieron dioses, mitos y héroes. Pero las leyendas crecen siempre detrás de una cortina de niebla. ¿Qué dios pudo crecer en la luz del día? Sobre la tierra de los misterios, nacen las leyendas, que genera la admiración. De ahí que la ambigüedad es importante, como lo es la ausencia. En la ausencia, trabaja la imaginación, y puede desatarse la Admiración. Pero no donde todo sea conocido y visible, sino detrás de una cortina de niebla: el misterio, la incertidumbre, la incerteza, y la ambigüedad son importantes.

Luego se ve que la posición en el M.A. es importante. Quien no está correctamente situado en su posición por género, suele sentirse vindicado al encontrar una persona del sexo opuesto que tampoco está ajustada a lo que se espera del género: de esa forma, al admirarla, se puede admirar a sí mismo.

Así podríamos seguir planificando técnicas desde el M.A., a partir del estudio de la Admiración, pero excedería el motivo de este trabajo.

Referencias:
"La mujer de tus sueños". Fabio Fusaro. Bobby Ventura. 2003.

"Sex code. El manual práctico de los maestros de la seducción". Mario Luna. 2007.

12.15. Amor Romántico. Las dos principales formas de la Admiración que origina el Amor Romántico y sus causas.

Admiración por anti-hazañas generando Amor Romántico.

Eso es interesante: los líderes saben usar sus propias anti-hazañas para seducir, y ocurre justamente también en el Amor Romántico.

La Admiración –siempre, siempre- es un sentimiento interesado. No admiramos al otro porque sí, sino porque –en algo, por algún canal- nos sirve para admirarnos a nosotros mismos y aumentar así nuestra propia vanidad.

En la Admiración romántica por anti-hazañas, el enamorado ve en su amada un defecto que resulta para él una misión. Las niñas desprotegidas le dan la oportunidad a un hombre de sentirse un héroe protector.

Ese mismo deseo de "proteger" al otro equivale a tener una misión en la vida de la otra persona, y soñar con que a esa persona se la puede "mejorar", o "completar". A cambio de este placer de vanidad, vale la pena entonces admirar, fantasear, y, finalmente, idealizar a ese objeto de amor que nosotros venimos a proteger.

En el libro *"Cómo cuidar y tener contento al esposo"*, la Dra. Laura Schlessinger, tras recopilar distintas entrevistas realizadas a hombres casados, resume distintos consejos que se les dan a las mujeres para mejorar su matrimonio. Entre estos consejos, se sostiene que los maridos requieren que sus esposas le demuestren que necesitan apoyarse en su fortaleza. Dice *"Lo que todo hombre desea, es una mujer que lo haga sentir fuerte y jefe de su hogar"*.

Aunque no comulgamos con estas generalizaciones "Lo que todo hombre necesita", sí es importante rescatar estas observaciones de la Dra. Schlessinger para verificar la vigencia que tiene este tipo de Admiración: la vulnerabilidad de la esposa es lo que le permite a muchos hombres sentirse fuertes y necesarios y, por ello, amarla.

Esta Admiración desencadenada por anti-hazañas no corre solamente con hombres que quieren ser fuertes, y por eso se enamoran de mujeres desprotegidas. También las mujeres caen en este embrujo.

Pensemos en mujeres que se enamoran de mujeriegos porque los quieren "corregir". Se enamoran de inmaduros, y los quieren hacer crecer. Se enamoran de adictos, alcohólicos y los quieren curar. Personas arruinadas, y ellas los quieren rescatar: ellas los ven despedazados y rotos en el presente, pero los imaginan radiantes y triunfadores en el futuro, cuando ellos tengan el agregado de su hazaña femenina de enfermera que los sacó adelante.

Al respecto, Robin Norwood nos dice que, después de llevar a cabo cientos de entrevistas con adictos y sus familias, hizo un descubrimiento sorprendente. Los pacientes a quienes entrevistaba se habían criado en el seno de familias con problemas, y a veces no, pero sus parejas casi siempre provenían de familias con problemas severos, en las cuales habían experimentado tensiones y sufrimientos mayores que los comunes. Sostiene la investigadora que estas mujeres, al luchar por salir adelante con sus compañeros adictos, quienes en el tratamiento son consideradas *"coalcohólicas"*, inconscientemente recreaban y revivían aspectos significativos de su niñez.

Norwood reflexiona: " *Comencé a entender la naturaleza del hecho de amar demasiado. Las historias personales de estas mujeres revelaban la necesidad de superioridad y sufrimiento que experimentaban en su papel de "salvadoras" y me ayudaron a comprender la profundidad de su adicción a un hombre que a su vez, era adicto a una sustancia".*

Ellas ven y sueñan el esplendor de su propia hazaña en el horizonte del futuro: haberlos sacado adelante, haberlos cambiado. Y esa hazaña personal de ellas mismas es la que, desde el futuro, las atrae y las hechiza. Por esa hazaña de ellas, por esa vanidad, es que resulta negocio idealizar al objeto de amor... cuanto más especial sea ese hombre, más vale la hazaña futura de la mujer enfermera que lo rescató.

"El hombre inestable, nos resulta excitante; el hombre que no es fiable, nos parece un desafío; el hombre imprevisible, romántico; el hombre inmaduro, encantador; el hombre mal humorado, misterioso. El hombre furioso necesita nuestra comprensión. El hombre desdichado necesita nuestro consuelo. El hombre inadecuado necesita nuestro aliento, y el hombre frío necesita nuestra calidez. Pero no podemos "arreglar" a un hombre que está bien como es, y si es amable y nos quiere, tampoco podemos sufrir. Lamentablemente, sino podemos amar demasiado a un hombre, por lo general no podemos amarlo" Robin Norwood.

Referencias:

"Como cuidar y tener contento al esposo" Dra. Laura Schlessinger. 2010.

"Las Mujeres que aman demasiado" Robin Norwood. 1986.

Admiración por hazañas generando Amor
  Romántico. El mito de la posesión.

Hay muchas formas a través de las cuales la hazaña de nuestra pareja nos sirve en el orgullo propio, y por eso tratamos de idealizarla.

El *Amor Trofeo* se siente como un canal que comparte el mérito. El razonamiento (inconsciente, desde luego) sería así: si una persona tiene muchas hazañas, y esa persona te ama....luego tú mereces elevarte con el mérito de esas hazañas.

En el Amor Romántico es muy común ser posesivos. Frases como "Soy tuyo" forman parte de la poesía clásica del amor. Entonces, al considerarte la propiedad de otra persona, esa persona puede experimentar como propias tus hazañas, y entonces le resultará negocio engrandecer esas hazañas y, finalmente, admirarte.

La Admiración es un sentimiento interesado y a través de esta fantasía de posesión es que las hazañas ajenas se pueden admirar en tanto se sienten "propias" gracias al vínculo de la posesión.

Admiración por hazañas generando Amor Romántico.

Más complejo es el tema de las diferencias entre Envidia y Admiración según la posición en El Mapa de la Autoestima. A veces, un hombre se enamora perdidamente de una mujer que tiene esa misma hazaña que le faltaba a él para sentirse un hombre de verdad. Y ello porque esa mujer es lo que le permite sentirse hombre pleno porque su sola existencia demuestra que él puede ser un hombre a pesar de no tener esa hazaña, ya que quien tiene esa hazaña es una mujer y por ende no es una hazaña necesariamente masculina.

Este tipo de enamoramiento es el que recepta la sabiduría popular cuando se habla de *"la media naranja"*. Casi todos los libros de psicología que tocan el tema critican "el mito de la media naranja", pero, en realidad, es un mito clásico y de alta recepción en la cultura popular porque describe de manera nítida este tipo de enamoramiento. Gracias al "Otro" que nos complementa y que tiene las hazañas que no tenemos (la media naranja), logramos fundirnos en uno solo (la naranja entera) y así sentirnos completos y lograr más orgullo por nosotros mismos. Por eso, la media naranja viene a ser aquella persona que necesita las hazañas que tenemos nosotros para sentirse orgullosa de sí misma y que tiene las que no tenemos: a través del vínculo romántico podemos fundirnos en uno y nuestro orgullo saldrá favorecido. De esa manera, la Admiración se desata porque tiene un saldo positivo para el orgullo propio.

Desde distintas formas, la hazaña en el otro puede generar una Admiración que genere un Amor Romántico, en la medida en que se ocasione un vínculo especial que permita usar esa hazaña para aumentar el orgullo propio.

"Se ama al que posee el mérito que falta al yo para alcanzar el ideal" Sigmund Freud.

Referencias:

"Introducción al narcisismo". Sigmund Freud. 1914.

12.16 Profesionales de la Admiración. Las grandes marcas. Marketing.

La Admiración, cuando es una fuerza sociológica, es tan fuerte que puede llegar a mover personas y movimientos. Por eso, existen un grupo de personas que se dedican a despertar la admiración ajena, siendo que su trabajo es hacerse admirar.

Agrupamos como estas personas a quienes por tener hazañas (pensemos en deportistas, mujeres muy lindas, etc.) son admirados. Y, como son admirados, las multitudes los imitan. Como todo esto lo conocen las grandes marcas, resulta entonces que los contratan para publicitar productos, y las masas van a comprar esos productos para poder parecerse a quienes admiran.

En este sentido, la investigación empírica ha constatado que, en las universidades norteamericanas, el football americano atrae a más estudiantes y logra que más estudiantes lleguen a completar sus estudios y recibirse (Segura & Willner, 2016).

La empresa que innovó en este marketing fue NIKE cuando, en 1984, contrató a Michael Jordan, y creo un nuevo tipo de zapatillas especialmente diseñadas para el deportista llamadas las "Air Jordan". Fue un éxito tan grande, que, a partir de entonces, tanto NIKE como otras marcas importantes, vieron la importancia de contratar "profesionales de la admiración " (personas que se hacen admirar por la fuerza de sus hazañas).

"No puedes explicar muchas cosas en 60 segundos. Pero cuando muestras a Michael Jordan, no tienes que hacerlo. Es así de sencillo" Phil Knight, Fundador de NIKE.

Referencias:

Segura, J., & Willner, J. (2016). The Game Is Good at the Top. Journal of Sports Economics.

12.17. Contra-admiración.
Odiar a quien se nos parece. La proyección del psiconálisis.

"Cuando odiamos a alguien, odiamos en su imagen algo que está dentro de nosotros". Herman Hesse.

Cuando algún rasgo nuestro, algún episodio, nos avergüenza (anti-hazaña), en algunos casos, no lo podemos soportar, y para hacerlo, lo reprimimos, y no lo aceptamos... frecuentemente si lo vemos en otra persona, nos produce bronca contra esa persona, deseo de diferenciarnos de ella.

Así como vimos a la Envidia de Satisfacción, como la otra cara de la Envidia, la Contra-admiración es el reverso de la Admiración. En las mismos tipos de vínculos donde la hazaña ajena produce orgullo propio, y tiende a generar Admiración, sucede que la anti-hazaña ajena trae vergüenza, y puede provocar este fenómeno que llamamos "Contra-admiración".

Veamos un ejemplo. En Admiración por identificación, nos sentimos orgullosos de ver una hazaña en quien sentimos que se nos parece, su hazaña nos da valor, en Contra-admiración por identificación... ¿qué sucede? Vemos una anti-hazaña en quien se nos parece, de alguna manera sospechamos que se nos parece, y nos avergonzamos, como si nos transportara vergüenza a nosotros....

En la Contra-admiración le tenemos bronca a esa persona, porque refleja algo que no queríamos ver, o nos quita orgullo, y para diferenciarnos, la podemos humillar.

En el Psicoanálisis freudiano se entiende por proyección el mecanismo de defensa en el que impulsos, sentimientos y deseos propios se atribuyen a otro objeto (persona, fenómeno o cosa externa).

Frecuentemente, los adeptos a la teoría psiconalítica ven como "*Proyección*" cada ocasión en que una persona critica mucho a otra, y resulta que las críticas describen mejor al criticador.

Vimos en 10.5 algunas coincidencias con la teoría freudiana en cuanto a la existencia de un inconsciente, donde se alojan contenidos que son intencionalmente alejados de la consciencia. Lo planteamos como poblado por "anti-hazañas", porque son eventos (deseos, recuerdos, defectos, características vergonzosas) que no se pueden aceptar porque, si se aceptan conscientemente y se asumen, sale perjudicado el placer del orgullo y se experimenta una desagradable sensación.

Entre la Contra-Admiración y la Proyección del Psicónálisis, hay una relación de género a especie, porque la Proyección es una de las formas de Contra-Admiración.

Los hinchas de un club, cuando ven a un jugador que juega extremadamente mal, o tiene una mala jugada, es como si les llegara parte de la vergüenza de la anti-hazaña, y, para rechazar ello, gritan, insultan, y tratan de humillar a dicho jugador. El de los hinchas avergonzados del jugador sería un ejemplo de Contra-Admiración que no guarda relación con el inconsciente ni con la proyección, pero hay otros casos, como los que describimos, en que la Contra-Admiración está relacionada con el inconsciente.

Como vimos en 10.5 las hazañas y anti-hazañas tienen

un efecto interno (en el orgullo), y otro efecto externo (en el prestigio social). Por ello, hay dos clases de mentira, que realizamos para proteger uno y otro. La mentira interna (auto-engaño), que da lugar a un continente de eventos que adrede alejamos de la consciencia (y que emparentamos con el inconsciente freudiano), y la mentira externa donde inflamos las hazañas que tenemos para tener más prestigio social, y escondemos nuestras anti-hazañas por miedo al rechazo.

Resulta que esta Contra-admiración por Identificación – que es idéntica a la Proyección- se da en los dos niveles, tanto a nivel interno como externo. A nivel interno, al ver en el otro una vergüenza que no deseamos reconocer en nosotros mismos, experimentamos un gran desagrado hacia esa persona, y tratamos de repudiarla para poder convencernos de que somos distintos, para poder "Desidentificarnos". Mientras que en la Admiración por Identificación, sentimos orgullo de ver hazañas en quien se nos parece, y nos esforzamos para parecernos más y más (reforzar esa identificación)... en la Contra-Admiración por Indentificación hacemos justamente lo inverso, y tratamos de distanciarnos, criticar, y diferenciarnos para, justamente, romper esa identificación, y la vergüenza que trae hacia nosotros.

Lo interesante es que esta Contra-admiración por Indentificación, se da en nivel interno y con raíces en el inconsciente y el auto-engaño (lo que no queremos ver de nosotros, está en nuestro inconsciente) para proteger el orgullo, pero tiene el equivalente en una mentira similar para proteger el prestigio social. En este último caso quizá la anti-hazaña ya la asumimos, y nuestro parecido con el criticado ya lo sabemos, pero, aún así, queremos evitar que otros lo vean de modo que no nos afecte nuestro prestigio social. Sería el caso de inmigrantes que se sienten avergonzados de su origen que critican, detestan, y humillan a otros inmigrantes para evitar que su prestigio se vea perjudicado por su similitud con sus hermanos de origen, como modo de distanciarse. También esta conducta se ve en las muchas formas de los rituales de Quema de Brujas: parece que asistir a una Quema de Brujas ayuda a mostrarles a los demás lo indignados que nos sentimos por los pecados de la bruja, y así a exhibir así una mayor superioridad moral....resultando, entonces, un evento interesante sabemos que tenemos esos mismos pecados y queremos demostrarle "a los otros" que no los tenemos.

En conclusión: así como la Envidia tiene su Contra-Cara en la Envidia de Satisfacción, la Admiración tiene la propia en la Contra-Admiración, pero, en ese último caso, las consecuencias pueden ser más complejas y variadas a efectos de la tendencia que tenemos a esconder nuestras anti-hazañas para proteger el orgullo que sentimos por nosotros mismos (nuestra mirada, orgullo), generando un continente de eventos reprimidos que llamamos inconsciente, y también para resguardar el prestigio social mediante esfuerzos sobre-actuados por diferenciarnos de aquel que vemos desprestigiado y, peligrosamente, vemos que se nos parece (la mirada del otro, prestigio social).

12.18. La dificultad: un rasgo asociado a las hazañas y presente en la Envidia y la Admiración.

" *No hay espectáculo más grandioso y sublime para los dioses y los mortales que el ver al hombre de bien peleado por la fortuna.*" Séneca.

Habíamos visto que una de las características que da más potencia de hazañas a las hazañas, es la dificultad. Subir un médano es menos hazañas que subir el Everest. (ver al respecto: 4.5., la dificultad como rasgo asociado a las hazañas)

Esto también se refleja en dos caras.

En cuanto a la Envidia, una de las formas usuales en que el envidioso subestima el mérito del envidiado es intentando quitarle dificultad. Dice "*Eso es fácil*". Dice "*cualquiera lo puede hacer*". Quienes son envidiosos de futuro, con frecuencia le quitan mérito al sueño del soñador diciendo "*qué facil que lo vas a lograr*" (le quitan calidad de hazaña). En cuanto a la

Admiración, vemos que los héroes de todos los tiempos que han construido los poetas han tenido siempre que atravesar dificultades o adversidades, y ellas fueron las que acentuaron su carácter de héroes.

Respecto del Amor Romántico, siendo que es una forma de Admiración, por supuesto que la adversidad o dificultad juega un papel.

Helen Fisher ha observado esto: la Adversidad aumenta el Amor Romántico. Quienes están enamorados si hay algo que se opone a su Amor, si hay algo que lo dificulta, si hay algo que lo hace inalcanzable, (una circunstancia exterior), por lo común ese obstáculo no hace sino hacer más fuerte el Amor.

En conclusión: siendo que la dificultad es un rasgo que vimos relacionado con las hazañas, esto se verifica también en los intentos de los admiradores (que hacen héroes) y de los envidiosos (que critican), ya que unos y otros tratan de añadirle o quitarle grados de dificultad a las hazañas logradas, para hacerlas más intensas o para reducirlas, respectivamente.

12.19. La calumnia y la adoración, expresiones sociales de emociones intensas de *Envidia* o *Admiración*.

Desde la definición, observamos que las hazañas no solamente impactan en el Orgullo personal (aumentándolo), sino que también lo hacen en el prestigio social (aumentándolo).

Además, hay una tendencia a intentar difundir las propias hazañas para mejorar el prestigio social y de esconder las anti-hazañas para evitar que afecten el prestigio.

Por esta razón, estos sentimientos dan lugar a dos mentiras con respecto al otro.

Veámoslo con la Envidia. La Envidia da lugar a dos principales mentiras.

La mentira interior –nos auto-engañamos- para ver al otro "peor" de lo que "en verdad es", y dejar de sufrir en el orgullo. A medida que logramos desdeñarlo, dejamos de sufrir, dejando a salvo nuestro orgullo. Pero aún así, la hazaña del otro impacta en el prestigio social, y nuestro prestigio social puede resultar perjudicado en la comparación. Entonces llega el proceso en que tratamos de que convencer a las otras personas de que lo vean "peor" de lo que "en verdad es". Nos ponemos en campaña para difamar y desprestigiar.

Así es como la Envidia, cuando es muy intensa, da lugar a la Calumnia, que significa mentir sobre la otra persona con el objetivo de que todas las otras personas la vean peor de lo que en verdad es.... con el objetivo de desprestigiar. Es un objetivo emocional: el que miente y difama lo hace movido por sentimientos y sin racionalizar lo que le sucede.

La calumnia es la última y más acabada expresión de la Envidia. En principio se trata de criticar al otro para que todos lo vean peor de lo que es, pero luego, si la Envidia es muy intensa, se llega a la calumnia, que consiste en una mentira más elaborada.

A veces una hazaña muy grande puede generar orgullo en quien la realiza y puede aumentar su prestigio social, pero –paradójicamente- provocar una contra-ola de difamación originada por Envidia, y esa difamación destruir el prestigio social.

¿Y qué pasa con la Admiración? Lo mismo que con la Envidia, da ocasión a estas mentiras. La mentira interior consiste en auto-engañarnos para ver a nuestro ídolo mejor de lo que "en verdad es", en tanto que cuanto más lo sobrevaloramos más disfrutamos nosotros en nuestra vanidad. Y, en algunos casos de Admiración muy intensa y extrema, se llega a fenómenos sociales de "adoración", que es el equivalente de la calumnia. Los grupos de fanáticos de un ídolo (por ejemplo, ídolo de la música), realizan manifestaciones de amor en público, y propaganda, y todo ello con el afán de que el ídolo sea cada vez mejor visto. Cuando le aumenta el prestigio social al ídolo les aumenta, indirectamente, el prestigio social a sus fanáticos por el especial vínculo que los une (identificación, pertenencia, etc.).

Mientras que al Envidioso lo reconocemos porque realmente intenta convencernos de que despreciemos a nuestro envidiado –su discurso de críticas, de subestimación-, al Admirador, en cambio, lo vemos en un empeño opuesto; el Admirador se propone que reconozcamos y admiremos a su admirado. Si prestamos atención veremos realmente un esfuerzo: no solamente el Envidioso disfrutará de relatarnos los errores o defectos de su envidiado, sino que intentará torcer nuestro juicio para que lo veamos "peor" y "peor" y "peor".

12.20. Helen Fisher. La química del amor romántico. El Amor Romántico como adicción.

A lo largo de este ensayo, vimos la coherencia externa del M.A. con numerosas investigaciones provenientes desde distintos campos. Y, en esta oportunidad, es importante resaltar la congruencia que tienen estas hipótesis acerca de la naturaleza del *Amor Romántico* con las observaciones experimentales de la antropóloga Helen Fisher.

Antes que nada debemos hacer una pequeña introducción acerca de la dopamina y la importancia que tiene para nosotros que estudiamos "las hazañas".

Según numerosas investigaciones, la sensación de logro es uno de los mayores potenciadores cerebrales de la dopamina. Es por ello que a la dopamina se la considera el neurotransmisor de la recompensa.

Cuando visualizamos un importante logro, el cerebro irradia dopamina para motivar a buscarlo, y ello se siente como un placer o satisfacción. El mecanismo es intensamente estudiado ya que casi todas las adicciones tendrían un efecto en este circuito de la recompensa, pero, a nuestros fines, nos quedamos con la asociación entre "dopamina" y recompensa por alcanzar un logro.

Así las investigaciones han demostrado la relación entre las estructuras cerebrales y el uso de videojuegos.

Descubrieron que los cerebros de los adolescentes con mayor apego a los videojuegos tienen características y reacciones similares a las que tienen las personas con tendencia al juego compulsivo y otras conductas adictivas.

Un grupo de investigadores encabezados por el Dr. Simone Kuhn, de la Universidad Ghent, de Bélgica, encontró que los jugadores frecuentes tenían más desarrollado el estriado ventral izquierdo, un área del cerebro relacionada con la recompensa y el bienestar. Los científicos detectaron que los chicos que jugaban más liberaban en esa misma zona más dopamina.

Los jugadores frecuentes tenían más desarrollado el estriado ventral izquierdo, un área del cerebro relacionada con la recompensa y el bienestar . A su vez, los científicos detectaron que los chicos que jugaban más liberaban en esa misma zona más dopamina, un neurotransmisor . Ambas características se dan en los cerebros de personas con tendencia hacia conductas compulsivas.

Si bien la teoría M.A. no se inscribe en el estudio de la química del cerebro, es de desear que tenga buen diálogo con los descubrimientos que se realizan en ese campo. Por todo ello, vemos, en este apartado, que la dopamina es el químico natural relacionado con el placer en el orgullo que se obtiene al alcanzar lo que nosotros aquí llamamos "hazaña", y que demuestra también el importante papel que cumplen "las hazañas" en las adicciones.

A su vez, todo esto es importante de considerar porque, según las investigaciones en neurociencias, el principal efecto de la cocaína consiste en disparar artificialmente la dopamina. La cocaína produce artificialmente una inundación cerebral de dopamina. La cocaína produce una sobreabundancia de dopamina (un aumento de hasta el 150 %).

Por esta razón, confirma nuestra hipótesis de vincular la "dopamina" a lo que nosotros llamamos aquí "hazañas" en el hecho de que popularmente a la cocaína se la llama la "ego-droga". Quien consume cocaína, explican los expertos, adquiere una sensación súbita de autoestima alta, y una consecuente euforia. Por ello, la sensación equivale a replicar la satisfacción que se obtiene cuando se alcanza un importante logro. La hazaña provoca orgullo... y la cocaína, de forma artificial, tiene el mismo efecto pero de forma potenciada. Ello fortalece la asociación que hacemos entre la hazaña y la dopamina.

La antropóloga, investigadora y experta en amor romántico más conocida del mundo, Helen Fisher, ha comprobado que en el cerebro de las personas enamoradas ocurre una reacción muy similar a la que experimenta quien consume cocaína.

Se activan los circuitos relacionados con la dopamina. Por ello, es que Fisher considera que el Amor Romántico es fuertemente adictivo.

Estas investigaciones de Fisher dan asidero para entender dos cosas 1) Que la *Admiración* ocurre cuando la hazaña ajena se disfruta como propia produciendo dopamina en lo cerebral y sensación de orgullo en lo anímico 2) Que el *Amor Romántico* es una de las formas de la Admiración entendida de esta manera.

Referencias:

"*The neural basis of video gaming*" S Kühn. Translational Psychiatry (2011). (En esta investigación se comprueba que los adictos a los videojuegos tienen una mayor producción de dopamina en el cerebro, y que la dopamina aumenta con los resultados de los videojuegos. También se verifica una similitud entre el cerebro de los adictos a los videogames y los adictos al juego).

"*Predicting individuals' learning success from patterns of pre-learning*" Walther DB, Kramer AF, Erickson KI, Boot WR, Voss MW. 2011.

"*Evidence for striatal dopamine release during a video-*

game." Koepp MJ, Gunn RN, Lawrence AD, Cunningham VJ, Dagher A. Nature. 1998 (Otra investigación donde se demuestra que el triunfar o fracasar en los distintos desafíos de los videojuegos genera irradiación de dopamina en el cerebro).

"Drug-Induced Ego States. I. Cocaine: Phenomenology and Implications" James V. Spottsa* & Franklin C. Shontzb. International Journal of the Addictions Phenomenology and Implications. 2009 (Aquí se verifica que la ingesta de cocaína aumenta los niveles dopamina en el cerebro hasta más de un 150%. Al mismo tiempo, también se citan distintas investigaciones que muestran la correlación entre el estado cerebral consecuente de la ingesta de cocaína, con una sensación de aumento brusco de la autoestima, ego, y seguridad del consumidor).

"Why We Love: The Nature and Chemistry of Romantic Love." Helen Fisher. 2004. La investigadora demuestra que en el cerebro de los enamorados se verifica un aumento de la actividad de la dopamina, y que la situación es muy similar a lo que ocurre en el cerebro de los consumidores de cocaína.

12.21. El pueblo y el anti-pueblo. El populismo. El líder carismático. Crítica y coincidencia con Ernesto Laclau.

La mirada que desde la teoría psicológica M.A. podemos aportar a la comprensión del líder carismático, permite visibilizar algunos aspectos que, desde otros ángulos, habían sido planteados por Gustave Le bon, Sigmund Freud, Max Weber, y Ernesto Laclau.

Freud, en su libro *Psicología de Masas*, critica a Le bon en que este último autor se refiere al "prestigio" como la condición distintiva del conductor, pero sin especificar qué sería este prestigio y a qué se debe este prestigio.

Según Le Bon los conductores de masas tienen, como un don natural, una entidad que él llama "prestigio".

Entiende por prestigio a " *una especie de dominio ejercido sobre nuestro espíritu por un individuo, una obra o una idea; dominio que suspende nuestras facultades de crítica, inundando nuestra alma de sorpresa y respeto. Como todos los sentimientos, el que provoca el prestigio es inexplicable, pero debe pertenecer al mismo orden que la fascinación que se experimenta por un sujeto magnetizado (...)".*

Según el autor, este "prestigio" sería una cualidad innata. Da el ejemplo de Napoleón quién, aún antes de sus victorias, era capaz de inspirar un temor reverencial y una autoridad natural que doblegaba con su presencia a las otras personas.

No obstante, según Le Bon los fracasos, pueden hacerle perder al líder su prestigio, y la masa resulta ser gravemente cruel con el líder que pierde su prestigio.

Ahora bien, diremos nosotros: si los fracasos pueden hacerle perder al conductor su prestigio....¿por qué no pueden los éxitos sobresalientes dárselo?

Por eso, coincidimos en que las anti-hazañas pueden dañar el carisma, pero –a diferencia de Le Bon- planteamos que el carisma no es innato, sino que también las hazañas lo pueden construir.

Al respecto de esto, es importante considerar que, en razón de que las anti-hazañas pueden destruir el carisma y hacerle perder a la masa la fe en el líder, los sistemas políticos basados en una dominación carismática necesitan suprimir –o disminuir lo máximo posible- a la prensa libre. Porque el líder carismático no resiste las críticas. Nadie es un "super-héroe", todos tenemos defectos. Bajo el influjo de la dominación carismática se lo ve al líder como una persona superior al resto, capaz de resolver todos los problemas sin necesidad de ajustarse a leyes. Y, para que esa fe se mantenga, resulta necesario que no se conozcan sus errores e imperfecciones. Por ende, el líder carismático, que siempre es un héroe considerado superior, es muy vulnerable al poder de fuego de un medio masivo que le señalare sus anti-hazañas.

Los sistemas políticos que se basan en la confianza en un salvador que le devolverá la felicidad al pueblo requieren cierta supresión de la prensa libre.

Dice Weber, en su libro *Economía y Sociedad*, que el carisma es:

"la cualidad, que pasa por extraordinaria (condicionada mágicamente en su origen, lo mismo si se trata de profetas que de hechiceros, árbitros, jefes de cacería o caudillos militares), de una personalidad, por cuya virtud se considera en posesión de fuerzas sobrenaturales o sobrehumanas –o por lo menos específicamente extracotidianas y no asequibles a cualquier otro-, o como enviados de dios, o como ejemplar y, en consecuencia, como jefe, caudillo, guía o líder"

Como se ve, esta definición le da un protagonismo central a las hazañas. Y los ejemplos que da como un jefe de cacería, o caudillo militar o un hechicero, parecen muy distantes unos con otros, pero tienen en común el tratarse de personajes que realizan hazañas.

En efecto, son las hazañas la condición del liderazgo que dependen del M.A.S. del ambiente social del grupo. Por ejemplo, en un establecimiento carcelario, el saber pelear muy bien con el facón puede ser un motivo de respeto que contribuya a generar un liderazgo.

Para Weber, la dominación carismática se encuentra fundamentalmente en dos clases de figuras: la del religioso mago en sus distintas expresiones (hechicero, chamán, profeta, etc) y la del caudillo guerrero. Son los dos prototipos por excelencia de la dominación carismática pura según Weber. Y vemos en estas figuras que las hazañas vienen a ser lo más esencial del carisma, a tal punto que resultaría imposible encontrar un solo ejemplo de líder carismático sin hazañas.

A diferencia de Gustave Le Bon, que acepta que los fracasos pueden destruir el prestigio del conductor de la masa pero, aún así, considera que el prestigio es algo innato, la forma de ver el carisma que tiene Weber implica atribuirle a las hazañas un rol central.

No obstante, aquí nos oponemos en algo a Weber. Las hazañas por si solas generan respeto, es cierto, pero no así esa fascinación por el líder que es característica de la dominación carismática y que consideramos que es una de las formas de la Admiración.

En general las masas son envidiosas y cuando una persona tiene hazañas sufren y tienden a desear y reconfortarse con su perjuicio. El carisma se da cuando el líder presenta a sus hazañas de manera tal que sirven a la masa para aumentar su propio orgullo.

¿Y cuando se da esta forma *Admiración* colectiva que posibilita que las masas disfruten las hazañas del líder? Puede haber muchas causas, y el tema tiene una complejidad y extensión que excede este apartado, pero al respecto resulta interesante la visión del teórico político Ernesto Laclau dentro de su libro *"La razón populista"*.

Laclau hace una defensa del populismo, y plantea su génesis en una crisis del sistema liberal republicano que se da cuando no puede procesar las demandas insatisfechas de gran parte de la sociedad. El sistema populista, según Laclau, emerge de dicha crisis.

Un particular tiene una demanda insatisfecha, sea comida, trabajo o seguridad. Si es demanda y es insatisfecha, supone la existencia de un otro al que se le demanda. Ese otro sería el poder. Las demandas insatisfechas pueden ser profundamente heterogéneas pero su condición de insatisfacción, de falta de respuesta, es capaz de promover la solidaridad entre los demandantes en un momento determinado. Hay demandas insatisfechas heterogéneas y hasta contradictorias pero éstas confluyen frente a ese poder que no las satisface.

Estas demandas insatisfechas no alcanzan lazos solidarios por generación espontánea sino que para que eso suceda es necesaria la aparición de un liderazgo que permita el agrupamiento y Laclau reconoce que en la relación con ese liderazgo existe, por supuesto, una dimensión afectiva, y esta irracionalidad que despierta el líder es parte de la acción política del sistema populista.

Lo interesante, y acá volvemos a lo nuestro, es que para Laclau es muy importante el concepto del grupo considerado "*anti-pueblo*". El líder se hace amar por el pueblo al encontrar un grupo anti-pueblo que puede ser "*la oligarquía*", o "los poderosos", y que pasa a ser el culpable de todas esas demandas que no se satisfacen. En la medida que el líder logra satisfacer solo algunas de ellas, el pueblo lo amará igual con tal de que lo presente como una victoria contra ese poderoso grupito del anti-pueblo.

En este proceso es esencial la idea del "significante vacío", que viene a ser como una gran bolsa donde pueden caber distintas aspiraciones muy distintas unas con otras. Si el discurso del líder es preciso resulta excluyente a los que tienen demandas que no están descriptas, pero si es un "concepto vacío", entonces cada uno de los receptores del discurso lo puede llenar con sus propias aspiraciones y expectativas e historia personal.

Ahora bien: ¿Qué coincidencia podemos tener con todo esto y en qué podemos aportar a la teoría de Laclau desde el M.A.?

Desde nuestra postura, es la Envidia de la masa hacia el anti-pueblo lo que posibilita la Admiración hacia el líder, y esta Admiración el amor y el fanatismo. En la medida en que el discurso del líder populista sea eficaz para que las masas vean en el anti-pueblo a esas personas que envidian, entonces admirarlo al líder será una forma de superar a ese anti-pueblo. Las masas no saben que envidian y jamás admitirían que envidian, pero el proceso emocional es que desean intensamente despreciar a determinado grupo de personas, y esas personas son personas con hazañas como éxito, clase social, poder, y riqueza. Las demandas insatisfechas y las frustraciones se presentan como una lucha contra ese grupo de personas a las que se desea intensamente desprestigiar. Se les echa la culpa de forma moral como una manera de desprestigiarlas, acusándoselas de tener la responsabilidad de las frustraciones del pueblo y siendo ello injusto.

Aunque una sola de las muchas demandas insatisfechas sean atendidas por el líder, la totalidad del pueblo podrá sentir un gran orgullo si este proceso se lo presenta como una humillación del anti-pueblo (grupito de los envidiados), y como una victoria del pueblo. Por eso, el discurso del líder tiene una forma de Actitud Política (ver 11.1, 11.2, 11.3) que encarna un cambio de M.A.S. (Mapa de la Autoestima Social), dando lugar a un nuevo M.A.S. donde los que antes eran prestigiosos ahora son despreciados, y los que antes eran despreciados ahora son prestigiosos, y para eso hay una fuerte carga moral en el esta retórica.

En general, en la historia individual de una persona siempre hay otras que ocupan el lugar de los "prestigiosos", y son los que tienen las hazañas, los que discriminan, los que son vistos como soberbios. Puede ser un vecino rico, o un pariente con estilo. En la medida en que el discurso del líder sea lo suficientemente vago e impreciso como para que cada persona pueda identificar al "anti-pueblo" con ese grupito de envidiados, tendrá entonces un motivo para experimentar admiración, amor y fanatismo hacia el líder. La masa, a menudo, se convierte en seguidora del líder que encarna una nueva propuesta de M.A.S. donde la masa será más respetada, en detrimento del grupo "anti-pueblo" al que se lo desprestigia, siendo todo el proceso un vehículo de satisfacción mediante la humillación del "distinto", y en ese proceso el pueblo puede identificarse y amar al líder.

Por eso, el grupo "anti-pueblo" al que se le destina una crítica de tipo moral sobre su papel en la situación social, se lo intenta desprestigiar, y se lo humilla, cumple un papel central en este tipo de Admiración: es la batalla que le permite al líder ser héroe. Debe ser un grupo que tenga características que despierten una profunda y no reconocida envidia en los individuos que componen esa masa que pretende reconocerse como el "pueblo". El "pueblo" vendría portar también los valores morales, "el bien", siendo que el anti-pueblo sería señalado como el representante de lo injusto, "el mal".

259

Además, siendo que la dificultad y la adversidad agrandan la hazaña, el grupo "anti-pueblo", o enemigo a vencer, habrá de ser siempre presentado como muy poderoso, como un rival muy fuerte, porque este mayor poder opresor del "anti-pueblo" es lo que le otorga el carácter épico a la lucha del líder.

En fin: la comprensión del líder carismático así como del populismo es una tarea complejísima. Lo expuesto en este apartado no es más que una vaga presentación de la manera en que desde la teoría Mapa de la Autoestima (M.A.) podemos realizar un acercamiento sobre los principales planteos acerca del fenómeno del carisma, siendo que lo entendemos como una de las formas de la Admiración.

Referencias:

"Economía y Sociedad". Max Weber. 1922.
"La psicología de masas". Gustave Lebon. 1896.
"La razón populista". Ernesto Laclau. 2005.

12.22. La visión comunicada. La característica del Líder.

Gustav Le Bon en su clásico tratado "Psicología de las Masas" presenta los conductores de masas de la siguiente manera:

"En las masas humanas, el conductor o líder desempeña un papel considerable. Su voluntad es el núcleo en torno al cual se forman y se identifican las opiniones. La masa es un rebaño que no sabría carecer de amo.

El líder es en primer término, la mayoría de las veces, un sujeto hipnotizado por la idea de la cual se ha convertido en apóstol. Le ha invadido hasta el punto de desaparecer todo excepto ella, pareciéndole error y superstición toda opinión contraria".

En este sentido, por eso hablamos de "La Visión" como una característica típica de estos Líderes. Se trata de imaginar una hazaña en el futuro, y esta fantasía infunde emociones (como vimos en auto-engaño 4.5) que luego le van dando pasión hasta convertirse en certeza, o hasta fanatismo. Con esta Visión, puede luego persuadir a otras personas. Sin embargo, para ello es primordial que sepa comunicar la Visión como un Líder, porque, en general, las otras personas sentirán Envidia por la hazaña que el soñador visualiza como vimos recién (Envidiosos de futuro, envidia al soñador 12.4). En cambio, si el soñador logra hacer partícipes de su Visión a sus potenciales seguidores, ellos tendrán un incentivo en creerle: al Visualizar la hazaña futura las emociones poderosas aparecerán y también –por puros motivos egocéntricos- los seguidores creerán, y ellos mismos reforzarán la convicción del Líder.

Muchos creen que el atributo principal del Líder es la "Seguridad". Por eso, tantos libros de liderazgo hablan de "Seguridad" como si una persona pudiera auto-injertarse confianza en sí misma. Hasta llevan a proponer la repetición de frases (Soy seguro, Soy seguro, soy un ganador) y también hay un culto a la gestualidad del Alfa o Líder. Como si existieran los gestos de la persona "segura de sí misma". Reproduciendo estos gestos creen que podrán hacer líderes artificiales. Pero desde M.A. vemos que todo esto no tiene por qué ser así: lo importante no es la Seguridad, sino el tener una Visión y saber comunicarla para que no despierte Envidia, sino Admiración. Ya el soñar una Visión genera emociones y esas emociones no dan "Seguridad" necesariamente (puede tener mil dudas interiores), pero si dan algo más importante: pasión.

Los modernos líderes no son ya necesariamente los políticos, sino también los emprendedores. El emprendedor, ante todo, es un líder que tiene una visión, y sabe persuadir a la gente que puede ayudarlo a llevarla a la práctica. Cualquiera sea la idea, siempre hay otra persona que, si cree en ella y lo sigue como líder, podrá llevarla a la práctica: pueden ser inversores, o pueden ser personas técnicamente capacitadas, o ambas cosas. En un emprendimiento se planea algo que no existe, una ruta nueva. Por ende, siempre se necesita de la idea nueva, pero la idea no será suficiente: lo importante es La Visión para que pueda el equipo de personas trabajar apasionadamente por lograrla.

En un estudio llevado a cabo durante 6 años sobre un total de 226 emprendedores Grow y Locke (2004), se propusieron indagar cuáles eran las características que determinaban a un emprendedor exitoso. Encontraron que lo que tuvo una relación directa con el crecimiento del emprendimiento fueron los objetivos, la auto-eficacia, y la visión comunicada, y que estos factores mediaron los efectos de la pasión, la tenacidad, y la habilidad para desarrollar nuevos recursos para enfrentar las adversidades. Por ello, descreo el culto egocéntrico de la supuesta seguridad del líder, sino que es la "Visión comunicada" de los objetivos lo que despierta luego la pasión.

Muchos investigadores que se interesaron por los rasgos de las personas exitosas, han observado ya la importancia de la tenacidad y la pasión (ver por ejemplo, Duckworth y colegas, 2007), pero el ambicioso estudio de Grow y Locke (2004) es interesante, porque demuestra que la Visión es lo que determina la pasión y la perseverancia.

El soñar el futuro - el visualizarlo, el experimentar la alegría que aparece cuando se cree en esa posibilidad de realización futura-, es un ejercicio que despierta fuertes emociones y estas emociones hacen mucho en la diferencia entre emprendedores que fracasan y aquellos que triunfan.

Baum, J. R., & Locke, E. A. (2004). The relationship of entrepreneurial traits, skill, and motivation to subsequent venture growth. Journal of applied psychology, 89(4), 587.

Duckworth, A. L., Peterson, C., Matthews, M. D., & Kelly, D. R. (2007). Grit: perseverance and passion for long-term goals. Journal of personality and social psychology, 92(6), 1087.

12.23. Admiración y Envidia. Aplicaciones prácticas. Oratoria. Comunicación de Líder.

Es importante llevar a la vida práctica estos

conocimientos para ampliar nuestra consciencia y aprender a distinguir estas emociones.

Al reconocer nuestra envidia, podemos evitar que se traduzca en comportamientos de envidioso. Sucede que los comportamientos de envidioso, pueden destruir relaciones, interferir en el buen funcionamiento de equipos de trabajo, o perjudicarnos. Otras veces, la misma envidia es un atributo que permite construir un liderazgo, porque el envidioso al expresarse consigue despertar la envidia de otras personas, y posibilitar un cambio en el M.A.S., cambiando los valores, o permitiendo nuevas luchas.

Muchos líderes carismáticos han logrado su carisma utilizando su anti-hazaña y estimulando la envidia colectiva, al generar una gran Actitud Política de las masas que comparten su anti-hazaña intentando cambiar el M.A.S. por un nuevo M.A.S. donde todos ellos resulten más orgullosos de sí mismos y más prestigiosos. Es la profunda envidia de sectores relegados, alejados del honor social en el M.A.S. actual, lo que el líder carismático sabe explotar para generar un apoyo masivo e histérico hacia su propia persona, a impulsos de la Actitud Política por un nuevo M.A.S. Y es por obra de estas corrientes de psicología de masas originadas en una Actitud Política masiva que desata el discurso del líder, lo que permite luego que se convierta en un héroe, en una figura idealizada, idolatrada....por aquellos que resultaron beneficiados en su prestigio social del cambio cultural originado. Muchos líderes históricos han mejorado la condición de vida real de muchas personas, pero rara vez pudieron mejorarle la vida a las masas: lo que posibilitó el carisma y la idolatría no fue la satisfacción de necesidades concretas de la gente, sino el cambio cultural consecuente de la llegada de un nuevo M.A.S., nuevos valores, y nuevas personas con prestigio social (antes relegadas).

Por otra parte, el advertir que somos víctimas de envidia ajena es un conocimiento muy útil. Si nos envidian, es que tenemos hazañas que son importantes. Y esas mismas hazañas las podemos presentar de tal manera que generen admiración, y con el empuje de esa admiración podremos lograr muchas cosas. La admiración es una fuerza sociológica muy potente, ha construido líderes.

Esto es importante, entre muchas otras cosas, para los oradores y para quienes deben hablar en público. Si estos oradores tienen hazañas, pueden presentarlas de tal manera que despierten admiración en el público, y esa admiración puede conferirle al orador carisma. La manera de despertar admiración es permitirle al potencial admirador disfrutar un pedazo de la hazaña, sentir que en algo le pertenece el mérito, porque, entonces, el admirador siente orgullo, y para aumentar ese orgullo, dobla la percepción de la realidad, e idealiza la hazaña e idealiza al líder.

-CAPITULO 13- LAS HAZAÑAS ESCUDO.

"La locura nos acompaña en todos los periodos de nuestra vida; si alguno parece cuerdo es solamente porque sus locuras son proporcionadas a su edad y a su forma" La Rochefoucauld.

En este capítulo entraremos en el concepto de "Hazañas Escudo", que resulta fundamental dentro de la aproximación a la comprensión de las patologías mentales que se puede realizar desde la teoría psicológica M.A.

Entender este concepto abrirá nuevas puertas para darle una mirada muy distinta a muchas psicosis, y también a muchos otros procedimientos mentales inconscientes que nos empujan al fracaso o hacia el sufrimiento innecesario.

La comprensión del accionar de las "Hazañas Escudo" resulta tan importante para la Psicología, como la comprensión de los virus para la medicina: un conjunto de problemas mentales leves, graves, y realmente graves se puede explicar con este acontecer inconsciente. Su explicación puede abrir nuevas puertas para la investigación de nuevas terapias y tratamientos.

13-1. El complejo de inferioridad: la anti-hazaña en el pasado o presente. La hazaña escudo: la anti-hazaña en el futuro.

Alfred Adler desarrolló la teoría del complejo de inferioridad.

Según Adler, los niños que sufren una percepción de desarraigo a resultas de haber padecido una infancia mala, plena de burlas, sufrimientos, rechazos, tienden a buscar "sobre compensaciones" que pueden ser en la forma de determinados logros exagerados. Aquí también ves que las humillaciones, las líneas vergonzosas de la propia biografía, pueden modificar la propia posición en el Mapa de la Autoestima, llevando a que se necesiten, de manera más urgente, determinadas hazañas.

La "hazaña escudo" es lo mismo que la sobre-compensación de Adler, pero a futuro.

Si la compensación es una hazaña que se busca para que duela menos la anti-hazaña que ya tenemos, que ya sufrimos, la hazaña escudo, en cambio, es un paragolpes que preparamos por un miedo enfermizo que tenemos a la posible llegada de una anti-hazaña. Es un paragolpes. Es como una anestesia de baja calidad para que, si llega la anti-hazaña, duela menos.

13-2. La hazaña de intentar perder. Auto-boicot. La carrera donde el corredor camina.

Veámoslo con el ejemplo más típico de la hazaña escudo: la carrera donde el corredor camina.

En una carrera, yo me siento el más lento de todos, el que posiblemente va a salir último. Cuando salga último de la carrera mi orgullo va a sufrir el dolor de la derrota (anti-hazaña afectando el ego), y además la gente que lo vea me va a despreciar por ese fracaso (anti-hazaña atacando el prestigio social). Entonces: ¿Qué hago?

Camino. Mientras todos corren a toda velocidad para ganar, yo en lugar de correr camino con mal humor y la mano en el bolsillo. Cuando finalmente pierdo, y todos me miran despectivo puedo decir: *"No me importaba perder, porque de hecho yo caminé mientras que los demás corrían".*

Es decir: la hazaña escudo de intentar perder, me sirvió para sentirme menos mal al perder.

13-3. La hazaña de intentar perder y la obesidad.

Esta hazaña escudo puede explicar, entre otras cosas, la relación entre el estigma del peso (la gordura como anti-hazaña grave) y la obesidad.

Al respecto, Hunger y colegas (2015) revisan distintas investigaciones y plantean que el usar la gordura para construir la identidad como estigma, llevan a ganar peso y a un peor estado de salud en general.

El estigma del peso, explican los autores, produce que las personas escapen a las actividades relacionadas con el peso (como hacer actividad física) para olvidarse de ellas y a que tengan un mayor stress, junto con conductas dañinas para la salud como las dietas poco saludables. Teniendo en cuenta la prevalencia del sobrepeso y la obesidad en Estados Unidos, dicen, el estigma de la gordura puede perjudicar seriamente la salud de los norteamericanos.

Al respecto, creemos que, en efecto, si el sobrepeso es visto no como un mero problema de salud a resolver sino con una grave y vergonzosa anti-hazaña, ello puede motivar "hazañas escudo" de intentar perder como por ejemplo los atracones. Un atracón con una gran cantidad de comida es una forma de librarse de esa angustia y de demostrar que no importa la anti-hazaña, reacción defensiva o "hazaña escudo" que llevará, a su vez, a incrementar el peso a niveles contrarios a la buena salud.

Cuando la gordura es vista culturalmente como una anti-hazaña grave y vergonzosa, el "intentar perder" consiste en tomar conductas dañinas para la salud –y que aumentan el peso- para demostrar (demostrar al resto por prestigio, a uno mismo por orgullo) que esa anti-hazaña no es relevante. Estas formas de "intentar perder" o de "demostrar que no importa" servirán para disminuir transitoriamente la angustia, el stress y el malestar con el acto de rebeldía pasajero de un atracón de comida. Luego, la baja autoestima consecuente con el sobrepeso tenderán a estimular el círculo vicioso estimulando nuevas "hazañas escudo" de intentar perder, para proteger la propia valía del golpe de esa anti-hazaña.

Hunger, J. M., Major, B., Blodorn, A., & Miller, C. T. (2015). Weighed Down by Stigma: How Weight-Based Social Identity Threat Contributes to Weight Gain and Poor Health. Social and Personality Psychology Compass, 9(6), 255-268.

13-4-Jones y Berglas. Las investigaciones en self-handicapping actions.

Jones y Berglas (1978), plantearon la teoría del "self-handicapping", que consiste en un comportamiento que eleva la posibilidad de excusar el fracaso, y de internalizar el éxito. Los investigadores le llaman "self-handicapping" a la adopción de impedimentos para lograr el éxito, en una situación en que la persona piensa que va a fracasar.

Asumiendo la incapacidad, el sujeto ya dispone de una excusa para disculpar el inminente fracaso, de tal forma que así puede mantener la autoestima y la creencia en su competencia (Harris, 1986, Rodhewalt, 1991).

Self-handicapping consiste sobre todo en crear obstáculos o desventajas artificiales para tener éxito... de modo de tener una excusa para el fracaso.

Jones y Berglas postulan que, cuando están frente a una gran evaluación, muchos individuos crean impedimentos para su éxito, de manera de proteger su autoestima y se considera una estrategia no consciente.

El self-handicapping se caracteriza por la retirada o la reducción deliberada del esfuerzo en situaciones de fracaso potencial. Tendría como objetivo la creación de una cierta ambigüedad atribucional dirigida a la protección de la valía personal en el supuesto de ese fracaso . Entre las estrategias de self-handicapping se encuentra la procastinación, el hacer el menor esfuerzo, y la enfermedad.

Se ha encontrado que las personas con alto self-handicapping estudiarían menos horas (Murray y Warden, 1990) y, en general, tendrían peores hábitos de estudio que los estudiantes que no utilizan estrategias de self-handicapping (Zuckerman, Kieffer y Knee, 1998).

Este mecanismo de "self-handicapping" es, entonces, una de las hazañas escudo, relacionada con miedo a la anti-hazaña de la derrota o del fracaso.

Entre las estrategias de "self-handicapping" está la procastinación, las enfermedades, el beber alcohol o las drogas, y el realizar intencionalmente un menor esfuerzo. Está muy investigado este comportamiento en los estudiantes, ya que reduce las horas de estudio, se realizan episodios de alcoholismo antes de un examen, o se traduce en hábitos ineficaces de estudio.

Referencias:

Jones, E. E., & Berglas, S. (1978). Control of attributions about the self through self-handicapping strategies: The appeal of alcohol and the role of underachievement. Personality and Social Psychology Bulletin, 4, 200-206.

"Excuses, Excuses: Self-Handicapping in an Australian Adolescent Sample". Suzanne Warner ; Susan Moore. Journal of Youth and Adolescence. 08/2004

13-5- Mintiendo hazañas escudo por prestigio social. Seguimos

con self-handicapping actions.

En 5.10. habíamos advertido que, como las hazañas impactan sobre el orgullo y el prestigio social, a veces nos mentimos a nosotros mismos para aumentar el orgullo, y otras veces les mentimos a los demás para aumentar el prestigio social (inventando, o exagerando hazañas).

Es interesante que los investigadores en self-handicapping han observado que, a veces, los estudiantes mienten fingiendo que adoptaron self-handicapping

Por ejemplo, dicen que están muy ansiosos antes del examen, cuando realmente no lo están. Le dicen que se han emborrachado la noche anterior del examen a otros estudiantes, cuando realmente no ha sido así. O cuando están por concurrir a un importante examen, dicen a sus compañeros que no han estudiado, cuando realmente sí han estudiado.

A esta conducta, los investigadores no la consideran self-handicapping, en tanto que el estudiante mentiroso ha realmente estudiado y se ha esforzado muchísimo para obtener una buena nota.

Esto es muy interesante porque demuestra que lo que se llama en la jerga como "self-handicapping", es realmente lo que en M.A. consideramos una hazaña, dentro del género de las "hazañas escudo".

Y tal punto es "self-handicapping" es una hazaña, que provoca también la mentira por prestigio social: así como hay estudiantes que realmente han logrado esta hazaña escudo de no estudiar nada, emborracharse o procastinar y tienen la excusa ante sí mismos para fracasar, resulta que hay otros estudiantes que mienten a los demás, y mienten por prestigio social, y mienten inventando una "hazaña escudo" que sirva para proteger a su prestigio social de la anti-hazaña del fracaso.

Por supuesto: como siempre decimos, todos estas estrategias no son elaboradas pensadas, sino que son espontáneas e inconscientes; obedecen a un deseo emocional innato de aumentar el orgullo y el prestigio social.

Datos extraídos de: "Building classroom success. Eliminating academic fear and failure". Andrew Martin. 2010.

13-6- La hazaña escudo de "Darse Cuenta". Pesimismo defensivo.

Según cuenta el Antiguo Testamento, José, al conseguir adivinar el futuro interpretando los sueños del faraón, obtuvo un gran renombre en Egipto y se ganó los favores del monarca.

Max Weber (1964), al señalar ejemplos de líderes carismáticos, menciona, por su parte, entre otros, a los magos, profetas y sacerdotes.

Ello es porque, desde tiempos inmemoriales, el "darse cuenta" de un presente inaccesible o de un futuro fue una hazaña de peso; una hazaña capaz de dar grandes proporciones de prestigio social a quienes la realizaban, dotándolos de carisma.

Un ejemplo más local puede ser el mito fundacional inca de los hermanos Ayar, ejemplo de liderazgo carismático sacerdotal a base de estas hazañas mágicas –como en otros lados pueden liderar los guerreros con base a hazañas bélicas.

Al respecto, Sanchez Garrafa (2008) observa que, entre los elementos chamánicos que eran de observancia en la iniciación cultural de los soberanos incas, sobresalen, entre otros, la *"producción de mensajes con carácter predictivo profético"*, *"adivinación mediante interpretación de los sueños"*, *"observación del vuelo de las aves"*, entre otros.

Conforma un ejemplo más local del importante peso que ha tenido, en distintas tradiciones, la hazaña profética de "Darse Cuenta" para darle prestigio social a un individuo, es una hazaña que da tanto prestigio social que puede, incluso, fundamentar una casta privilegiada y una monarquía.

Por lo tanto, poniendo el caso que nuestra reputación fuera a sufrir el golpe de una anti-hazaña muy poderosa (tan poderosa que destruirá para siempre todo prestigio y orgullo personal), el "*Darnos cuenta*" de ello será una compensación anticipada que nos permitirá mejorar el saldo final.

Al llegar ese futuro vergonzoso e inadmisible, podremos decir "*Al menos, me di cuenta*" ofrendando una hazaña anterior (el mérito de haberse anticipado que nos convierte en eficaces magos o chamanes), recolectada en un tiempo anterior, que sirve para soportar mejor el golpe de la anti-hazaña.

De acuerdo con Steele (1988), cuando una persona experimenta una evaluación negativa de sí misma en un campo en particular, puede iniciar un proceso de afirmación de la identidad consistente en activar creencias positivas en otra área para, finalmente, llegar a una conclusión global positiva sobre sí misma. En este caso, la hazaña escudo de darse cuenta viene a ser el "crédito a favor" que ayuda a contrarrestar el golpe de la antihazaña, dando por resultado que la evaluación global no resulte tan perturbada.

Pongamos que me va a ocurrir una derrota vergonzosa que me va a humillar y reducir mi auto-concepto a las trizas y a exponerme al desprecio de todos, si al menos "*Me doy cuenta*" de que eso ocurrirá, entonces tal mérito perceptivo me ayudará a compensar y a sobrellevar ese amenazante escarnio.

Norem y Cantor (1986a) presentaron su concepto "pesimismo defensivo" para describir una estrategia mediante la cual un sujeto tiene bajas expectativas de éxito – a pesar de tener experiencias de éxitos en esa materia o no tener razones de peso para creer que el fracaso va a ocurrir-.

Este foco negativo permite a los pesimistas defensivos canalizar su ansiedad y afrontar el miedo de no alcanzar los resultados esperados (Norem & Cantor,1986b).

Los autores sostuvieron que el pesimismo defensivo puede ser una estrategia para trabajar duro y obtener entonces un mejor resultado (Norem & Cantor,1986b) Esto suena como una buena explicación con un propósito utilitario: si el pronóstico es pobre, el sujeto hará más y el resultado será mejor. En contraste, la hipótesis de la hazaña escudo, como una teoría rival, lo describe no como una estrategia útil para alcanzar los objetivos, sino como un mecanismo para proteger el orgullo y el prestigio que consiste en reservarse el mérito anticipado de *"haberse dado cuenta"* si llega un fracaso demasiado amenazante.

Citas extraídas de: *La teoría de las hazañas escudo. Una hipótesis diferente sobre la psicosis y el contenido de los delirios.* Martin Ross. *Teoría y Crítica de la Psicología.* Nº10. 2018.

13-7- La hazaña escudo de la sospecha y la hazaña escudo de "Darse Cuenta".

Una de las características distintivas de la etapa prepsicotica es la suspicacia.

La suspicacia es una "hazaña escudo" de darse cuenta en baja intensidad, la "sospecha" te pondrá a salvo de que serás completamente engañado por un complot, por una antesala.

Hay dos hazañas escudo de distinta intensidad: a) la suspicacia b) el *"darse cuenta"* . Las dos hazañas escudo te protegen –tu reputación y tu orgullo- de la anti-hazaña de ser engañado. A medida que aumenta la vulnerabilidad a la anti-hazaña de ser engañado, aumenta la suspicacia, sospecha y, si aumenta demasiado, entonces puede pasar a la "certeza" delirante.

Por ejemplo, técnicamente es imposible –desde el punto de vista filosófico y metafísico- descartar con tasa del 100% que estemos rodeados de impostores que representan un papel para nosotros y que reemplazaron a nuestros verdaderos familiares o amigos. No obstante, la mayoría de la gente puede soportar tal ínfimo riesgo metafísico porque no tiene una intolerancia extrema a la anti-hazaña del engaño.

En cambio, una persona que tuviera un miedo atroz a esta anti-hazaña, que no la podría soportar, podría protegerse con la hazaña escudo de la sospecha o de la suspicacia.

De esta forma, podría estar a salvo del riesgo de resultar "completamente engañada", porque, al menos, podría esgrimir que "sospechó" de que el engaño general podría estar sucediendo. Sin embargo, si su intolerancia a la anti-hazaña fuera mucho más intensa, podría protegerse más con la hazaña escudo de "darse cuenta" que entonces sería una forma del delirio de referencia.

Este mecanismo podría ser la explicación de la fuerte llegada que tienen las teorías conspirativas. Cualquiera que, con argumentos medianamente racionales, nos diga que hay una "antesala", que hay un grupo de personas que trabajan para engañarnos y que creamos las cosas tal cual como se muestran, nos introduce el riesgo de la anti-hazaña de ser "engañados" por los conspiradores. En cambio, si abrazamos la teoría conspiranoica del caso y "nos damos cuenta", quedamos totalmente a salvo del riesgo de estar siendo engañados con eficacia.

13-8- Celos en la pareja.

"Hay en los celos más amor propio que amor" La Rochefoucauld

"Un hombre vale en relación directa del número de mujeres con las que se ha acostado, y deja de valer en razón directa de los cuernos que le han puesto." Gonzalo Torrente Ballester

Veamos un ejemplo. Jorge llega todos los asados y fiestas acompañado de Carolina, una mujer que tiene la hazaña de ser muy linda, la hazaña de ser muy flaca, y la hazaña de ser muy joven, una mujer llamativa. Cuando lo ven llegar, enseguida se sorprenden de esa mujer tan linda que lo acompaña, y lo respetan más. Dicen *"¿Cómo pudo conquistar una mujer tan linda? Es un ganador"*, o al menos se imagina que lo dicen.

Es decir: las hazañas de la belleza de Carolina acrecientan el honor social de Jorge. Y, además, acrecienta su orgullo porque él se pavonea, se jacta, hace alarde de esa belleza de su mujer, y le muestra las fotos a sus amigos en el celular.

Un día se sabe que Carolina tiene de amante a Esteban, un compañero de trabajo. De inmediato, todos aquellos que lo respetaban por esta hazaña, se compadecen de Jorge e incluso lo burlan. Entonces la infidelidad de Carolina es una anti-hazaña capaz de destruir el prestigio social de Jorge. Y, como Jorge lo sabe, entonces teme esa anti-hazaña, teme muchísimo.

Entonces, hay muchas conductas que apuntan a evitar ser engañado, o que, vanamente, intentan evitarlo. Quizá es imposible, porque no está en las manos de nadie que esta experiencia no le suceda, sino que depende del otro. Pero, como resulta una anti-hazaña, que hiere el orgullo y también el prestigio social, se ven muchas conductas de celos enfermizos que apuntan a tratar de evitar que esto ocurra.

Una de las maneras en que se intenta huir de la anti-hazaña de los cuernos, o del engaño, es a través de los celos. Por medio de la violencia verbal o física, y por miedo de las prohibiciones, se impide que la pareja tenga oportunidades de engaño.

Hay hombres que no dejan que su mujer tenga un trabajo para evitar estas oportunidades, y así se prohíben también salidas con amigos, se prohíbe también el uso de cierta ropa que puede verse como provocativa o sensual. Si encerramos a nuestra novia en una jaula, no tenemos una novia fiel, sino quizá una novia infiel atada. Pero, desde la lógica de estas emociones, no importa: se evita la anti-hazaña y eso es lo importante.

Cuando alguien lo engaña, popularmente se dice "tomar de tonto", lo cual demuestra el carácter de anti-hazaña del hecho de ser engañados. Y ahí está la "hazaña escudo".

La hazaña escudo es "darse cuenta" por adelantado. El pensamiento pesimista y catastrófico, pero si el celoso cree ya que lo peor ha sucedido, entonces no lo pueden haber engañado.

La "hazaña escudo" es una conducta, un logro, que sirve como logro, para enfrentar mejor una anti-hazaña. La "hazaña escudo" consiste en acusar a la pareja de mentirosa, y en no creerle nada.

¿Y para qué nos sirve? Porque de esa manera, si se descubre que de verdad lo engañó, dice "¿Vieron? Yo ya lo sabía". Por ello, necesita tratar mal a la pareja, y acusarla insistentemente, porque, de esa manera, si lo peor ocurre, puede tener una excusa, o una compensación *"Esto no me sorprendió... es más yo le había dicho que iba a pasar"*.

Este tipo de problemática de la hazaña escudo de acusar y creer en la mentira de la pareja, junto a las frenéticas investigaciones (control de llamados por teléfono, horarios) llevan a que el miedo a las anti-hazañas puedan generar situaciones que perjudiquen y dañen a la pareja. Pero es un buen ejemplo de estas dinámicas de hazañas escudo.

13-9- El caso Aimée . Explicación alternativa con hazañas escudo. Hazañas escudo y delirios. Paranoia.

El "caso Aimée " se retrata en la tesis que presentó el psiconalista Jaques Lacan para recibirse de médico, donde abordó una psicosis paranoica.

En este reducido apartado, lo resumiremos con la intención de darle una explicación alternativa a la suministrada por el psicoanálisis, basada en "hazañas escudo". Para eso, nos basaremos en las reseñas biográficas suministradas por el mismo Lacan.

"Aimée " se llamaba, en realidad Marguerite, y sus padres eran campesinos. La primogénita de la familia, la hermana mayor de Aimée , se le puso de nombre Marguerite, y muere a los 5 años y 2 meses, en un confuso accidente hogareño, tragada por las llamas de un horno. De una u otra manera, la responsabilidad de ese accidente recae en los padres de la pequeña Marguerite. La madre, embaraza tras el accidente, dará a luz 6 meses después a un niño, que nace muerto. Y, finalmente, luego de ello, nace Aimée a quien se le da el mismo nombre que la hermana muerta, se le llama Marguerite.

Marguerite, "Aimée ", terminará internada en el hospital de Sainte Anee, en 1931. El 10 de Abril de 1931 había realizado ella un atentado contra una actriz de moda, lo que determina su internación.

Aimée fantasea con perseguidoras, que van tomando su lugar. Las perseguidoras son responsables si a su hijo le pasa algo, y estas perseguidoras son las que quieren la muerte de su hijo. Quiere irse sola a EEUU, porque, obsesivamente, teme matar a su hijo.

Un tiempo antes del atentado que motivó su internación, Aimée había comenzado a vincular a la señora Z con quienes deseaban la muerte de su hijo, tema que no la abandonaba desde hacía tiempo. Un tiempo atrás había creído leer en el periódico una noticia según la cual su hijo iba a ser asesinado «por una madre maldiciente e inmoral». En otra oportunidad interpreta un anuncio de la campaña de lucha contra la TBC como señal de que su hijo está amenazado de muerte.

Según propuso Lacan, la etiología de la psicosis de esta paciente estaba basada en la auto-punición. Ella deliró la paranoia para poder castigarse a sí misma y, por esta razón, sostuvo Lacan, mejoró con el castigo de la cárcel.

En fin, es un caso sumamente complejo y que ha dado lugar a muchísimos libros enteros. La intención de resumirlo aquí es para demostrar que "las hazañas escudo" son las que pudieron estar detrás del establecimiento de esta psicosis.

En tal sentido indagaremos...¿Cómo se pudieron haber sentido sus padres cuando la hermana anterior, la primogénita, se murió en razón de que no la supieron cuidar? ¿Cómo se habrán sentido después cuando tuvieron ese accidente con el hijo que iba a nacer después?

Está claro que caló hondamente en ellos, porque a "Aimée " le pusieron el mismo nombre que tenía su hermana anterior que había muerto.

Se puede especular que durante toda la infancia de Aimée los padres tuvieron una gran preocupación: *"evitar que Aimée sufra un accidente doméstico y se muera como la hermana anterior"*. En ese micro-clima enrarecido, pudieron haberle trasmitido su temor y su angustia por la posibilidad de muertes en accidentes domésticos, tratándola con excesiva dureza y dramatismo cuando la pequeña cometía actos peligrosos.

Hoy sabemos, por la dura evidencia, que la adversidad en la infancia aumenta significativamente el riesgo de psicosis (ver, al respecto, metarevisión de Varese et al., 2012). Por lo tanto, interesarnos por estos aspectos de la biografía de Aimée es válido.

De acuerdo con la hipótesis de la hazaña escudo, entonces, los padres le trasmitieron a Aimée la idea cultural de que la muerte evitable de un hijo es una anti-hazaña insoportable para los padres, algo que se debe evitar de cualquier manera, una anti-hazaña de dimensiones monstruosas capaz de aniquilar completamente el auto-concepto y la reputación.

Por lo tanto, aunque quizá ella tenía una personalidad predisponente, la vida de Aimée siguió normalmente hasta que sucedió algo disruptivo: Aimée tuvo un hijo. Apenas ella tuvo un hijo, apareció, en el horizonte del azaroso destino, la posibilidad de que ocurra aquello mismo que ella aprendió que nunca debía suceder. La anti-hazaña de Aimée llegó entonces como posibilidad concreta: una vez que tuvo un hijo, comenzó la posibilidad de que el pequeño muera en un accidente evitable. Si esto pasaba, sería un fracaso de la madre que, por el microclima de su infancia, aprendió que era demasiado grave, demasiado dramático.

Esta posibilidad de anti-hazaña se hizo tan insoportable –infundía angustias en dimensiones tan grandes- que Aimée comenzó, entonces, a desplegar "hazañas escudo" para poder soportarla mejor. Especialmente, la hazaña escudo de "darse cuenta".

Al respecto, la teoría de las hazañas escudo permite interesarnos por el contenido de los delirios de la sufriente Aimée.

Se ve, en estos delirios, que ella, como suele suceder en la psicosis, desplegó muy importantes capacidades para "Darse cuenta" tanto proféticas –como los magos que, en distintas civilizaciones, lograron un importante prestigio social al visionar el futuro- o de presentes inaccesibles.

Comenzó a revelar significados ocultos simbólicos en la lectura de los periódicos, algo que revela gran mérito si se puede hacer bien. Además, ella se "dio cuenta" de los que deseaban matar a su hijo. Incluso ella se "Dio cuenta" de que ella misma iba asesinar a su hijo, por eso emprendió un viaje a Estados Unidos para protegerlo. Al atacar a la actriz famosa, ella estaba también protegiendo a su hijo de quien "Se dio cuenta" que lo iba matar, pero el intento le mereció la cárcel y la oportunidad de conocer personalmente a uno de los grandes nombres del psicoanálisis.

En Aimée, las "hazañas-escudo" no son un orgullo activo desde el inicio, sino una compensación potencial que entra en juego si la "anti-hazaña" se concreta, como un paracaídas emocional. La "hazaña-escudo" no tiene que ser inmediata; puede ser una estrategia latente que se activa ante la amenaza

No tenemos suficientes datos para hacer una buena comparación de ambas hipótesis y dirimir si se trató de "auto-punición" o de "hazañas escudo", pero el ejercicio teórico sirve para demostrar la utilidad de este modelo para proponer explicaciones a casos concretos.

Referencias:

Varese, F., Smeets, F., Drukker, M., Lieverse, R., Lataster, T., Viechtbauer, W. & Bentall, R. P. (2012). *Childhood adversities increase the risk of psychosis: a meta-analysis of patient-control, prospective-and cross-sectional cohort studies*. Schizophrenia bulletin, 38(4), 661- 671

Lacan, J. (1932): *De la psicosis paranoica en sus relaciones con la personalidad*, México, Siglo XXI, 2° Ed., 1979, 353.

13-10- La teoría de la psicosis como un continuo. La esquizotipia y la esquizofrenia.

Según la visión tradicional y más aceptada de la psicosis –en particular de la esquizofrenia- se trataría de una condición tajante que sufrirían algunas personas.

No obstante, una corriente más alternativa, plantea que, en verdad, se trataría de un continuo. Habría un conjunto de conductas que se verían, con distinta intensidad, también dentro de la población no clínica.

Las experiencias inusuales psicóticas serían comunes a toda la población, pero quienes resultan institucionalizados las tendrían en tal virulencia e intensidad que ello sería, en verdad, lo problemático.

El psiquiatra holandés Jim Van Os es uno de los mayores referentes de la concepción del "continuum". Van Os, revisando cientos de estudios experimentales, documenta que estos episodios (por ejemplo, experiencias telepáticas o paranormales) son frecuentes en la población no clínica, se explaya acerca de que resulta muy difícil para los investigadores encontrar genes específicos y afirma que, en mayor o menor medida, todos somos "algo psicóticos", sin que eso llegue a ser problemático.

Dentro de esta corriente del continuum, destacan también los trabajos de Daniel Nettle. El autor es uno de los más significativos proponentes de la hipótesis de la Esquizotipia, que significa plantear que la Esquizotipia es una condición genética –un tipo de personalidad- que conforma un grupo amplio de la población, y que la Esquizofrenia sería un subgrupo más pequeño de quienes tienen Esquizotipia que, por algunos determinantes ambientales, habrían desarrollado la psicosis.

En su libro *"Strong Imagination: Madness, Creativity and Human Nature"*, Nettle, tras revisar cientos de investigaciones, sostiene que esta condición (la Esquizotipia) es adaptativa porque, si bien tiene características que pueden perjudicar a la persona (como tendencia a sumergirse en su mundo interior, aislamiento), hay también otras que podrían ser adaptativas (fundamentalmente, imaginación fuerte, creatividad, aptitud para apartarse de los caminos establecidos, etc.).

Para demostrar su teoría, Nettle revisa investigaciones empíricas que muestran que, entre los parientes cercanos de personas que padecen esquizofrenia, es más frecuente que en la media encontrar artistas o personas que se destaquen por su alta creatividad. Por ello, plantea, habría un rasgo genético (La Esquizotipia) que sería un forma de la personalidad y que, desde el punto de vista evolutivo, estaría justificada ya que, si bien en algunas circunstancias quienes la padecen podrían verse en desventaja (por ejemplo, por ser introvertidos, aislados, excéntricos), en otras, esta misma característica podría ayudarlos a tener una posición superior (como, por ejemplo, el caso de líderes místicos, artistas, etc.). No obstante, esta misma condición, dice Nettle, en algunas circunstancias, como sub-tipo problemático, se expresaría como la Esquizofrenia.

En la obra *"El Sueño de una Noche de Verano"*, Shakespeare sugiere un vínculo entre la locura y la creatividad artística. La ratio de enfermedades mentales está profundamente elevada en las familias de los poetas, escritores y artistas, lo que sugiere, dice Nettle, que los mismos genes, la misma capacidad imaginativa, es la que funciona en la habilidad creativa y en la enfermedad mental. Por eso, la Locura, ha sobrevivido hasta nuestros días porque es evolutivamente justificada, ya que tiene tantos beneficios como los que significan sus costos.

En congruencia con estas teorías, desde el "Mapa de la Autoestima", podemos interesarnos por la psicosis como una fenomenología estrictamente psicológica, vinculada a las emociones provocadas por hazañas y anti-hazañas. Esta fenomenología sería la que justificaría el tránsito de la condición biológica de la Esquizotipia (persona "rara", potencialmente genial, con mucho mundo interior e imaginación), hacia la Esquizofrenia (esquizotipia como condición de personalidad de base, con el añadido de una fenomenología psicótica).

La psicosis no solamente se da en la Esquizofrenia sino en muchas otras condiciones. Hay *"psicosis breve de buen pronóstico"* que ocurren cuando una persona tiene una experiencia de psicosis fuerte por un tiempo corto y luego se recupera completamente, muchas veces precipitada por hechos traumáticos. Hay psicosis en alguna bipolaridad, cuando en la fase maníaca de éxtasis puede llegar a tener delirios y alucinaciones. Hay también en la esquizofrenia.

Desde esta teoría, se propone dividir aguas entre las bases genéticas de una personalidad, que pueden justificar una predisposición, y la psicosis en sí misma, siendo que la psicosis estaría dada por un auto-engaño extremo para lidiar con las emociones provocadas por hazañas y anti-hazañas. En particular, dentro de la población de quienes tienen la personalidad genética de la Esquizotipia, sería más frecuente, por su fuerte imaginación, que esta fenomenología se desencadene, así como también sería más frecuente, por otra parte, –como lo ha estudiado Nettle- la creatividad y la sensibilidad artística.

Referencias:

Holt, N. (2018). The expression of schizotypy in the daily lives of artists. Psychology of Aesthetics, Creativity and the Arts.

Nettle, D. (2001). Strong imagination: Madness, creativity and human nature. Oxford University Press.

Van Os, J., Linscott, R. J., Myin-Germeys, I., Delespaul,

P., & Krabbendam, L. (2009). A systematic review and meta-analysis of the psychosis continuum: evidence for a psychosis proneness–persistence–impairment model of psychotic disorder. Psychological medicine, 39(2), 179-195.

Vellante, F., Sarchione, F., Ebisch, S. J., Salone, A., Orsolini, L., Marini, S., ... & Martinotti, G. (2018). Creativity and psychiatric illness: A functional perspective beyond chaos. Progress in neuro-psychopharmacology & biological psychiatry, 80(PB), 91-100.

13-11- *Las 5 vías del autoengaño de alta intensidad.*

De acuerdo a perspectivas más clásicas que pretenden trazar una frontera rígida, la psicosis ocurre cuando una persona pierde contacto con la realidad; esto se puede ver en delirios, alucinaciones y lenguaje desorganizado.

En cambio, dentro del modelo de la psicosis como continuo, canal en el que la teoría de las hazañas escudo se inscribe, la división de aguas no sería tan tajante y todos podríamos vivenciar fortuitas experiencias psicóticas sin que ello llegue a ser patológico.

En materia de lo que llamamos "hazañas" y "anti-hazañas" todas las personas, en distintas medidas, toman estrategias de auto-engaño que suponen, a escala muy baja, unas pequeñas y no problemáticas formas de ruptura con la realidad.

En particular, eso se puede ver en la vida cotidiana con comportamientos leves tales como *"no admitir un error"*, pero también el mismo fenómeno se ha encontrado en repetidas investigaciones empíricas rigurosas.

Para ello, pueden revisarse los trabajos sobre el "self serving bias" (sesgo de auto-servicio) y los de "self-deception" (auto-engaño).

Respecto del primero, se ha advertido experimentalmente un patrón de comportamiento según el cual las personas, ante el éxito, lo explican basado en sus méritos personales; pero, ante el fracaso, tratan de buscar causas exteriores al mismo (para una revisión de estos estudios ver Mezulis et al., 2004), y, en cuanto al auto-engaño, también resulta un fenómeno comprobado en la población no clínica que apunta a mejorar la autoestima (al respecto, un investigador relevante para agrupar estos trabajos es el biólogo Trivers, 2013).

Lo que esta teoría plantea como el auto-engaño de hazañas de fantasía, entonces, es compatible con los datos empíricos que suministran las investigaciones sobre "sesgo de auto-servicio" y también aquellas otras relacionadas, directamente, con auto-engaño.

Como dijimos en coherencia con los trabajos de Nettle y toda aquella corriente de investigación, hay una condición genética –la Esquizotipia- que predispone a una fuerte imaginación y a una mayor facilidad para la sensibilidad artística, pero también para practicar auto-engaño en más profundo grado que en la población común. No obstante, sería el auto-engaño de hazañas la fenomenología psicológica de la psicosis, un proceso que se podría dar en toda la población.

El auto-engaño de hazañas, en baja intensidad, daría lugar a las situaciones que se han reportado como "sesgo de auto-servicio" y, cuando, por condiciones ambientales o biológicas –o ambas-, se da con fuerte intensidad, entonces, da ocasión a la producción psicótica.

Ahora bien...poniendo el objetivo de practicar auto-engaño en alta intensidad... ¿Cómo se podría lograrlo? Al responder esta pregunta, surgen las 5 vías del auto-engaño en alta intensidad:

• **Tergiversación de la memoria**.

En niveles bajos, esto ocurriría cuando se filtran los recuerdos para proteger el auto-concepto, recordándose menos aquellos contenidos que resultan amenazantes. En el polo de máxima intensidad de este tipo de auto-engaño sería la alteración de toda la biografía personal para adoptar una falsa identidad.

- **Alteración de la información de los cinco sentidos.**

Sería el caso de las alucinaciones.

- **Alteración de la lógica y del razonamiento.**

Aún sin romper la información que suministra la memoria ni la que le reportan los 5 sentidos, una persona podría auto-engañarse si lograra destruir su propia lógica para procesar de manera incorrecta las premisas y poder llegar a las conclusiones equivocadas. Esto, en baja intensidad, sería el caso de los llamados "sesgos" que tanto ha estudiado la psicología cognitiva. No obstante, para auto-engañarse en escala superlativa, la destrucción de la propia lógica debe ser muy grande. En igual sentido, el lenguaje es como una cárcel de lógica que nos fuerza a pensar de una manera razonable. Por lo tanto, el auto-engaño a escala superlativa llevara a romper, de manera dramática, la lógica y la estructura del lenguaje, produciendo, como resultado, un lenguaje desorganizado y/o pensamientos de tipo "bizarros".

- **Misticismo.**

Suponiendo el objetivo de auto-engañarse en alta intensidad si no se rompe con la información de los cinco sentidos, ni tampoco se rompe la memoria y si, además, no se destruye la propia lógica, igual puede lograrselo a través de creer en historias que, por estar en un "más allá" alejado de lo sensible, pueden no estar en contradicción con esta información proveniente sobre el mundo real. El místico puede "creer" en un relato que tenga cierta coherencia (no hay destrucción de la lógica) y que, sin embargo, no contradice la información de sus cinco sentidos, por situarse en el "más allá" de lo paranormal y no perceptible.

- **Mixta.**

La quinta vía, que será la más común, será una mezcla de todas –o de algunas– de las anteriores, en distintas proporciones. En el célebre caso Schreber puede verse, por ejemplo, una historia de tipo místico, junto con cierto contenido "bizarro" en la composición de dicha historia.

Referencias:

Mezulis, A. H., Abramson, L. Y., Hyde, J. S., & Hankin, B. L. (2004). *Is there a universal positivity bias in attributions? A meta-analytic review of individual, developmental, and cultural differences in the self-serving attributional bias.* Psychological Bulletin, 130(5), 711

Trivers, R. (2013). *La insensatez de los necios. La lógica del engaño y el autoengaño en la vida humana.* Katz Editores.

13-12- Los factores ambientales en la psicosis y la derrota social.

Al respecto, Selten et al. (2013), interesándose por los factores en común que emergen de la epidemiología de la esquizofrenia, postularon la reciente "hipótesis de la derrota social".

De acuerdo a numerosas investigaciones epidemiológicas que los autores han revisado, los factores ambientales que aumentan la incidencia de esquizofrenia son: infancia urbana; inmigración; uso de drogas; bajo cociente intelectual; pertenecer a minorías estigmatizadas como minorías étnicas o sexuales; el haber padecido traumas infantiles; el ser hijo de inmigrantes (Selten et al., 2013).

Todas estas circunstancias, según las estadísticas, aumentan el riesgo de padecer esquizofrenia. Según los autores, estos factores tienen en común el ser compatibles con factores ambientales que aumentan el riesgo de haber sufrido situaciones de "Derrota Social".

De esta manera, emerge con fuerza la hipótesis de la social defeat: el hilo común que entronca los factores ambientales que aumentan la incidencia esquizofrenia es la "Derrota social" y muchos investigadores ya están trabajando desde este nuevo modelo.

Dentro de este modelo, se plantea que las experiencias de intensa Derrota Social pueden afectar el cerebro en lo que hace al neurotrasmisor de la dopamina.

La dopamina es un neurotransmisor en el cerebro, una sustancia química que las neuronas usan para comunicarse. Está involucrada en el placer, la motivación, la atención y la "saliencia" (dar importancia a estímulos).

A su vez, en la esquizofrenia, se propone que hay una hiperactividad dopaminérgica en el sistema mesolímbico (áreas como el núcleo accumbens y el área tegmental ventral, VTA). Esto hace que el cerebro dé demasiada importancia (saliencia aberrante) a estímulos neutros, lo que lleva a delirios o alucinaciones. Por ejemplo, un ruido cualquiera se interpreta como "me persiguen".

Adempas, los neurolépticos (como el haloperidol) bloquean receptores de dopamina (D2) y reducen síntomas psicóticos en semanas. Por otro lado, drogas que aumentan la dopamina (anfetaminas) pueden inducir psicosis en personas sanas. Además, estudios con PET muestran más dopamina en el striatum de pacientes esquizofrénicos

Entonces, alinénadose con La Hipótesis de la Dopamina en la Esquizofrenia, quienes trabajan en el área de la Derrota Social, advierten que el stress particular que producen los eventos de Derrota Social puede afectar el cerebro en lo que hace la dopamina.

Así, puede explicarse por qué el pertenecer a estos grupos donde la Derrota Social es más frecuente (adversidad infantil, inmigración, etnias discriminadas, bajo cociente intelectual), aumentará la prevalencia de esquizofrenia.

Los investigadores han demostrado que, en ratas, las experiencias de Derrota Social (una rata es dominada por otra rata), aumenta la dopamina en el núcleo accumbens y causa comportamientos de evitación (Krishnan et al., 2007)

Por lo tanto, tenemos una sólida línea de investigación que vincula la Derrota Social con la esquizofrenia, que da explicaciones tanto a las estadísticas epidemiológicas como a los cambios en el cerebro.

Si la Derrota Social es similar a "anti-hazaña", puede explicarse este efecto cerebral, a nivel psicológico, como una ansiedad fuertísima similar al miedo a sufrir una inminente anti-hazaña. Esta ansiedad fuerte es la que desencadena el delirio, como la hazaña escudo de "darse cuenta".

Puede decirse, entonces, que ante las anti-hazañas pasadas se sobre-compensa con hazañas presentes imaginarias.

Una situación presente de anti-hazañas o derrota social se sobrecompensa con hazañas imaginadas.

Por eso, en este momento, podemos sugerir una clasificación general de los delirios en *"auto-engaños de hazañas comunes"* (como grandiosidad, posesión, erotomanía, etc.) y *"auto-engaños de hazañas escudo"* (sobre todo de la hazaña escudo pesimista de "darse cuenta", como referencia, calumnia, persecución, celotipia, hipocondría, etc.)

Ante situaciones de fuerte y constante Derrota Social, como plantean los investigadores, podría desregularse la dopamina en el cerebro desatando auto-engaños en más alta intensidad de lo habitual, resultando todo ello en "certezas delirantes" de hazañas comunes o de hazañas escudo.

Referencias:

Selten, J. P., van der Ven, E., Rutten, B. P., & Cantor-Graae, E. (2013). *The social defeat hypothesis of schizophrenia: an update. Schizophrenia bulletin*, 39(6), 1180-1186.

Krishnan, V., Han, M. H., Graham, D. L., et al. (2007). *"Molecular adaptations underlying susceptibility and resistance to social defeat in brain reward regions."* Cell, 131(2), 391-404.

Bentall, R. P., Wickham, S., Shevlin, M., & Varese, F. (2012). "Do specific early-life adversities lead to specific symptoms of psychosis? A study from the 2007 Adult Psychiatric Morbidity Survey." Schizophrenia Bulletin, 38(4), 734-740.

13-13- El pródromo de la psicosis.

En 1958, Klaus Conrad publica su libro acerca de los estadios iniciales de la esquizofrenia, basado en sus experiencias como psiquiatra de los soldados alemanes que volvían de la segunda guerra mundial.

El teórico alemán distinguió dos fases esenciales en la etapa inicial de la esquizofrenia: *la Trema* y la *Apofanía* (Conrad, 1958).

La "Trema" alude al estado psicológico que tiene el actor que va a entrar a la escena en un teatro y con ello el médico caracteriza el estado mental de una persona que siente que se va a producir en su vida psíquica un drama.

La Apofanía se refiere a la revelación, el estadio donde la persona revela una nueva realidad: el delirio (Conrad, 1958).

La pregunta: ¿Es la Trema un estado emocional de intenso terror acerca de la inminente llegada de una anti-hazaña y es la Apofanía la hazaña escudo que permite amortiguar de alguna forma ese terror o esa ansiedad?

Coherente con la hipótesis de la derrota social en la esquizofrenia (ver 13.11), algunas personas con predisposición que sufrieran situaciones de derrota social -o de ant-hazaña muy fuerte- quedarían luego con una suerte de "stress postraumático de anti-hazaña" que las llevaría a experimentar fuertísima ansiedad sobre que la experiencia se vuelva a repetir, y esa ansiedad se correspondería con la Trema de Conrad, siendo la hazaña escudo de "darse cuenta" la resultante Apofanía, con la psicosis ya establecida.

Además, las metáforas de Conrad resultan muy precisas para describir esto. Si el terror fuera de cometer una anti-hazaña, entonces la imagen del actor que sale al escenario es perfecta, porque no solamente se tiene vergüenza personal por el inminente error gravísimo, sino que, además, la mirada de los otros –de los espectadores- está enfocada en esa futura vergüenza.

Por ello, la metáfora de Conrad es muy exacta para describir el
estado psíquico de nuestra hipótesis: la Trema es muy parecida al miedo inminente de anti-hazaña. Por su parte, la Apofanía, al ser una revelación, tiene indudables características de mérito: conforma una buena descripción la hazaña escudo de "darse cuenta".

En consecuencia, facultades sensoriales extendidas pueden ser una parte del auto-engaño y pueden entenderse ideas telepáticas, premoniciones de futuros azarosos, habilidades para descifrar ocultos o simbólicos mensajes, inquirir a las personas para buscar escondidas conspiraciones, entre otras cosas.

Referencias:
Conrad, K. (1958). *La esquizofrenia incipiente* (1958). Revista de la Asociación. Española de Neuropsiquiatría., 14(49), 319-328. 1994.

13-14- La Hazaña Escudo de "Darse Cuenta" como certeza.

De acuerdo a lo que aquí se está planteando, los delirios son el continuo más intenso de procesos que la psicología experimental ya sabe que están en toda la población no clínica.

Entonces, los delirios de "hazañas" son el continuo del llamado *sesgo de auto-servicio* (Auto-engañarse para verse mejor uno de lo que en verdad es, no reconocer errores, etc.) y los delirios de la hazaña escudo de "Darse Cuenta" son el continuo más intenso del *"pesimismo defensivo"* (auto-engañarse para *"Darse cuenta"* de una futura derrota, de tal manera que, si ocurre, tener un mérito perceptivo reservado en compensación).

No obstante, este proceso, si las emociones de vulnerabilidad a las anti-hazañas adquieren una fuertísima intensidad, podría conducir a una certeza, a una verdadera certeza indiscutible.

En general, en todos estos casos, puede verse que si un determinado suceso es identificado y percibido como anti-hazaña intolerable, entonces los temores que su posibilidad genera llevan a forzar la capacidad de "percibirlo".

El "Darse Cuenta" de lo peor genera mucha angustia, pero cuanta más convicción se tiene sobre lo percibido, tanto más capacidad perceptiva se demostrará. Por lo tanto, cualquier intento por poner en duda la creencia negativa y angustiante, solo discute el valor de la hazaña profética que es, precisamente, la que ayudará a compensar y salvar la evaluación global ante la posibilidad del golpe.

No merece la misma admiración un profeta que sospecha un futuro y acierta que otro que lo "sabe" con certeza. A mayor certeza, mayor destreza perceptiva demostrada.

Por lo tanto, si la anti-hazaña temida es demasiado poderosa, tanto más se necesitará de la certeza anterior – ilustrativa de la alta competencia perceptiva- para que el auto-concepto soporte el golpe. La misma dinámica del proceso se potencia a sí misma hasta eliminar toda duda y darle características de convicción indiscutible.

Más certeza se tiene, más capacidad perceptiva se demuestra. Por lo tanto, a más miedo se tiene de lo peor, más certeza de que va a ocurrir.

Además, al visualizar "Lo peor" eso impacta en el cerebro y genera mayor cantidad de adrenalina y la adrenalina más ansiedad y, finalmente, esto conduce a que sea todavía más poderosa la certeza.

Cuando el proceso psicológico se desarrolla en sus graduaciones más extremas, con el auxilio de las 5 vías del auto-engaño de alta intensidad, puede tener formas muy preocupantes, sufridas y poco adaptativas.

13-15- La Hazaña Escudo de "Darse Cuenta" y la hipocondría. El síndrome de Munchausen.

La *"Hipocondría"* consiste en la creencia de que se sufre una gravedad enfermedad, frecuentemente el hipocondríaco visita cientos de médicos para que evalúen si tiene esa enfermedad.

Aquí la anti-hazaña temida sería la propia enfermedad que se percibiría como una derrota insoportable, como un error intolerable.

La hazaña escudo pesimista de *"Darse Cuenta"* consistiría en la certeza de que ya se tiene la enfermedad y, como hazañas escudo adicionales, el sujeto podría ir a distintos médicos a exigir tratamientos.

Cuando finalmente se enferme, podrá recordar y decir *"al menos me di cuenta...yo lo sabía"* (hazaña escudo pesimista) ofreciéndose este consuelo y también podrá recordar que fue a muchos médicos (hazaña escudo adicional).

Coherentemente con la hipótesis de la hazaña escudo en la hipocondría, se ha encontrado que la creencia de que se tiene la enfermedad está directamente vinculada con la ansiedad que la idea de enfermedad produce; cuanto más grande es la ansiedad, más fuerte es la creencia (Warwick & Salkovskis, 1990)

En la hipocondría nos pesa la responsabilidad de saber cuidarnos a nosotros mismos de la enfermedad, porque la enfermedad aparece como un fracaso en cuanto a que no supimos tomar prevenciones para evitarla. "Darnos cuenta" de que ya estamos enfermos, aunque los médicos digan lo contrario, se ve como un consuelo.

Por eso, desde esta perspectiva, se puede comparar con el llamado *"Síndrome de Munchausen por poderes"*. Se trata de una enfermedad mental y una forma de maltrato infantil. El cuidador del niño, con frecuencia la madre, inventa síntomas falsos o provoca síntomas reales para que parezca que el niño está enfermo.

En el *Síndrome de Munchausen* muchas veces los niños resultan lastimados, a consecuencia de la obsesión de sus madres de forzarles tratamientos médicos que no necesitan.

De manera tradicional, se entiende que el *Síndrome de Munchausen* se debe al deseo de algunas madres de tener atención de los médicos.

La hazaña escudo, como una teoría rival para explicar el síndrome, plantea que, en realidad, la madre experimenta un exagerado miedo de que el niño se enferme de algo serio, en razón de que este riesgo es percibido por ella como una insoportable anti-hazaña personal, debido a su rol de cuidadora y a su responsabilidad.

La enfermedad del niño sería una anti-hazaña capaz de infundir derrota y culpa en tan altas graduaciones que se hace insoportable. En consecuencia, dada la incerteza del destino, ella necesita ir a ese posible futuro equipada con hazañas escudo que, llegado el caso, le ayudarán a sobrellevarla. Las hazañas escudo usadas para confrontar la temida anti-hazaña serían la hazaña escudo pesimista de "Darse cuenta" (y "predecir" la severa enfermedad) y también hazañas escudo adicionales como llevar al niño a muchísimos médicos y presionar a estos últimos para que le den tratamientos.

Como la madre tiene una certeza delirante de que el niño ya está enfermo, puede falsificar los análisis para presionar a que le den los tratamientos médicos.

Referencia:
Warwick, H. M. y Salkovskis, P. M. (1990). *Hypochondriasis. Behavior Research and Therapy.* Vol. 28, nº2, 105-117

13-16- El delirio de psicosis y su papel en la cronificación.

En los últimos años hubo una explosión de diagnósticos de enfermedades mentales que tuvo, como correlato, un abrumador aumento del consumo de psicofármacos.

Poco a poco, el sistema avanza hasta estamparle un diagnóstico a toda la población y convertirnos a todos en consumidores de psicofármacos.

En esto puede tener un protagonismo importante internet –porque la gente se "informa" de los síntomas de las enfermedades mentales por la red– y la hipocondría de la enfermedad mental.

La persona se auto-induce la creencia de que ya tiene una enfermedad mental y consulta a los profesionales para, llegado el caso, repetirle los "síntomas" que no son otros que los que leyó primero en internet. Aunque el profesional pueda reconocer que es falso el panorama, si la persona tiene hipocondría de enfermedad mental –es decir, *Se Da Cuenta*" de que la tiene– descreerá de la respuesta del profesional y seguirá consultando a otros profesionales hasta que alguno le suministre "el diagnóstico" que teme y la prescripción de los debidos medicamentos.

Este tipo de hipocondría es difícil de reconocer porque las enfermedades mentales no tienen marcadores biológicos bien establecidos. Por lo tanto, el médico puede descartar la enfermedad biológica de un hipocondríaco porque no encuentra las señas biológicas de la enfermedad temida en cuestión. En cambio, los síntomas de las enfermedades mentales muchas veces son "mentales" (ejemplo: "voces internas" o "depresión") y, por lo tanto, tan fáciles de falsificar para el hipocondríaco, como difíciles de descartar para el médico.

La persona desarrolla una tendencia a realizar una exploración exhaustiva de las profundidades de su propia mente, a la búsqueda de encontrar los "Síntomas", cuando los "Síntomas" se ven como anti-hazañas vergonzosas y dramáticas. A resultado de ello, se "Da Cuenta" de la presencia de estos síntomas internos (depresión, angustia, pánico,), ello aumenta muchísimo su angustia y desarrolla la certeza delirante de que ya tiene la enfermedad mental en cuestión.

Una vez que la persona ya consumió fármacos, el proceso quizá se agrava por sus connotaciones psicológicas. El uso de medicamentos lleva a que se desarrolle la tendencia a explorar "los efectos adversos" de los medicamentos, a leer los prospectos y a realizar incursiones mentales a la búsqueda de encontrar "los síntomas". Se clasifica los eventos mentales en "sanos" y "patológicos" y el temor intenso de encontrar a los últimos en la propia mente lleva, paradójicamente, a provocarlos.

El temor a los fantasmas de la mente es lo que genera que la mente se convierta en una mansión encantada repleta de fantasmas detrás de cada puerta. Una mansión que se camina y recorre una y otra vez con un intenso terror.

En cambio, si se tomara una actitud amistosa hacia los fantasmas de la mente, posiblemente desaparecerían. Si se les quita la calidad de anti-hazaña a los eventos mentales internos "enfermos", la hazaña escudo de *"Darse cuenta"* de su presencia se desintegra.

El miedo a los síntomas, el miedo al sufrimiento, el miedo a la ansiedad, potencia todo el proceso. Esto lleva a un círculo vicioso de angustia, ansiedad, sufrimiento y diagnósticos dramáticos.

Además, esto se podría ver reforzado por las investigaciones sobre alta *Emoción Expresada* (EE) del familiar. Es un concepto de G.W. Brown, J.L Birley y J.K. Wing (1972)

La alta emoción expresada o HEE (High Expressed Emotion) definida por la presencia de niveles elevados de crítica, hostilidad y/o exceso de sobreimplicación emocional (EOI), ha demostrado consistentemente ser un importante predictor de recaída en la esquizofrenia (Brown et al., 1972; Butzlaff y Hooley, 1998).

¿Cómo se hacía esto? Los psiquiatras medían la *Emoción Expresada* del familiar (tanto en críticas como sobreimplicación emocional) en una escala, al ingresar al manicomio el paciente con esquizofrenia. Luego medían los resultados años más tarde y advertían que los pacientes cuyo grupo familiar tenía mayor *Emoción Expresada* (EE), entonces eran los que más probabilidades tenían de recaer. Así, a partir de entonces, pudo advertirse que las familias que tienen un paciente con esquizofrenia que se sobreimplican más emocionalmente, son las que generan mayor tasa de recaídas en el paciente y peor pronóstico.

Es así como hay nuevas terapias, como la terapia DIALOGO ABIERTO, que se basan en interferir sobre las relaciones en el núcleo familiar.

¿Por qué esto es relevante aquí? Porque el excesivo dramatismo de la familia podría ser lo que haría que el paciente vea a sus propios eventos internos (como voces, alucinaciones, ideas confusas) como anti-hazañas personales merecedoras de enorme vergüenza y estigma familiar.

Si los familiares reaccionan con crítica, hostilidad o sobreimplicación ("¡Otra vez estás así, qué desastre!" o "¡No puedes seguir haciéndonos esto!"), refuerzan esa percepción de los eventos internos como anti-hazañas. El dramatismo familiar intensifica la vergüenza y la angustia, lo que aumenta la ansiedad. El paciente "aprende" que alucinaciones, voces o confusión son señales de desprestigio, porque la internación y la alta EE las vinculan a una derrota social. Esto crea una sensibilidad extrema a esos eventos internos, como si fueran indicadores de un nuevo fracaso inminente.

La angustia se vuelve tan abrumadora que el paciente desarrolla "delirio de psicosis": un autoengaño en el que "se da cuenta" de que la psicosis ha vuelto, aunque no sea cierto. Como un hipocondríaco que inventa síntomas por miedo a la enfermedad, el paciente interpreta cualquier confusión o ansiedad como una recaída, generando un delirio secundario sobre su propio estado.

Ejemplo: Un paciente internado previamente regresa a casa. Su familia, con alta EE, lo critica por estar "distraído" un día ("¡Otra vez estás loco!"). Él interpreta esa distracción como una anti-hazaña (inicio de psicosis), entra en pánico y desarrolla un delirio: "Sé que las voces están volviendo". Aunque no hay alucinaciones reales, su "darse cuenta" lo reafirma, pero también lo lleva a una nueva internación.

Muchos enfoques psicológicos, como la terapia cognitivo-conductual (TCC) para psicosis o intervenciones introspectivas, animan al paciente a observar y analizar sus pensamientos, percepciones o síntomas (voces, alucinaciones, confusión). En un contexto de alta EE y post-internación, esto podría tener efectos de cronificar una psicosis.

Auto-examen como trampa: Si el paciente ha aprendido (tras la internación y la alta EE) que sus eventos internos son anti-hazañas —señales de fracaso o desprestigio—, un tratamiento que lo empuje a "buscar" esas señales (por ejemplo, "Fíjate si oyes voces hoy") puede aumentar su hipervigilancia. En lugar de reducir los síntomas, lo pone en un estado de alerta constante, amplificando la ansiedad

En síntesis, si entendemos a muchos delirios como la "Hazaña Escudo de Darse Cuenta" realizados para soportar una derrota inminente, entonces algunos contextos pueden crear un contexto que cronifique el mal con la creación del delirio de psicosis.

Referencias:

1-Vaughn, C. E., & Leff, J. P. (1976). "The influence of family and social factors on the course of psychiatric illness: A comparison of schizophrenic and depressed neurotic patients." British Journal of Psychiatry, 129, 125-137.

2-Brown, G. W., Birley, J. L. T., & Wing, J. K. (1972). "Influence of family life on the course of schizophrenic disorders: A replication." British Journal of Psychiatry, 121, 241-258.

3-Hooley, J. M. (2007). "Expressed emotion and relapse of psychopathology." Annual Review of Clinical Psychology, 3, 329-352.

4-Hooley, J. M., & Gotlib, I. H. (2000). "A diathesis-stress conceptualization of expressed emotion and clinical outcome." Applied and Preventive Psychology, 9(3), 131-151.

13-17- Abrazando tus demonios. La Terapia de

Aceptación y compromiso.

La *Terapia de Aceptación y Compromiso* (ACT) es una terapia psicológica conductista basada en el Mindfulness que, a su manera, desafía los grandes pilares de la psicología occidental.

Fue creada en los años 80 por el psicólogo norteamericano Steven Hayes y cuenta con un importante respaldo en la evidencia.

La idea de la Terapia es implementar las acciones que nos permitan tener una vida con sentido, una vida parecida a la queremos vivir y desarrollar algunas técnicas para enfrentar las emociones desagradables (como ansiedad) o eventos internos negativos (como pensamientos negativos).

La psicología occidental está basada en asumir la premisa de la "normalidad psicológica" que excluye al sufrimiento, la ansiedad y los malos pensamientos. La "normalidad psicológica" sería no sufrir y una felicidad constante. En ACT consideran, en cambio, que el sufrimiento psicológico es inevitable y que los malos pensamientos y la ansiedad no deben tratar de evitarse, sino apenas contemplarse y aceptarse.

Lo interesante de ACT es que desconfía de la premisa de dividir los eventos mentales privados en "enfermos" y en "sanos". Al contrario, hay que aceptarlos a todos.

Por eso, desde esta Teoría, creemos que casi toda la psicología es iatrogénica o hace daño. La psicología tradicional promueve que la persona realice auto-exploraciones interiores a la búsqueda de eventos "enfermos" (como ansiedad, depresión, tristeza) y esto genera la "hipocondría de la enfermedad mental" porque se auto-inocula la certeza de que tiene los eventos "enfermos" por el miedo a tenerlos.

En cambio, por todos lo desarrollado en 13.6, consideramos que la Terapia ACT podría ser de gran ayuda para evitar la "hipocondría de la enfermedad mental" y el círculo vicioso del sobre-diagnóstico.

Referencia:

Harris, R. (2006). *Embracing your demons: An overview of acceptance and commitment therapy. Psychotherapy in Australia,* 12(4), 70.

13-18- No ser tomado de tonto.
Hazaña escudo de "Darse cuenta".

La vulnerabilidad excesiva a la anti-hazaña del engaño es lo que predispone a ver antesalas por todas partes, para *"darse cuenta"*, o, al menos, a la hazaña escudo de la sospecha. Si al menos sospechamos, no podríamos ser "completamente engañados" y, así, por miedo a la anti-hazaña, adoptamos una máscara permanente de desconfianza.

Entre estas formas del miedo a la anti-hazaña, está el miedo a ser *"Tomado de tonto"*, se entiende cuando se sufre algún tipo de engaño. Quien tiene demasiada vulnerabilidad a esta posibilidad, entonces, para blindarse contra el riesgo, practica la hazaña escudo de "Darse Cuenta" y acusa a todos de querer estar engañándolo. Se desarrolla un tipo de pensamiento persecutorio, de acuerdo al cual se tiende a creer que la otra persona te quiere engañar, la forma de prevenir que "te tome de tonto" es "Darte cuenta" y acusarla.

El problema es que este comportamiento lleva a realizar acusaciones infundadas a todas las personas y a tener un pensamiento pesimista y negativo de manera permanente. Al final, el riesgo de ser engañado alguna vez es mucho menor que los costos que significa maltratar a todas las personas y pensar mal de todos, realizar acusaciones injustas, porque eso lleva a una mala calidad de vida.

Por ende, esta forma de hazaña escudo que previene de la anti-hazaña de ser "tomado de tonto", e ilustra una excesiva vulnerabilidad de la autoestima a la anti-hazaña, significa un rasgo crónico de personalidad agresiva que, a la larga, trae muchísimos más problemas que los que podría tener alguien simplemente confiado.

13-19- LAS HAZAÑAS ESCUDO EN LA PAREJA. UN EJEMPLO DE DOS PERSONAS ATEMORIZADAS POR SUS MIEDOS PROFUNDOS

Supongamos un ejemplo ficticio para que se note mejor cómo puede funcionar en una pareja.

Guillermo se relaciona con Juana en un noviazgo. Las dos anti-hazañas temidas por Guillermo son que Juana a) le sea infiel b) lo engañe para ello. Entonces Guillermo examina meticulosamente la información disponible para saber si la información puede responderle la duda. Cada gesto. Cada mirada. Cada dialogo. Y ahí viene la hazaña escudo y "Se Da Cuenta" que ella le es infiel. En realidad, no tiene pruebas pero sobreamplifica tanto la información disponible hasta que "Se Da Cuenta" de que lo temido ya ocurrió. Entonces está seguro de que ella le es infiel. No es "tonto". Se da cuenta.

Ahora veamos qué le pasa a Juana. Ella tiene un profundo miedo. Que Guillermo no la ame. Su miedo más oscuro y temido es que Guillermo la utilice solamente para sexo como un objeto, pero sin amarla. En tal caso, según su miedo más terrible es que ella no es querida ni amada, solamente un objeto sexual de un impostor que le finge amor y noviazgo. Por lo tanto, ella examina cuidadosamente lo que pasa para saber si puede tener información de que lo temido ocurra. Un día, Guillermo llega cinco minutos tarde a verla. Entonces ella "Se Da Cuenta" de que no la ama, ya que quien ama (en su razonamiento) no podría llegar tarde. Otra vez, él tarda en contestarle un mensaje. Entonces "Se Da Cuenta" de que no la ama tampoco por eso. Así que ella lo insulta. Le dice que "Se Dio Cuenta", le dice que es un mentiroso que está jugando con ella.

Así pues, como hay dos anti-hazañas muy temidas (y nunca del todo imposibles en la incertidumbre de una relación) entonces ambos buscan información que pueda permitirles "percibir" si ocurren y, así, sobre amplifican y fuerzan su percepción, hasta "Darse Cuenta" de que lo malo ya ocurrió.

Guillermo no entiende por qué ella lo insulta tanto por detalles inverosímiles. Juana tampoco entiende por qué él "Se Da Cuenta" de cosas que no ocurrieron y todo eso, con tantos insultos.

En ambos casos, el miedo a la anti-hazaña desemboca la "hazaña escudo" de "Darse Cuenta", así que los dos tienen la "certeza" de estar frente a frente con la mentira y la impostura.

13-20- LAS HAZAÑAS ESCUDO COMO CORTINA NEGRA PARA VER TODA LA VIDA. LAS MALAS DECISIONES.

Numerosas investigaciones en psicología han demostrado un vínculo sólido entre la baja autoestima y un sesgo en la interpretación de los rostros humanos. Quienes tienen una autoevaluación negativa tienden a leer expresiones neutras como si fueran gestos de rechazo o desprecio, y, a la inversa, suelen pasar por alto las señales de aceptación o interés genuino. Es como si llevaran una cortina negra permanentemente extendida frente a sus ojos: un filtro distorsionador que oscurece la vida cotidiana.

La Hazaña Escudo de Darse Cuenta, no se limita a las relaciones sociales. Es una estrategia inconsciente que opera bajo un lema tácito: "sé muy pesimista y así nunca te desilusionarás". A simple vista parece un mecanismo de autoprotección, un crédito a favor del ego que permite pensar, cuando las cosas salen mal: "al menos me di cuenta, ya lo sabía". Sin embargo, esa misma defensa, cuando se vuelve un hábito, termina por nublar la percepción de la realidad y corromper la capacidad de tomar buenas decisiones.

El problema central es que este pesimismo desproporcionado actúa como un lente deformante. Se ve todo más negro de lo que realmente es, y eso trae consecuencias muy concretas: las decisiones se vuelven erráticas. Por un lado, el miedo excesivo a las amenazas lleva a evitar riesgos de manera desproporcionada, generando elecciones cobardes o excesivamente conservadoras que terminan en malos resultados. Por otro, esa mirada ensombrecida impide reconocer las oportunidades cuando aparecen: si todo parece peligroso o condenado al fracaso, no hay lugar para atreverse a aprovechar lo que sí es prometedor.

En el ámbito de las relaciones, el patrón tiene consecuencias. Las personas atrapadas en esta Hazaña Escudo tienen menos probabilidades de iniciar un vínculo amoroso porque no perciben —o desconfían— de las señales de interés. Y si logran comenzar una relación, el miedo desmedido al rechazo puede generar conductas ansiosas y asfixiantes que, finalmente, dañan a la pareja. La psicología científica denomina a este sesgo *rejection sensitivity*: una hipersensibilidad que lleva a detectar rechazo donde no lo hay.

Pero no termina ahí. Las investigaciones también muestran que quienes tienen baja autoestima aprenden más de los errores y de las predicciones negativas que de los aciertos. En otras palabras, su aprendizaje está sesgado hacia lo que sale mal, reforzando así el círculo vicioso: cada error se convierte en una prueba de que el mundo es hostil, mientras que los éxitos tienden a pasar desapercibidos o son desvalorizados.

En entornos laborales o de emprendimiento, este mismo patrón se traduce en una menor propensión a asumir riesgos. El resultado es predecible: se pierden oportunidades, se desaprovechan puertas abiertas, y la vida —que para otros sigue mostrando claros y oscuros— termina percibiéndose como un escenario permanentemente gris.

La verdadera ironía es que la Hazaña Escudo de Darse Cuenta, concebida para evitar el dolor de la desilusión, se convierte en una trampa: protege el ego a corto plazo, pero a largo plazo mantiene a la persona atrapada en una percepción torcida, incapaz de ver la realidad tal como es ni de atreverse a elegir lo que podría cambiar su suerte.

Aplicación práctica: aprender a reconocer que la mente puede mentirnos en la forma en que nos presenta la realidad. Si todo se ve sistemáticamente más negativo, es necesario detenerse y dudar de ese filtro: en la medida en que lo sepamos, puede dañarnos menos y abrirnos la posibilidad de tomar mejores decisiones, leer mejor las oportunidades y aprovecharlas.

REFERENCIAS DE INTERES:

Downey, G., & Feldman, S. I. (1996). Rejection sensitivity as a mediator of the impact of childhood exposure to family violence on adult attachment behavior. Journal of Personality and Social Psychology, 70(6), 1327–1337.

London, B., Downey, G., Bonica, C., & Paltin, I. (2007). Social causes and consequences of rejection sensitivity. Journal of Research on Adolescence, 17(3), 481–506.

Romero-Canyas, R., Downey, G., Reddy, K. S., Rodriguez, S., Cavanaugh, T. J., & Pelayo, R. (2010). Paying to belong: When does rejection trigger ingratiation? Journal of Personality and Social Psychology, 99(5), 802–823.

Liao, Y., Fan, Q., & Zhou, C. (2019). Low self-esteem is associated with biased learning of social feedback. Social Cognitive and Affective Neuroscience, 14(11), 1213–1221

13-21- LAS HAZAÑAS ESCUDO COMO UN PATRON PSICOLOGICO DEL MAL INVERSOR EN LA BOLSA.

Cabe hacer una advertencia. Conocer esta teoría psicológica (el M.A.) no es suficiente para convertirse en un buen inversor en la bolsa. No pretendemos abarcar todas las materias. Ser un buen inversor requiere mucho más estudio —de economía, de valuación de activos, de estrategias de inversión, etc.—.

Sin embargo, aunque haya mucha más formación en juego, sí es cierto que algunas emociones pueden perjudicar las decisiones de inversión, incluso en personas inteligentes y bien formadas.

Aquí veremos un ejemplo de lo que puede pasar: un prototipo de mal inversor que no fracasa por falta de inteligencia, sino porque está atrapado en la lógica de la Hazaña Escudo de Darse Cuenta.

Veamos-

Un inversor decide permanecer en efectivo porque, racionalmente, cree que el mercado va a caer. Pero, a los pocos días, aparece el miedo a la anti-hazaña: "¿y si se dispara y yo me quedo afuera como un idiota?". Su mente busca un crédito anticipado para proteger el orgullo: la Hazaña Escudo de Darse Cuenta. Entonces tiene una visión catastrófica: "¡Va a subir y yo me lo voy a perder, ya lo sé!". En la medida en que cree que va a subir, obtiene un mérito anticipado: "yo me di cuenta". Pero esa idea, que debería ser solo una posibilidad, se convierte en una certeza angustiante. Cuanto más se convence de que va a subir, más crédito tiene en haberse anticipado. Al final, tiene una certeza delirante de que va a subir. Al final con tanta seguridad y tanta angustia, entonces para evitar la humillación de perderse la subida, entra al mercado de forma apresurada.

Una vez comprado, la amenaza cambia. Ahora la anti-hazaña es ser *"el tonto que compró en el máximo antes del derrumbe"*. La Hazaña Escudo cambia de signo: aparece una nueva catástrofe percibida como verdad absoluta: *"¡Esto se va a desplomar, lo veo claro!"*. Si cae, será la prueba de que compró en un mal momento. Para compensar este riesgo, se "Da Cuenta" de que el derrumbe es inminente. Apenas el precio retrocede un poco, la angustia se multiplica: "lo sabía, se viene el desplome". Finalmente, dominado por la ansiedad, vende apresuradamente.

Al vender, el pensamiento catastrófico vuelve a aparecer, reiniciando el ciclo: el miedo a la anti-hazaña de quedarse afuera lo hace entrar de nuevo, y así sucesivamente. Cada giro no está guiado por datos objetivos, sino por la necesidad de reservarse un mérito perceptivo: "yo ya lo sabía", aunque ese supuesto mérito solo sirva para proteger el orgullo a corto plazo. Entonces su capacidad de análisis estaría nublada por una lógica muy catastrófica que lo lleva a "sobre-operar" (trading diario) y a tomar peores decisiones de las que podría tomar si pudiera tener una mirada más fría y objetiva. La misma cortina negra que lleva al celoso a acusar infidelidades inexistentes puede llevar al inversor a entrar y salir compulsivamente del mercado.

13-22- LAS HAZAÑAS ESCUDO COMO UN PATRON PSICOLOGICO DEL MALTRATO DE LOS PADRES A LOS HIJOS.

Ser padres nunca fue fácil, y menos en una sociedad que convierte el éxito en una hazaña imprescindible para el prestigio social. A lo largo de la historia se ha culpado a los padres de casi todos los problemas de los hijos; basta recordar la desacreditada teoría de la "madre nevera" que atribuía el autismo a la frialdad materna, ignorando su origen biológico –difundida especialmente por el psicoanalista Bruno Bettelheim–. No queremos sumar una nueva pila de acusaciones, pero sí observar un mecanismo emocional que a veces se activa inconscientemente y que puede desembocar en maltrato.

Los padres también son víctimas de esta presión exitista. En el M.A.S., el éxito de los hijos es leído como una hazaña que prestigia a los padres, mientras que sus fracasos pueden vivirse como una anti-hazaña que los avergüenza. De ahí que muchos padres sientan una intensa Contra-Admiración: se enorgullecen públicamente de los logros de sus hijos, pero pueden humillarlos o ridiculizarlos en público cuando fracasan, como si con ello se desmarcaran y gritaran: "yo no soy como él".

Pero hay algo más profundo. En una sociedad que responsabiliza a los padres por el destino de sus hijos, el fracaso de un hijo puede vivirse como un fracaso personal intolerable. Surge entonces el miedo: "¿y si mi hijo nunca logra nada? ¿y si todos creen que soy un mal padre?". Este temor puede llevar a la Hazaña Escudo de Darse Cuenta. Igual que la madre hipocondríaca que, por miedo a fallar como cuidadora, termina convencida de que su hijo ya está enfermo (13-5), algunos padres, por miedo a que sus hijos fracasen, se "dan cuenta" de antemano de ese supuesto fracaso.

Así, anticipan lo que más temen y lo expresan con frases hirientes: "siempre te va a ir mal", "sos un perdedor", "no vas a llegar a nada". No es maldad ni falta de amor; es una defensa inconsciente. Si el hijo finalmente fracasa, el padre podrá decirse: "yo ya lo sabía", obteniendo un mérito perceptivo que, en su lógica interna, lo sobrecompensa de haber sentido que, con semejante resultado, él mismo fracasó como padre.

El problema es que, en su intento inconsciente de protegerse, los padres terminan hiriendo la autoestima de sus hijos, que cargan con palabras que nunca merecieron.

13-23- RESUMEN.

La teoría de las hazañas escudo, entonces, explica estrategias emocionales aplicadas por toda la población ante el riesgo de sufrir anti-hazañas que se perciben como destructivas de la autoestima y del prestigio social.

Este tipo de intolerancia a las anti-hazañas puede generar estrategias leves (como self handicapping o pesimismo defensivo) o, en su caso, escalar hasta casos graves (como las 5 vías del autoengaño de alta intensidad) y dar ocasión a formaciones delirantes.

Desde el estudiante que miente para excusarse, pasando por el padre que humilla a su hijo, hasta Aimée que se da cuenta de complots inexistentes, la misma lógica está presente: proteger el orgullo frente a la amenaza de una anti-hazaña.

A su vez, la teoría de las hazañas escudo proporciona un horizonte de investigación prometedor y de alto poder heurístico. Puede conectar temas de investigación que aparecían previamente desconectados unos con otros. Así, puede explicar por qué los neurolépticos desarticulan los delirios -al quitar el premio en dopamina-, puede explicar también e interesarse por las investigaciones sobre Derrota Social en la esquizofrenia y, además, puede profundizar el interés por el contenido mismo de los delirios y su función. Además, puede ser una plataforma de interés para continuar en la investigación de la EE (emoción expresada) del familiar y su rol en la psicosis. Es útil para acercarse a las historias de vida personales (como el caso AIMEE), así como también para dar respuesta a las cuestiones generales (como la epidemiologia de la esquizofrenia).

Marca a la psicosis como un continuo de auto-engaño, como la versión más extrema de experiencias que se dan en toda la población.

13-24- APLICACIONES PRACTICAS

En este capítulo se trataron temas mucho más graves y complejos que desaconsejan que, quien los sufre, se "auto-trate" y mucho menos que lo haga con una teoría alternativa como la que el libro presenta. La aplicación práctica principal, si se padecen delirios o se conoce a una persona cercana que los sufre, consiste en consultar a un profesional -y no postergar la debida ayuda-. Si alguien no estuviera conforme con los tratamientos, puede consultar siempre a otros profesionales hasta llegar al que les conforme.

Pero, dejando de lado los casos patológicos, es

importante conocer estos procesos psicológicos de "hazañas escudo" para asumir el auto-engaño que provocan y poder, de esa manera, adquirir mayores cuotas de libertad personal para llevar nuestra vida hacia donde la queremos llevar

En este sentido, *"La Educación Psicológica"* en las emociones que causan hazañas y anti-hazañas, permite detectar el proceso, dudar, tranquilizarse. La mente falla a veces. La mente nos muestra paisajes de pesadilla en ocasiones. Si tenemos más "conciencia de que la mente nos miente", entonces podemos poner en duda más los pensamientos, poner en duda más las certezas, poner en duda más las ideas que se sienten con demasiada angustia.

Entonces la teoría de las hazañas escudo, en cuanto a psicoeducación, puede ayudar a que estemos más preservados. Como "psicoeducación" una vez que se aprende una vez la teoría, entonces el entrenamiento emocional y la psicoeducación continua automáticamente para siempre. Es que continua para siempre porque aprendemos a detectar estos procesos de auto-engaño (hazañas escudo delirantes, certezas angustiantes) tanto en nosotros mismos, como en los demás. Cuando estamos más en guardia de cómo funciona, eso constituye una barrera para tener más flexibilidad psicológica. La flexibilidad psicológica (un concepto del modelo la Terapia de Aceptación y Compromiso), permite aceptar estos fenómenos internos, sin juzgarlos y sin dramatizar. En la medida que aprendemos a reconocer cómo "la mente" nos miente habitualmente, entonces la psicoeducación que se gana permite estar más preservados.

Más allá de ello, la psicoeducación puede ayudar en todas las casos, a reconocer estos patrones y a tener más realismo para observar el mundo, tanto para percibir oportunidades reales como para detectar las amenzas reales. Muy importante para tomar buenas decisiones es el realismo. Y el realismo solo se gana aceptando que todos estamos un poco locos, reconociendo estos fenómenos de auto-engaño que se suelen presentar de manera más débil.

La hazaña escudo de "intentar perder" puede llevar a un auto-boicot permanente. La hazaña escudo pesimista de "darse cuenta" lleva a ideas persecutorias, celos graves, a un estado negativo y desconfiado general. Con respecto a los eventos internos calificados usualmente como "malos" (como ansiedad, tristeza, malos pensamientos, sufrimiento) resulta mejor estrategia "aceptarlos" ya que, si se quiere luchar contra ellos, podría suceder que se potencien.

En suma, las Hazañas Escudo son un mecanismo psicológico inconsciente que resulta valioso conocer y visibilizar, para tratar de tenerlo más a resguardo. La Hazaña Escudo de "Darse Cuenta" funciona como una cortina negra psicológica que protege el orgullo a corto plazo pero distorsiona el mundo, aumentando el riesgo de malas decisiones y, en sus formas más extremas, puede llevar al autoengaño psicótico.

- 14- GRUPOS, LÍDERES, LUCHA Y VIOLENCIA.

" Todo aquel que luche contra monstruos, ha de procurar que al hacerlo no se convierta en otro monstruo". Friederich Nitzsche

En esta sección veremos cómo el orgullo compartido puede cohesionar grupos y distorsionar la percepción colectiva de la realidad, fenómeno clave para entender movimientos masivos."

14-1-. Asociación de Orgullos. Una dinámica que explica el funcionamiento y conducta de muchos grupos.

Como tanto las hazañas y las anti-hazañas, como así también el M.A.S., y el M.A.P., son realidades objetivas y concretas, la Asociación de Orgullos ocurre cuando las personas se unen, se organizan, para modificar e influenciar estas realidades de manera de tener más orgullo de sí mismas, y lograr más prestigio social.

Al producirse la Asociación de Orgullos, se produce una extraordinaria cohesión entre los integrantes asociados, y todos experimentan una gran alegría colectiva cuando se logran los objetivos buscados, y tienden a maximizar el efecto, y sobre-agrandar la percepción de la realidad en suaves locuras colectivas que tienden a trazar el mismo dibujo torcido de la realidad, torcido hacia lo que les conviene al orgullo de los integrantes del grupo.

Cuando hablamos de "grupos", no todos los grupos están signados por esto de la Asociación de Orgullos, sino que hay grupos de amigos, grupos de circunstancias, grupos que tienen otra razón de ser, pero en este capítulo nos interesará especialmente los fenómenos de masas relacionados con lo que llamamos Asociación de Orgullos, aclarando que no pretendemos que todo esto abarque a absolutamente todos los grupos.

Cuando una misma hazaña, es una hazaña colectiva, en tanto es un tarro de miel de la cual pueden comer el orgullo de distintas personas, hablamos de Asociación de Orgullos. Cuando una misma Actitud Política, intento de modificar el M.A., mejora el M.A. a favor de una gran cantidad de personas que estimulan esta misma Actitud Política empujando a este mismo cambio del M.A., también hablamos de Asociación de Orgullos.

14-2-. Grupos unidos por una misma hazaña colectiva. Discriminación. La Teoría de la Identidad Social, (TID), de Tajfel y Turner.

" *Cada uno, tomado aparte, es pasablemente inteligente y razonable, reunidos, no forman ya entre todos, sino un solo imbécil.*" Johann Christoph Friedrich von Schiller

Se trata de los grupos que se distinguen por una misma característica en común de todo los integrantes, siempre y cuando esa característica es entendida por todos ellos como una hazaña, es decir que es una hazaña en común.

Y será una hazaña la característica en común si pasa la prueba que distingue a las hazañas: los integrantes experimentan placer que el lenguaje describe como orgullo, ego, vanidad por esa característica en común, y pueden también mostrar deseos de hacer alarde, y fanfarronear de esa característica-hazaña.

Puede ser por ejemplo un grupo de racistas como el Ku kus klan. En el ku klus klan los integrantes, comparten: 1) la característica de tener piel blanca 2) la convicción en su M.A.P. de que esa característica es una hazaña que les da orgullo y prestigio social 3) la asociación de orgullos, que estriba en tratar de darle más y más valor de hazaña a la característica en común.

Pero también estos grupos pueden usar otras características en común como hazañas, tales como una pertenencia ideológica, una convicción religiosa, una nacionalidad, el adherir a determinada filosofía o ideas, un color político o un tipo de música o una cultura.

En estos grupos se ve bastante de lo que hablan los investigadores que estudian la llamada Teoría de la Identidad Social (TIS) de Tajfel y Turner (1979).

De acuerdo a la TIS, los seres humanos estamos motivados a mantener y proyectar un sí-mismo coherente y positivo. Esto lo logramos en buena medida a través de los colectivos a los que pertenecemos.

Nos clasificamos de acuerdo a nuestras características (deportes, raza, religión, nacionalidad), y clasificamos a los demás de acuerdo a esas características, y luego, comparamos nuestro propio grupo con los otros grupos, para tratar de subir nuestra autoestima, al considerar mejor a nuestro grupo.

Los investigadores han demostrado que los individuos tienden a actuar más favorablemente ante miembros del propio grupo (endogrupo) que miembros del exogrupo, tienden a evaluar a los miembros del endogrupo más positivamente que a los miembros del exogrupo y asocian a los primeros características personales y físicas más positivas que a últimos (Wagner, 1994; Ellemers, van Rijswijk, Roefs, & Simons, 1997). Los datos sugieren además que estos efectos de categorización interactúan con las normas socioculturales: miembros de grupos sociales estigmatizados (ej. minorías) son categorizados más rápidamente que miembros de grupos sociales privilegiados (Fiske, 2000).

Todo esta dinámica que describen Tajfel y Turner y que es muy estudiada e investigada en psicología social, forma parte de la asociación de orgullos..

En la medida en que le intentamos dar más valor de hazaña a nuestra hazaña, solamente se trata de una versión colectiva de la Actitud Política, y esa Asociación de Orgullos puede formar el grupo, puede cohesionar el grupo, en la medida en que es un motivo gracias al cual todos los integrantes sienten más y más orgullo.

14.3. La humillación hacia los que no pertenecen al grupo. El héroe que humilla. Bullyng escolar. Discriminación y violencia.

En estos grupos es importante La Humillación hacia quienes no tienen la característica hazaña.

Generalmente los integrantes del grupo disfrutan criticando, menospreciando, y calumniando a quienes no tienen la característica hazaña. Pero, más aún se disfruta, con La Humillación hacia quienes están el grupo de los que no tienen la característica hazaña.

La Humillación a "los distintos" también puede darse de manera no problemática. Esto se da en el uso del deporte como espectáculo de masas: mientras que el deporte de verdad es practicado por el propio deportista, el consumidor de deporte de masas se identifica con un club, usando esa pertenencia a ese club como característica hazaña, y luego disfruta con asociación de orgullos, cuando su club humilla a los otros clubs, mediante el deporte.

El deporte, entendido como espectáculo de masas, es humillación sin agresión, y es la manera que tenemos de disfrutar de toda esta dinámica signada por 1) asociación de orgullos por característica hazaña 2) humillación hacia quienes no tienen la característica hazaña.

Otras veces la humillación hacia quienes no tienen la característica-hazaña se da de forma menos institucionalizada (el deporte como show de masas, la humillación sin agresión), y directamente llegamos a humillar a través de la violencia, y con esa violencia se logra demostrar que los que no tienen la característica hazaña son inferiores a nosotros en tanto ellos sufren la violencia, sufren el perjuicio.

Es decir: la humillación hacia los extraños es una forma de que brote más miel del tarro de miel que es la hazaña colectiva que cohesiona al grupo. Y, mediante la humillación, se logra una mayor cohesión interna, experimentando, todos, una dosis de alegría y felicidad devenida de que, cuando aumenta la hazaña colectiva, aumenta el sentimiento placentero de orgullo que produce en todos los integrantes del grupo.

Aquí aparece mucho un típico personaje héroe. Este tipo de héroe puede ser ficticio -una creación de los artistas del grupo-, o puede ser real en una persona concreta. El héroe es quien humilla a quienes no pertenecen al grupo, a quienes no tienen la hazaña colectiva, y mediante la humillación de "los otros", es que todos los integrantes del grupo sienten más placer y más orgullo, y por eso tienden a sentir Admiración hacia el héroe que humilla a los extraños.

En todas las culturas aparecen estos héroes que humillan a "los distintos". Por ejemplo, en el antiguo y sagrado libro hindú Ramayana, el héroe es un hombre que había sido desafiado por un demonio que despreciaba a los hombres, y, tras todas las peripecias del libro (excelente libro, cargado de pinturas del alma), finalmente el héroe humano logra humillar al no-humano que era malvado y que despreciaba a los hombres.

También están las películas norteamericanas donde el héroe es un soldado norteamericano que resulta siempre más inteligente, más bueno, y más hábil que soldados rusos, soldados alemanes, o soldados de otros países enemigos, y, mediante la violencia, el héroe norteamericano logra humillar a los que no son norteamericanos.

Es decir: se trata del héroe construido por guionistas de cine, o por contadores de historias, o por los poetas.... Son héroes de ficción que le sirven a quienes tienen una característica en común para darle a esa característica valor de hazaña y sentir más orgullo todos ellos. Asociación de Orgullos: comen los orgullos del tarro de miel de la hazaña colectiva, y esa miel brota con el héroe que humilla a los extraños.

Este tipo de héroe que humilla a los distintos al grupo, puede verse también en el matón. El matón, agresor, o bully, se ve en ambientes de competencia social, como por ejemplo una escuela o una prisión.

El matón tiene su grupo, que son los que tienen la pertenecía a ese grupo como hazaña colectiva, que les da orgullo, y son sus amigos o sus socios. El matón maltrata, humilla, y denigra a quien está afuera del grupo, mientras los espectadores socios disfrutan del espectáculo. Y es una Asociación de Orgullos: la víctima queda reducida y desprestigiada con los malos tratos y humillaciones crueles, los espectadores "socios" ven crecer su orgullo por no sufrir ese castigo, y sentir su pertenencia al grupo como una hazaña, se sienten superiores. Y, a cambio de esa superioridad que ellos reciben, aceptan admirarlo al líder, porque a cambio de admirarlo, ellos reciben su premio también. Así es la dinámica de la patota, donde los miembros pueden disfrutar el orgullo de pertenecer, y ese orgullo crece cuando se humilla a los otros.

De acuerdo a una investigación empírica de Sijtsema y colegas (2009), se obtuvo que la principal motivación de los matones escolares para maltratar a otros es su propio prestigio social. En efecto, advirtieron mientras que sus víctimas no tienen una alta motivación de status, los matones tenían metas de status directas (medidas con el *Interpersonal Goal Inventory for Children*). En ellos, según el estudio, el comportamiento de intimidación se relacionó con aumento de su prestigio social, en términos de su popularidad percibida. A su vez, se encontró que los matones de octavo grado tenían metas de status más directas que los matones de cuarto grado, lo que sugiere que luchar por la popularidad aumenta en la adolescencia temprana (Sijtsema y colegas, 2009).

Este tipo de flagelo es muy común, y hace estragos en la autoestima de muchas personas, pudiendo llegar al suicidio. Por esta razón, se hace necesario una psico-educación, para influir en el M.A.S. de los grupos, concientizar, y quitarle prestigio social a estas prácticas.

Lo cierto es que los matones al humillar a quien está afuera de su grupo de pertenencia logran aumentar "la hazaña" de pertenecer a ese grupo, disfrutando entonces no solamente del prestigio social que les da su conducta sino también de la aprobación y aplauso de sus pares.

En resumen: cuando el grupo está unido por una característica en común que la consideran hazaña (puede ser color de piel, religión, nacionalidad, origen social, escuchar un tipo de música, pertenecer a una tribu urbana, o el simple hecho de "pertenecer" a ese grupo), esa hazaña es como un tarro de miel de donde comen los orgullos de todos los integrantes del grupo, y suele crecer este orgullo a través de la humillación hacia quienes están afuera del grupo, buscándose distintos pretextos para poder justificar la humillación, así como también crece con la Actitud Política -entendida como fabricación de discursos y culturas donde se le da más valor de hazaña a esa característica en el M.A.S.-.

Referencias:
Sijtsema, J. J., Veenstra, R., Lindenberg, S., & Salmivalli, C.

(2009). Empirical test of bullies' status goals: Assessing direct goals, aggression, and prestige. Aggressive Behavior, 35(1), 57-67.

14.4. La forma colectiva de echar culpas en grupos. Asociación de Orgullos. La teoría de la deprivación relativa de Gurr (TDR).

Al presentar las anti-hazañas, dijimos que uno de las conductas características de protección del orgullo por la anti-hazaña consiste en la "tercerización de culpas".

Es un mecanismo muy habitual a través del cual quien sufre un fracaso, le arroja la culpa a los otros del mismo para poder dejar a salvo su orgullo.

Ahora bien: si este mecanismo se da de forma grupal, entonces hay una Asociación de Orgullos, en la adopción de un discurso colectivo mediante el cual nos ponemos todos de acuerdo en echarle la culpa a determinada persona, o a determinado grupo de nuestros fracasos personales.

Es la misma conducta de "echar culpas" frente a la anti-hazaña, pero cuando se da de forma colectiva, hay también una Asociación de Orgullos. En la medida que nos convencemos de este discurso, el orgullo de todos nosotros se ve beneficiado al quitarnos de encima el dolor que nos producían nuestras anti-hazañas personales.

Esto es lo que se observa en una teoría de psicología social llamada "Teoría de la Deprivación Relativa" (TDR).

Según la TDR, la insatisfacción personal es un factor determinante de la hostilidad intergrupal (Gurr, 1970). La "deprivación" es concebida como el sentimiento de que uno ha sido injustamente privado de un bien u objeto que se merece (Crosby, 1976,).

Deprivación sería: fui privado de lo que me pertenece (deprivación individual), o fuimos deprivados de lo que nos pertenece (deprivación colectiva).

Diversos estudios han mostrado que esta última forma de deprivación -los sentimientos que el endogrupo ha sido injustamente privado de lo que se merece en relación con otros grupos en la sociedad- es particularmente importante en la predicción de actitudes negativas hacia las minorías étnicas (Vannemman & Pettigrew, 1972; Pettigrew, Jackson, Ben Brika, Lemaine, Meertens, Wagner, & Zick, 1998).

Esto de que "fuimos privados por..." es una forma de justicia, pero también la manera de echarle la culpa a una persona o a un grupo de nuestros fracasos, y, de esa manera, sufrir menos el dolor en el orgullo que nos causan nuestras anti-hazañas personales o nuestras anti-hazañas grupales.

La Asociación de Orgullos realizada mediante echar culpas de forma colectiva a un grupo o a otro grupo y así liberarse del peso de la anti-hazaña, es una constante que se puede ver en política, aplicada por distintos demagogos.

"Mas ni con socorros humanos, donativos y liberalidades del príncipe, ni con las diligencias que se hacían para aplacar la ira de los dioses era posible borrar la infamia de la opinión que se tenía de que el incendio había sido voluntario. Y así Nerón, para divertir esta voz y descargarse, dio por culpados de él, y comenzó a castigar con exquisitos géneros de tormentos, a unos hombres aborrecidos del vulgo por sus excesos, llamados comúnmente cristianos. El autor de este nombre fue Cristo, el cual, imperando Tiberio, había sido justiciado por orden de Poncio Pilato, procurador, de la Judea, y aunque por entonces se reprimió algún tanto aquella perniciosa superstición tornaba otra vez a reverdecer, no solamente en Judea, origen de este mal, pero también en Roma, donde llegan y se celebran todas las cosas atroces y vergonzosas que hay en las demás partes." (Tácito, Anales, escrito alrededor del 115-117 d.c.)

Los cristianos, al tener una religión distinta a la que los romanos tenían entonces, podían ser "los distintos" sobre quien descargar las culpas de los frustraciones de ese incendio, y sin duda que Nerón acertó cuando consideró que el vulgo iba a aprobar esas humillaciones públicas y torturas hacia... "los distintos". Porque "los distintos" tienen la culpa de nuestras vergüenzas, y entonces ya no son nuestras.

En el mismo sentido, (Fein y Spencer 1997) hicieron una revisión de tres estudios experimentales que demuestran que el prejuicio y el estereotipo ocurren como forma de levantar la autoestima a través de la denigración del otro. En efecto, en estos tres estudios los voluntarios demostraron que eran más propensos a evaluar de manera negativa a grupos de personas discriminadas en la medida en que su propia autoestima quedaba amenazada tras recibir un feedback negativo (Fein y Spencer 1997)

Aplicación práctica: Identificar los discursos demagógicos o manipuladores que intentan culpabilizar a las minorías o consolidar prejuicios.

Referencias:

Gurr T. F (1970). *Why men rebel.*
Fein, S., & Spencer, S. J. (1997). *Prejudice as self-image maintenance: Affirming the self through derogating others. Journal of personality and Social Psychology*, 73(1), 31.

14.5. Los tres blancos de la humillación heroica. Soberbios. Distintos. Malvados.

La humillación suele ser anti-hazaña en el M.A.S. y, en general, el humillar está mal visto, despierta solidaridad con el humillado, y quita prestigio social.

No obstante, esta regla encuentra muy frecuentemente una notable excepción y es cuando se humilla a 1) los malvados 2) los soberbios 3) los distintos.

Esto explica por qué quienes disfrutan del acto de humillar, y hacen de la humillación una hazaña que define su personalidad, suelen disfrazar a sus víctimas bajo una de estas tres etiquetas. Así, acusan a alguien débil y fácil de atacar de ser "malvado", "soberbio" o "distinto" y convierten la agresión en un supuesto acto heroico. Si el otro es un "soberbio", humillarlo deja de ser un acto cuestionable y pasa a verse como un castigo justo.

Pero veamos...¿Quiénes son los malvados, soberbios y distintos?

Los soberbios son quienes se estiman a sí mismos por tener un estándart de hazañas superior a nosotros, y, por ende, si ellos son la referencia de lo estimable, si ellos son valiosos como dicen, entonces nosotros, con un estándart de hazañas más bajo, no lo seremos.

El acto característico del soberbio es presumir: al presumir la hazaña demuestra que se quiere a sí mismo con ella y de esa manera inocula el mensaje de que se necesita tener grandes hazañas para tener dignidad o aceptación. Por ejemplo, un hombre que ganó 10 millones de dólares no es soberbio si tiene seguridad en sí mismo, pero lo será si comienza a "alardear" o comunicar la hazaña sin que nadie se la pregunte. En la medida que haga mucho alarde, que hable mucho de su hazaña (diciendo todo el tiempo que ganó 10 millones, hablando de las cosas que se pudo comprar, mostrando el tipo de gastos que puede hacer), se irá volviendo insoportable –sobre todo para quienes no tienen la hazaña– porque el acto característico de la soberbia sociológica es pavonear o presumir. Aunque al tener la hazaña pudo ser admirado y la admiración generar atracción y carisma, al presumir de ella de manera excesiva cae en soberbia y provoca disgusto. Otra persona que frecuentemente es confundida con el soberbio es el misántropo: un tipo que desprecia a toda "la gente", pero, en realidad, tampoco con ello cae en soberbia, y muchas veces uno se identifica con su actitud, porque nadie se siente parte del grupo de "la gente", sino que todos nos creemos particulares. No será soberbio tampoco entonces el misántropo. Quien realiza la soberbia –en el sentido de psicología social que aquí estudiamos- es quien presume de manera excesiva e insistente. Hay una definición de psicología social de soberbio y es por la conducta característica de presumir insistentemente de las hazañas propias (quizá en su interior es un inseguro, quizá tiene seguridad real). En general, el soberbio será rechazado y lo querrán humillar, en la medida que sus hazañas sean grandes. Si quien presume insistentemente lo hace de pequeñas hazañas no provoca rechazo. No obstante, el verdadero soberbio es quien tiene realmente grandes hazañas, muy superiores a la media. Luego, las enrostra sin cesar. Al hacer tanto alarde insistente de méritos concretos que tiene de manera estruendosa entonces estará sub-comunicando, de manera implícita, que para tener autoestima y dignidad se necesita un estandart alto de hazañas.

Los soberbios, con su sola presencia, jaquean nuestra autoestima. Es que su acto de presumir hazañas que no tenemos sube la vara de hazañas y, así, quedamos debajo del agua. Los soberbios atraen así la humillación.

En todas las culturas es una constante la humillación al soberbio. Heródoto lo expresa claramente en un significativo pasaje:

"Puedes observar cómo la divinidad fulmina con sus rayos a los seres que sobresalen demasiado, sin permitir que se jacten de su condición; en cambio, los pequeños no despiertan sus iras. Puedes observar también cómo siempre lanza sus dardos desde el cielo contra los mayores edificios y los árboles más altos, pues la divinidad tiende a abatir todo lo que descuella en demasía".

Así, quien tiene personalidad humilladora encuentra la excusa perfecta para su impulso: colocar el rótulo de soberbio a su víctima. Una vez que el otro es percibido como alguien que "se cree demasiado", humillarlo deja de generar rechazo social y puede incluso ganarle aplausos. El humillador, que en realidad actúa por puro placer, obtiene de este modo una aura de héroe, como si estuviera restaurando el equilibrio moral.

Las hazañas tienen dos caras. Para quien las logra, pueden despertar arrogancia; para quien las observa desde afuera, pueden despertar envidia. Estas emociones son tan intensas que, muchas veces, es difícil saber con certeza qué ocurre en un conflicto: ¿el que acusa está actuando por envidia y miente, o el otro es realmente arrogante... o quizá ambas cosas al mismo tiempo?

Sin embargo, hay un patrón muy frecuente: el envidioso acusa de arrogante a la persona que envidia. Lo hace porque esa acusación funciona como un permiso social para atacarla. Una vez que la etiqueta de "arrogante" está puesta, humillarla ya no parece injusto, sino merecido.

La humillación, en este caso, tiene un objetivo psicológico claro: destruir el prestigio que la hazaña le dio a esa persona. Al verla caer, al ver que pierde la posición que había alcanzado, el envidioso siente alivio; es como si, al derribar la hazaña, también derribara el contraste que lo hacía sentirse menos valioso.

Por eso, muchas humillaciones comienzan con esta misma antesala: primero se acusa de soberbia; después se ejecuta el ataque.

Y -en sincronicidad- también es muy común que los envidiados sean realmente arrogantes, porque la misma hazaña que despertó la envidia en los demás, puede generar la soberbia en quien la ha logrado.

La Arrogancia es como un imán sociológico que atrae la humillación hacia nosotros.

Y atención si una persona te acusa permanentemente de ser arrogante, puede ser que te tenga envidia, y que esté preparando el terreno para poder humillarte.

Al contrario, los humildes son quienes se estiman a sí mismos, pero con un estándar de hazañas inferior al nuestro. Al igual que los soberbios son "soberbios en términos de psicología social" (por su comportamiento de presumir hazañas), los humildes también lo son en este mismo sentido. En cambio, más allá de la psicología social, puede que los soberbios solo sean torpes sociales, y que los humildes solo sean manipuladores.

No son humildes aquellos que se odian a sí mismos, ni los que lloriquean, ni los inseguros, ni los tristes. Quien es humilde puede tener grandes hazañas, pero la condición es que no las use para sostener su orgullo. Un truco para adoptar una personalidad humilde es admitir errores, porque con eso se sub-comunica que podemos tener autoestima aún sin ser perfectos, aún con un estandart de hazañas menor. Entonces la persona que de vez en cuando admite errores –sin llorar, demostrando que se quiere a sí misma aún con errores- resulta atractiva, por el efecto sociológico de la humildad. El personaje es humilde es una persona alegre, que se considera valiosa, que se siente estimable, pero sin pretender demasiados méritos para sí misma en que fundar esa creencia de que es estimable. Se estima... con poco. Se estima a sí misma con un estándar de hazañas inferior al nuestro, y, por ende, si es estimable, nosotros lo somos. El humilde baja el estándar de hazañas necesario para considerarnos estimables, y su sola presencia, su alegría, nos relaja, nos hace sentir más cómodos con lo que somos. Los humildes, con su presencia, engrandecen nuestra autoestima, nos contagian esa alegría, nos hacen sentir bien.

Nos cansamos de decir que todas las personas conocen El Mapa de la Autoestima. Todas las personas conocen -en distinta graduación- las fuerzas emocionales que nosotros estudiamos. Por eso, muchos conocen todo esto que aquí estamos describiendo. Y entonces hay muchos que tienen una pose de humildes.

Los "pose de humildes" son personas que, advirtieron que, en general, los soberbios son antipáticos, y que los humildes son agradables, y por eso sobre-actúan una humildad, para ser aceptados. Es una humildad falsa que la llevan incluso hasta el tono de voz -como pidiendo permiso para opinar-, y lo hacen porque especulan que esta actuación de grandes humildes les va a servir para dar una mejor impresión y gustar más a las gentes. Es una pose de humildad (a mí me resulta insoportable, como artificio que es y porque es demasiado exagerado a veces).

Dejando de lado este paréntesis, el soberbio es una persona que se estima a sí misma por un estándar de hazañas que es superior al nuestro. A menudo se estima a sí mismo por hazañas que nosotros no tenemos y que nunca podríamos lograr. Entonces el soberbio jaquea nuestra autoestima.

La humillación al soberbio se siente como un alivio a esta amenaza a nuestra autoestima que el soberbio producía. La humillación al soberbio es una constante en muchísimas culturas distintas, de acuerdo a lo que han visto los antropólogos, y se puede rastrear tan solo indagando en los textos fundantes de todas las religiones.

Los héroes, en casi todas las culturas, **humillan a los soberbios**, y esa escena es celebrada porque responde a una lógica social muy profunda: derribar al que presume demasiado restaura simbólicamente el equilibrio. Desde la antigüedad se ha narrado así. En la *Ilíada*, Aquiles humilla a Héctor no solo venciéndolo en combate, sino arrastrando su cuerpo frente a los muros de Troya. Para los griegos, Héctor era un héroe, pero en ese momento representaba la soberbia de un ejército que desafiaba a los dioses. En los mitos griegos, y también en Heródoto, esta idea se repite: "la divinidad abate lo que se alza demasiado alto". El héroe actúa como la mano visible de esa justicia.

Por el contrario, cuando la humillación se dirige contra los **humildes**, el efecto es opuesto: resulta especialmente desagradable y provoca rechazo. Muchos discursos que buscan despertar indignación lo saben y apelan a esta sensibilidad. En la Roma republicana, por ejemplo, los tribunos solían acusar a los patricios de abusar de los más pobres, denunciando humillaciones públicas contra plebeyos para agitar a la multitud. En tiempos modernos, lo mismo hacen muchos discursos políticos o mediáticos: relatan supuestas humillaciones a los más débiles porque saben que **nada enciende más rápido la furia moral que ver maltratado al que no puede defenderse**.

La **humillación al distinto** ya la hemos analizado:

es un mecanismo de cohesión grupal. Al atacar al que es diferente, quienes comparten rasgos comunes se sienten más unidos y orgullosos de esa semejanza. En la Edad Media, los castigos públicos contra "los herejes" o los "monstruos" exhibidos en ferias cumplían esa función: reforzaban un "nosotros" normal y aceptable frente a un "ellos" degradado. Jim Morrison lo resumió con ironía en una frase simple pero precisa: *"La gente es extraña, cuando eres extraño"*.

En cuanto a la **humillación al malvado**, el tema es más complejo y amerita un análisis aparte, porque toca cuestiones que rozan la **teoría del delito, el derecho penal y el origen mismo de la moral**. En el fondo, el **castigo** –la pena legal– no es más que la **institucionalización de la humillación**. Los castigos públicos medievales, como el escarnio en la picota o el paseo del delincuente atado por las calles, no solo buscaban castigar físicamente, sino **destruir su prestigio social**, quebrar la admiración que pudiera despertar en otros y reafirmar las reglas comunes. Incluso hoy, en sociedades más sofisticadas, la condena pública mediática cumple a menudo esa misma función: exponer al transgresor para humillarlo colectivamente, en un acto que, aunque se disfrace de justicia, sigue bebiendo de las mismas emociones arcaicas.

Aplicaciones prácticas: Identificar a quienes te intentan colocar el disfraz de "soberbio", "malvado" o "distinto", tal vez te pretenden humillar. Cuidarse de la Arrogancia, que es un imán sociológico de la humillación. Practicar la humildad como escudo contra humilladores.

14.6. Grupos. La dialéctica del amo y el esclavo. Hegel.

Volvamos ahora a lo que decíamos en 7.7 acerca de que el deseo de ser aceptados y amados aumenta cuando se trata de una persona a quien admiramos, una persona con hazañas, con prestigio social. Esto lleva a que -si hay un líder en el grupo-, los miembros del grupo suelen experimentar una creciente tendencia a necesitar ser amados por ese líder.

En este punto, llegamos a coincidir con la observación de Freud quien, en *Psicología de Masas y Análisis del Yo*, plantea que en estos grupos lo más importante es el Amor del Líder hacia los integrantes del grupo. Según Freud, el Amor del Líder es el lazo que mantiene unido al grupo, el lazo de solidaridad. Freud ejemplifica con la Iglesia, sosteniendo que la Iglesia es un grupo institucionalizado que se mantiene unido y fuerte, gracias al Amor de Jesús hacia todos los integrantes de la Iglesia.

Ahora, en esta parte que estamos tratando sobre las luchas y sobre la humillación, nos iremos a Hegel, quien en su famoso pasaje "La dialéctica del amo y del esclavo", da una interpretación de las luchas históricas muy parecida a algunas de las cuestiones prácticas que estábamos observando acá y que vimos en 7.7.

Según Hegel, la historia comienza cuando los individuos A y B tienen dos deseos incompatibles. A desea ser el objeto de deseo de B, es decir, A desea que B desee a A, y B desea ser el objeto de deseo de A, esto es, B desea que A desee a B.

O sea: estas dos personas tienen cada una la meta de ser deseadas por la otra. Son metas incompatibles. Eso genera una lucha, y esa lucha genera un temor, que lleva a una de ellas a rendirse a la otra... por temor a su propia muerte.

Cuando es vencida, la persona vencida (esclavo) entonces termina deseando a su vencedora (amo).

Vimos en 7.7. que deseamos ser amados, deseamos ser aceptados, deseamos ser reconocidos, por "El Otro", pero que ese deseo aumenta si ese Otro es una persona a quien admiramos. Y acá estamos viendo las dinámicas de lucha por "Las Hazañas", el Prestigio Social, y la Humillación.

Por eso, es interesante que Hegel plantee que el esclavo lo es tal en cuanto desea al Amo, desea ser "reconocido" por el Amo.

Diremos que el esclavo se siente en un punto de

inferioridad (con menos hazañas), y hace morisquetas para lograr la aprobación, la aceptación, y el amor de quien es su Amo. Cuando una persona, hace morisquetas, cuenta sus hazañas, delante de otra, en búsqueda de reconocimiento, es porque está ocupando el lugar del esclavo.

Luego Hegel plantea que el amo, al ver que el esclavo lo hace todo por satisfacerlo, cae en ociosidad, abriendo las puertas que se genere una lucha que lo derroque de su lugar.

B -el amo- que sometió a A -el esclavo- representa al señor feudal, que sometió al vasallo. Sin embargo, B, al ver el sometimiento de A, cayó en ociosidad, y se dedicó a una vida de ocio. Mientras tanto, A, el sometido vasallo, se dedicó a las artesanías en las ciudades. Y finalmente una parte de A se hizo rica, lo que hizo que una parte de A se convierta en la burguesía. La burguesía, viéndose con poder y que no tenía sentido que continuara su sometimiento a B, apoya la revolución francesa que genera el derrocamiento de los privilegios del antiguo amo, y da lugar a un nuevo amo -la burguesía-. Marx, apunta la aparición de un nuevo personaje, C, el proletario, nuevo esclavo, que, según Marx, retornaría el ciclo.

No obstante, para Marx la parte económica material-de producción, de cómo están las relaciones de producción- es la que cuenta. Es decir: Marx llena de materia a la diálectica de Hegel. Al contrario, para Hegel el planteo inicial era el deseo de ser deseado como origen de todo.

Por eso, Hegel está más cerca de lo que nosotros estamos planteando: quien es "Amo", es porque es prestigioso, tiene status social, y en ese lugar logra que quien es "Esclavo" haga morisquetas, y luche por lograr su amor y su reconocimiento. El Amo, consciente de su lugar, y siguiendo lo observado por Freud en Psicología de Masas, debería brindarle Amor a su esclavo, porque ese Amor generaría el lazo de solidaridad, y -apuntamos- podría ser adictivo para el esclavo... necesitando más y más de ese Amor.

¿Y cuál es la parte importante en esta historia de Hegel?

Para nosotros, desde el M.A., lo importante de la dialéctica de Hegel es el poder y la humillación.

Porque quien tiene el Poder, es quien puede Humillar, y humillando es que se puede pulverizar y destruir el orgullo y el prestigio social del otro, que, para evitar ser humillado, acepta reconocerlo como su Amo.

El Poder puede ser económico, pero también puede ser el poder de la violencia. El Poder es la herramienta que permite humillar. Entonces si dos personas luchan cada una por ocupar el lugar del Amo – o de prestigio social-, ganará la lucha quien tiene el Poder porque, a través de la humillación, podrá pulverizar el orgullo, y el prestigio social de la otra. Primitivamente, la Humillación es el éxito en la violencia, porque matar, asesinar, y vencer es humillar, demostrando la inferioridad y el error de los vencidos. Más tarde, en sociedades más complejas, la Humillación adquiere otras formas, como incluso lo puede ser un despido, y el consiguiente no acceso a cuestiones básicas como alimentación, vivienda, vestido.

Aunque la Historia es mucho más compleja, y no se puede reducir a estas disquisiciones teóricas simplistas - también intervienen los líderes por ejemplo-, lo importante es la lucha por el Poder para poder Humillar al otro, y establecer y consagrar una posición de superioridad en términos de Status Social, y, una vez lograda esa posición, la otra persona, reducida a una categoría inferior, será quien se preocupará por ser aceptada, querida, y amada por quien está arriba en la jerarquía social.

Relacionado con estas cuestiones que estamos observando, está el libro de Arturo Jauretche "El medio pelo en la sociedad argentina". Aunque lo plantea Jauretche es más complejo y no hay espacio aquí para expresarlo todo, rescatamos la queja del autor respecto de la burguesía argentina. Según Jauretche, la burguesía, (los ricos, los guarangos) no tiene el suficiente orgullo de su condición, y, antes de eso, intenta granjearse la aceptación, el aprecio, el reconocimiento de la antigua oligarquía terrateniente. La clase media presume de pertenecer a esa antigua oligarquía, sin serlo, son los "medio pelo", y por eso se solidariza con los intereses de esta antigua oligarquía.

Pero lo que subrayamos es que los ricos, los burgueses, también tendrían esta sumisión, este servilismo, porque, en lugar de florecer como clase, sienten una admiración por las familias de la oligarquía y esperan esa aceptación. Estos desarrollos, compatibles también con los de Max Weber, lo son en coincidencia con lo que observamos aquí de una lucha por el Prestigio Social, que determina que, quienes están en una posición inferior, se los reconozca porque se esfuerzan, por gustar, por ser amados, por ser reconocidos, por quienes están en una posición superior. De todas maneras, la Humillación es una forma de redistribuir esta situación, y quien puede Humillar es aquel que tiene Poder, y de ahí que el Poder jugar un papel importante, siendo la lucha por el Poder en verdad una lucha por la Humillación.

En conclusión: la lucha por el Prestigio Social -por ser el Amo, deseado por un Esclavo que busca su reconocimiento y su amor- se traduce en una lucha por el Poder, porque el Poder es la herramienta para humillar, y la humillación es la forma de pulverizar el Prestigio Social y el Orgullo (sin perjuicio de matices, propios de contra-movimientos originados por la Actitud Política, y de cuestiones relacionadas con el M.A.S. del grupo o sociedad).

Aplicación práctica: Considerar la Asociación de Orgullos, y las luchas por el prestigio social, al momento de entender e interpretar los libros de historia.

Referencias:

Fenomenología del espíritu. Georg Wilhelm Friedrich Hegel. 1807.

Psicología de Masas y Análisis del Yo. Sigmund Freud. 1921.

El medio pelo en la sociedad argentina (Apuntes para una

sociología nacional). Arturo Jauretche. 1966.

14.7. Grupos. Teoría del Reconocimiento. Axel Honneth.

"Un Estado en que la multitud es pobre y excluida de los honores, está lleno de enemigos; hay que dar a la multitud una parte en las deliberaciones de los juicios." Aristóteles.

Dentro de estos temas de Psicología Social y Sociología que estamos hablando, no podemos obviar los modernos desarrollos del sociólogo alemán Axel Honneth, ya que nosotros estamos planteando una lucha por el "prestigio social", y Honneth se interesa por la "búsqueda de reconocimiento".

La "búsqueda de reconocimiento", es uno de los principales motores de la conducta según Honneth, y por ello, él hace su visión de las sociedades modernas, desde esta perspectiva.

Nuestra vida social puede ser interpretada, según este autor, como una amplia red de actos de reconocimiento o de falta de éste. En las interacciones cotidianas, de las más simples a las más mediatizadas, nos colocamos a nosotros mismos y ubicamos a los demás en el espacio social. De forma consciente o inconsciente, nos respondemos a la pregunta de quién soy yo, quién eres tú y qué trato nos debemos mutuamente. Los niveles de reconocimiento o de menosprecio que una sociedad presenta entre sus miembros marcan la textura de su tejido social. Por ello, el concepto de reconocimiento se ha vuelto central para una amplia gama de movimientos sociales así como para la reflexión social de las últimas dos décadas.

De ahí que Honneth presta mucha atención también a la humillación y las instituciones de humillación. Las luchas sociales constituyen reacciones grupales a partir de una motivación que les resulta común a una multiplicidad de individuos. Esta motivación radica, en un sentimiento de agravio o menosprecio por situaciones concretas de injusticia o humillación que este grupo sufrió y que vivió como una falta de reconocimiento o de un reconocimiento distorsionado. Ante esto y de manera gradual el grupo va construyendo una "semántica colectiva" que les permite entenderse respecto de esa situación y de lo que suscita a nivel de las identidades personales y del mismo grupo. Honneth destaca que estas situaciones de humillación e injusticia pueden propiciar un fortalecimiento de los lazos solidarios al interior del grupo afectado y, en la medida en que la vergüenza social no genere parálisis, también una predisposición a la resistencia o a la rebelión.

La experiencia de la injusticia, según Honneth, es parte de la esencia del hombre. La humillación es la negación del reconocimiento por parte de los otros -de la sociedad-. Para Honneth el hombre despreciado, humillado, sin reconocimiento, pierde su integridad, sus derechos, su autonomía personal y su autonomía moral.

Honneth señala que lo específico de las formas señaladas de menosprecio -desposesión de derechos, exclusión social-, no sólo produce una radical limitación de la autonomía personal, sino que provoca un sentimiento de no ser un sujeto moralmente igual a otros y válido ya que no se le reconoce la capacidad de formar juicios morales.

El objetivo de Honneth es elaborar una teoría sociológica-moral del sufrimiento humano –producto de la falta o el mal reconocimiento– y de éste como posible motor de las luchas sociales –luchas por el reconocimiento–.

Para Honneth (1997), basándose en la obra temprana de Hegel , el ser humano sólo se constituye como tal en relación con otros seres humanos en un medio intersubjetivo de interacción. Es por ello que el reconocimiento es el elemento fundamental de constitución de la subjetividad humana; por otro lado, las estructuras en que se encuentran sedimentadas las formas de reconocimiento son fundamentales para la existencia e integración de la sociedad.

En el plano de los individuos, la ausencia o falta de reconocimiento, o el mal reconocimiento o reconocimiento fallido, se constituirá como el principal daño a la subjetividad de las personas; estos daños serán tanto más graves cuanto más profundo dañen la estructura de personalidad de los sujetos.

Honneth señala que *"las ofensas morales se perciben como tanto más graves cuanto más elemental es el tipo de autorrealización que dañan o destruyen"*.

Es por ello que Honneth (1999) señala que *"será posible bosquejar una tipología, muy cercana a la experiencia, que subdivida todo el espectro de las ofensas morales desde el punto de vista de los niveles de autorrealización afectados"*.

Honneth realiza una separación tripartita –basándose en Hegel y su separación entre familia, Estado y sociedad civil– de las formas de reconocimiento que responden al tipo de daño psíquico del individuo.

Estas esferas son: la esfera del amor, entendida en un sentido amplio de cuidado y atención; la esfera del derecho; y la esfera del reconocimiento social o solidaridad.

Coincidencia con Honneth: Es interesante destacar que este moderno e influyente sociólogo se interesa y le da prioridad a muchos de los fenómenos que para nosotros también son fundamentales como lo son la humillación, y también el reconocimiento. Además, muchas de las que Honneth llama "luchas por el reconocimiento" a menudo son lo que nosotros describimos como Actitud Política sobre el M.A.S.: quienes tienen rasgos que según el M.A.S. son anti-hazañas, se agrupan en asociación de orgullos, y hacen campaña, militancia, propaganda y lucha, para cambiar el M.A.S. por un nuevo M.A.S. donde esos rasgos no sean motivo de estigma social. También coincidimos en la importancia de la necesidad de ser reconocidos, y aceptados por el otro, solamente que subrayamos que esa necesidad aumenta cuando a ese otro lo admiramos.

Diferencia con Honneth: Lo que describe el autor es más una dinámica relacionada con la lucha por el prestigio social. El prestigio social es el efecto social de las hazañas y anti-hazañas. Nosotros nos preocupamos de la búsqueda de prestigio social como motor del comportamiento, pero también nos interesamos de la búsqueda de orgullo, siendo que, como vimos en estilos de personalidad, hay personas más interesadas por el orgullo interno que por la aceptación del afuera.

Aplicación práctica: Identificar las luchas por el reconocimiento dentro de los conflictos sociales, y de los conflictos en un grupo, para implementar estrategias que permitan desactivar estos conflictos. Considerar este aspecto psicológico, en las negociaciones.

"*La lucha por el reconocimiento: por una gramática moral de los conflictos sociales*". Axel Honneth. 1997.
"*Reificación. Un estudio en la teoría del reconocimiento*" Axel Honneth. 2007.

14.8- Luchas sociales y grupos. El desafío al poder.

"*El principal problema al que se enfrenta hoy por el mundo sólo puede resolverse si mejoramos nuestra comprensión del comportamiento humano*" Burrhus Frederic Skinner

Proponemos entonces, tomando aportes de distintos autores, una perspectiva de las luchas sociales, el reconocimiento y el liderazgo, como las distintas formas en que el deseo de aumentar el Orgullo y de aumentar el Prestigio Social se "asocia" con otras personas en situación parecida, formando grupos, y esos grupos luego chocan unos con otros, o chocan con los individuos que los integran, o generan líderes y héroes.

Se intenta a veces "pertenecer" a un grupo para poder disfrutar de las hazañas de ese grupo, y hacerlas propias. Otras veces, se intenta, en cambio, humillar a quien pertenece al mismo grupo para diferenciarnos de sus anti-hazañas y no soportar su vergüenzas . Ello, entre varias posibilidades.

Esta mecánica que estamos describiendo es demasiado compleja para tratar de sintetizarla de manera clara, porque tiene incidencia fenómenos que fuimos desarrollando en capítulos anteriores, y que impiden las generalizaciones simplistas.

Por ello, podemos decir que la Humillación es el hecho social que destruye el Orgullo, y el Prestigio Social del humillado y que para humillar se necesita poder. Pero eso sería un simplismo, que desconsidera que, a veces, la Humillación puede provocar solidaridad o empatía con el humillado, y una reacción en Actitud Política tendiente a desaprobar y llenar de críticas al humillador. De ahí que estas luchas y fenómenos sociales que son resultantes de las fuerzas que describimos con el M.A. tienen una complejidad que nos impide la buscada generalización que necesitamos para sintetizarlo, porque tienen aristas que son a veces incompatibles unas con otras.

No obstante, podemos hablar que las hazañas generan el prestigio social, y el prestigio social, pueden colocar a una persona en el lugar de status, generando envidia en las otras personas, pero también el deseo de reconocimiento y de amor del prestigioso, o del líder. Luego si quien está en ese lugar de status social, en ese lugar de amo, es arrogante -arrogante que disfruta y se jacta de ese lugar- atrae hacia sí la Humillación.

Los que están en el lugar del esclavo, buscan el amor del líder, buscan su reconocimiento, pero también pueden intentar derrocarlo y para eso necesitan la humillación. Para poder humillarlo, necesitan del Poder. Una vez que tienen el Poder, pueden usar para humillar al amo, y quitarlo de ese lugar. En este proceso, está la Actitud Política que incide sobre el M.A.S. en el reparto del prestigio social, y generando una situación que tiende a conservarse a sí misma. Quien tiene el prestigio social, y el poder, humilla a los que los desafían, y premia a quienes lo ensalzan, generando un M.A.S. que tiende a perpetuar esa misma situación, lo que lo consolida en su posición de "amo", siguiendo la retórica de Hegel.

Ahora, bien, en algún punto, los integrantes chocan. Entonces se puede hacer un discurso, desde la Actitud Política, donde quienes están en la situación desprestigio y falta de orgullo, intenten cambiar el M.A.S. por uno nuevo. No obstante, a ese discurso, se contrapone, el de los favorecidos por la situación actual que no quieren permitir un cambio de M.A.S. que les quite la situación de prestigio social actual. Eso puede generar estas "luchas sociales" por el reconocimiento, de las que habla el sociólgo Honneth.

Pero...¿Qué pasa con estas luchas? La última palabra la tiene el poder. Quien tiene -realmente- más poder, prevalecerá porque lo utilizará para humillar a su contendiente, para humillar a "los rebeldes" que intentaron cambiar el statu quo. No obstante, si los rebeldes, logran más poder, pueden finalmente, humillar al amo, denigrarlo, y así destruirle todo su prestigio social, colocándose ellos en su lugar.

Pero es el Poder Real el que lo decidirá, porque el Poder es la herramienta para humillar, y la humillación la forma de derribar un prestigio social y un orgullo. Esto se desarrolla, de la manera más clásica y primitiva, con el poder de la violencia. Quien es más fuerte, quien es más violento, puede torcer el brazo a quien lo es menos, puede asustarlo (miedo a morir... siguiendo a Hegel), y puede, finalmente, humillarlo. Pero en otras situaciones más complejas, el Poder puede verse de distintas maneras, aunque siempre se trata de Poder.

De esta forma, cuando un individuo o un grupo de individuos no están conformes con el prestigio social que les asigna el M.A.S., en comparación con un líder, o con otras personas que están en una situación de status social...deben evaluar si realmente tienen más Poder. Si tienen más Poder, pueden emprender la lucha, y luchar hasta el final, para poder derrocar, y lograr humillar a quien otrora era prestigioso, pero si tienen menos Poder, será esa persona, será ese grupo prestigio el que, ante la ofensa recibida, deberá humillarlos a ellos para ejemplificar, y disuadir a otros de volver a intentar otra cosa parecida. Generalmente quienes tienen 1) Prestigio Social 2) Poder, lo que hacen es asegurarse de humillar a los que desafían este estado de cosas, humillarlos lo suficiente como para dejarlos en el lugar más desprestigiado de todos, atrayendo hacia ellos el desprecio de todos los demás.

Un papel importante lo tiene en todo esto "La Ofensa".. que es la humillación que se aplica a estos casos. La Ofensa es el acto por el cual los que están en la situación desprestigiada deciden desconocer adrede la posición de prestigio superior del Líder, del Amo, del que tiene el status social. Ante la ofensa, el prestigio del líder se ve comprometido, y por eso, para re-establecerlo, debe humillar al ofensor, humillarlo públicamente de modo tal de demostrar el error de la ofensa. Y, para poder humillarlo, necesitará más poder -poder de violencia, poder de política, poder económico, poder de vínculos sociales, poder- que el ofensor. El ofensor puede convertirse en Héroe de los de su tribu, la tribu de los que en ese M.A.S. reciben menos prestigio social, logrando con su ofensa un nuevo M.A.S., pero para triunfar debe lograr vencer en esa lucha que se desatará... una lucha donde prevalecerá quien demuestre haber tenido más poder debido a que el amo ofendido, utilizará todos sus recursos para humillar al ofensor.

Mientras tanto, todas estas luchas se suelen dar con discursos, con actitud política. Y todos los participantes de este "juego", tienden a acusar a su oponente de ser "malvado", "soberbio", "distinto", de modo de justificar su intento de ofenderlo, de humillarlo, y presentar este intento como un espectáculo heroico. Estos discursos repletos de retórica tienden a ser creídos cuando apuntan a cambiar el M.A.S. por un nuevo M.A.S. donde quienes escuchan el discurso merecerán más prestigio social y más orgullo. No obstante, con los discursos no alcanzan, y se necesitan hechos concretos, pero será quien tenga más poder real al fin de cuentas quien logre humillar al otro. Antes de emprender la lucha, por ello, se debe medir con pragmatismo si se tiene más poder real, porque, de otra manera, se corre el riesgo de perderla, y sufrir una severa humillación, una denigración que coloque al rebelde en la última posición del desprestigio, y, cuando eso pasa, frecuentemente todos se alegran ya que por Envidia de Satisfacción, la caída del rebelde les da placer a todos los demás que no se animaron a intentar aquello.

Aplicación práctica: No ofender a quien tiene "Poder y Prestigio", a menos que se haya estudiado las propias fuerzas, y se haya concluido que se lo puede vencer.

14.9 El M.A.S. sangriento del honor social de los violentos.

Un M.A.S. que estuvo muy presente en otras épocas más antiguas, y que siempre tiende a volver en ambientes regidos por la impunidad, es el que podemos llamar "el M.A.S. del honor sangriento".

Sucede y se da en aquellos sitios, aquellos ambientes, donde existe un honor social de los violentos, que consiste en un honor social edificado sobre el hecho de que nadie se debe animar a perjudicarlos a ellos. Allí es donde tiene un papel muy importante el concepto de ofensa: la ofensa es el acto de desconsiderar ese honor, descreer de ese honor, y jaquear ese honor, y puede ocurrir de palabra, o con la simple decisión de animarse a perjudicar a esa persona.

Ante la ofensa, se pone en riesgo ese antiguo "honor social" en tanto han elegido a la víctima para atacarla, perjudicarla, desconsiderarla como persona, y ese honor social, según ese primitivo M.A.S. que sigue rigiendo algunos códigos de ambientes de poder y violencia, entonces se re-establece con la venganza. Porque la venganza es una humillación al ofensor que logra colocar las cosas en su lugar anterior, y reestablecer el honor tras haber recibido la ofensa.

Si el ofendido, no se venga, consiente la ofensa, y su prestigio social quedaría irremediablemente dañado en ese M.A.S. violento, confirmándose que es una decisión correcta ofenderlo a él, basurearlo, o perjudicarlo.

Y eso es precisamente la característica distintiva de este M.A.S. sangriento: el mundo se divide entre aquellas personas de segunda (sin honor) que se puede ofender, maltratar, y perjudicar, y aquellas otras personas que tienen honor, y que debes respetarlas, y que todos las respetan, porque, sino las respetas, puedes sufrir una consecuencia muy grave y ejemplificadora.

Este tipo de M.A.S. sangriento y de violencia se diluye con el avance de los derechos, el pensamiento sofisticado, la cultura, pero vuelve, de forma insistente, en lugares, en subculturas, donde rige el prestigio por la violencia.

La ley de la venganza es: tener honor social es que todos te respeten y que nadie se atreva a ofenderte, y, para eso, es necesario que sufran un escarmiento ejemplificador los que, alguna vez, se atrevieron a poner en duda que eres una persona valiosa, y que a ti hay que respetarte como se lo merece alguien de honor. Y la consecuencia de la ley de la venganza es que, si no te vengas, pierdes ese honor social, posiblemente otras personas se animen luego a ofenderte, y, además, pasarás a ser una persona menos respetada.

Por eso, dentro de este M.A.S., si también se ve reflejado en el M.A.P., la venganza es también una forma de restablecer un orgullo que se ve herido ante la ofensa, y la ofensa es también una de los tipos de la humillación.

En cambio el M.A.S. del honor sangriento retrocede cuando llega una sociedad regida por la ley. El castigo es la institucionalización de la humillación. A través del castigo basado en la ley, se humilla a los que victimizan, y de esa manera, junto con la Actitud Política -creadora de la cultura-, se restablece un M.A.S. donde hay hazañas morales y anti-hazañas morales, los violentos no tienen prestigio social, y la venganza privada no es necesaria, ya que es el mismo estado quien humilla a través de la ley y la violencia del castigo.

Aplicación práctica: Identificar este M.A.P. y M.A.S. de violencia y prestigio social de los violentos, para alejarse de esos ambientes, y salir del circuito de la violencia. Construir leyes sólidas, con castigos ejemplares, para que sea la ley quien humilla y no los poderosos.

14.10 El M.A.S. sangriento de los violentos y la Teoría de la Adaptación Homicida de David Buss. Asesinos de mujeres.

David Buss es un psicólogo e investigador que trabaja en la órbita de la Psicología Evolutiva (PE).

Todo la teoría nuestra entera M.A. puede encajar dentro de la P.E. Las hazañas y anti-hazañas quizá consisten en un mecanismo evolutivo darwinista, y entonces el M.A. puede entrar dentro de la PE y ser una hipótesis de la P.E., pero -sin embargo- tenemos diferencias con hipótesis puntuales de la PE que pretenden pautas de conducta cristalizadas y estáticas, mientras que, con el M.A., le damos más importancia a la influencia de la cultura, y la individualidad de cada persona, signada también por los valores absorvidos en su familia...siendo todo esto último mucho más cambiante. De todas maneras, la PE y el M.A. tienen buena relación, y, por ello, no es de extrañar que teorías como las de David Buss encuentren tanta coincidencia con las hipótesis de M.A.

David Buss, plantea dentro de la PE, una interesante teoría para conocer a los asesinos femicidas, que parece verse inscripta, como una rama, en esto que describimos como el M.A.S. sangriento de la venganza.

Es la Teoría de la Adaptación Homicida, también publicada en "Agression and Violent Behavior" (2011) ("Agresión y Conducta Violenta"), donde David Buss, en colaboración con Joshua Duntley, enlista una serie de posibles escenarios en los cuales una persona, aparentemente normal, puede recurrir a dar caza a un miembro de su propia especie como resolución eficaz a un conflicto dado. El argumento, en palabras de Buss, es simple: "en la fría y calculadora lógica de la evolución, a veces matar es ventajoso". (Buss D. , 2009).

La Teoría de la Adaptación Homicida, respalda la existencia de dos condiciones frecuentes bajo las cuales un hombre es propenso a recurrir al homicidio como estrategia evolutiva. La primera involucra la pérdida o amenaza de pérdida de una pareja sexual, y la segunda, el deterioro de su estatus social a raíz de una humillación pública. La pérdida o amenaza de pérdida de una pareja encierra tanto la infidelidad como el abandono definitivo, siendo este último el detonante más potente, ya que la infidelidad —explica Buss— puede ser vista por el hombre como un fracaso puntual, mientras que el abandono irremediable de la mujer supone el triunfo incuestionable del rival, la privación de un valioso recurso reproductivo y una grave ofensa a la reputación y al prestigio social.

"Explotable". Es el término que emplea Buss para describir el conjunto de cualidades que un hombre, por razones evolutivas, no está dispuesto a tolerar en su imagen pública (nosotros apuntamos: anti-hazañas que perjudican su prestigio social según el M.A.S.).

La traición y el abandono de un cónyuge, según Buss, flagelan directamente un status quo sin el cual pasa a ser visto como un organismo débil, susceptible de ser humillado por otros, y de baja estimación frente a parejas potenciales. Ante tales circunstancias, hay cabida para dos remedios: el hombre puede confrontar directamente a su rival y descartarlo por superioridad de fuerzas o recursos, recuperando a su pareja y reestableciendo la integridad de su prestigio, o bien puede, cuando esto no es factible, recurrir al exterminio de su rival, de la ex pareja causante de su humillación pública, o de ambos.

La lógica que describe Buss -lamentablemente apuntada

a los femicidios-, es retrato bastante aproximado de este M.A.S. del honor sangriento, y es un M.A.S. que suele ser muy importante, y retornar en su vigencia en los paisajes donde se ausenta el estado, donde se ausenta la ley, donde crece la impunidad, y donde los violentos son los respetados porque el poder es la violencia, y ellos deciden a quienes apuntar la humillación con la violencia.

La lógica de las hazañas y anti-hazañas está establecida sobre hechos, y sobre la humillación. Y si no hay una humillación que viene desde la ley, entonces los violentos, poco a poco, empiezan a ser prestigiosos, y admirados y a decidir ellos quienes serán humillados... y esta lógica imponerse dictaminando quienes serán los despreciados y desprestigiados.

Este M.A.S. del honor sangriento suele dar lugar a M.A.P. que incorporan sus valores. Y quienes tienen este M.A.P. se las reconoce por ser personas extremadamente vengativas: si la ofensa no es vengada, se ve como anti-hazaña que lastima el orgullo personal. No obstante, personas que tienen otro M.A.P. (otros valores personales) difícilmente entiendan que la violencia es una forma de dejar a salvo el prestigio, y en esto también es un problema de educación y de las pautas sociológicas de una sociedad, que dependen de la cultura (y aquí nuestra diferencia con Buss).

Además, la teoría de Buss es peligrosa porque parece, en sí misma, una especie de justificación en la biología, como darle una racionalidad -inclusive un prestigio- a hechos aberrantes. En una sociedad organizada, la humillación -que destruye el prestigio social y el orgullo, vindicando a la víctima ofendida-, proviene desde la ley, siendo que la ley, al ser igual con todos, evita estas diferencias de prestigio social basadas en la violencia: la violencia de la humillación proviene desde los castigos basados en leyes, en una sociedad organizada.

Para más información ver :
"The murderer next door: Why the mind is designed to kill"

David Buss. 2005

14. 11 Conclusiones.

En definitiva, todas estas dinámicas –desde la Asociación de Orgullos hasta el M.A.S. sangriento– revelan que el motor profundo de los grupos humanos sigue siendo el mismo: proteger y aumentar el orgullo, individual y colectivo. El poder, la humillación, el reconocimiento y las luchas sociales son, en última instancia, expresiones de esta búsqueda. Comprender estas fuerzas, como lo hace el M.A., no solo ayuda a explicar la historia y los conflictos actuales, sino que también permite diseñar estrategias para mitigar la violencia y construir entornos donde el prestigio social se vincule con hazañas morales y no con la fuerza bruta."

15- LOS TRES ESTADOS DE LA AUTOESTIMA.

Aunque en la realidad esto que describimos de forma tan tajante, como blancos y negros, se vea como un conjunto de grises, esta clasificación de la autoestima es útil para orientarnos. Se trata de una clasificación de los tres estados de la autoestima según cómo reacciona una autoestima a las hazañas y las anti-hazañas.

15.1 Autoestima Derrumbada.

Aquí la anti-hazaña o las anti-hazañas y humillaciones tumban la Autoestima de la persona, que se ve hundida en el auto-reproche, y el dolor. La voz de la auto-crítica se hace insoportable. Puede que la persona utilice una anti-hazaña para fusionarse con ella, y nombrarse a sí misma.

Por ejemplo, si cree que el pesar más de lo que dice la moda es anti-hazaña grave, se autodefine con ella y dice "yo soy una gorda". Puede caerse en este estado a resultado de una reciente anti-hazaña, como una ruptura en una pareja, un fracaso en un examen, un negocio que funcionó mal. O puede tratarse de un estado más permanente, que se siente definitivo porque perdura a través de los años. Es común además que la tristeza y el dolor de este estado paralicen, y quien lo sufre no tenga fuerzas ni entusiasmos para emprender el día a día.

15.2 Autoestima Vulnerable.

La persona se quiere a sí misma, y tiene una Autoestima, pero el problema es que la misma tiene una extrema fragilidad ante la llegada de las anti-hazañas. Todos tenemos algún grado de fragilidad a las anti-hazañas, pero algunos mucho más que otros. Denominamos Autoestima Vulnerable cuando se trata de una sensibilidad extrema. Y esto puede llevar a la persona emplear estrategias para protegerse de la anti-hazaña que pueden ser demasiado caras en términos de calidad de vida. La mayoría de las suaves locuras que estudiaremos se corresponden con estos intentos de proteger a una Autoestima Frágil.

Dentro de la Autoestima Vulnerable, puede encontrarse también a la Autoestima Sostenida.

Autoestima Sostenida:

La persona se quiere y aprecia pero su auto-aprecio se encuentra sostenido de una hazaña en particular –puede ser por ejemplo la belleza, el dinero, el poder, etc.-, y se la reconoce porque se siente mejor que el resto de las personas gracias a esa hazaña especial, y hace alarde de forma permanente de esa hazaña. Los casos de Anorexia, y Bulimia, son muchas veces casos de Autoestima Sostenida sobre la hazaña de la delgadez, y también sobre las hazañas de las dietas y ritos en búsqueda de esa delgadez. Cuando estos ritos y dietas, resultan exitosos al culminar en pérdida de peso, son hazañas también.

La Autoestima Sostenida produce intenso sufrimiento por perder la hazaña. Se genera una angustia fuerte por miedo a caer en Autoestima Derrumbada. De esta forma, la fragilidad es total porque si pierde la hazaña, pierde la Autoestima. También la Autoestima Sostenida puede sostenerse sobre una falsa imagen de superioridad o perfección que cuesta mantener, porque la vida acecha con errores por todas partes, y esto genera un permanente nerviosismo o fragilidad. La

Autoestima Sostenida, es una de las formas de Autoestima Vulnerable.

Muchas veces se pierde la autenticidad y se construye un personaje. Aquellos que tienen la Autoestima Sostenida de una gran hazaña hacen siempre "lo que se espera de ellos".

Por ejemplo, imaginemos una persona que tiene la hazaña del éxito y se identifica a sí mismo con el nombre de su hazaña y entonces se define como "un triunfador". Su Autoestima está sostenida de la hazaña del éxito y toda su personalidad la sostiene de eso, pierde su identidad, pierde su individualidad, pierde su autenticidad.

Muchas veces la persona que está mal -que su vida está deshecha- fabrica una imagen de sí misma falsa, practica la auto-admiración, y con esta suave locura se encierra en sí mismo, deja de ver la realidad, y deja de escuchar a todos los de su alrededor. Se emborracha de esta falsa imagen de superioridad y su constante mal humor lo lleva a despreciar a todos los que lo rodean. A veces es evidente que estuvo mal o que fracasó en algo, pero él no lo puede ver porque si lo ve corre el riesgo de que se destruya su propia imagen y su auto-respeto.

Procastinación:

Es típico síntoma de Autoestima Vulnerable. Se encuentra en "el soñador", un tipo de Autoestima Sostenida sobre hazañas futuras. Porque el soñador, cuando "hace", se encuentra con la realidad, y eso derriba la ilusión, de manera que trata de soñar sin hacer para experimentar y mantener la satisfacción que le otorga la hazaña soñada. Al intentar concretar el sueño, aparecen los obstáculos reales, las dificultades, y la posibilidad de diluirse esa ilusión. Por eso, el soñador es un tipo de Autoestima Sostenida sobre una hazaña futura que evita concretar. La procastinación y el perfeccionismo son dos caras de la misma moneda: el soñador se imagina la hazaña futura "perfecta" y para eso evita realizarla, porque, cuando se trata de "concretar", allí aparecen los errores, y eso es intolerable. Mejor es la imaginación de lo perfecto...aunque no suceda nunca.   Otro tipo de

Procastinación es la que da el vivir un presente inmediato de hazañas, y para eso evitar tareas que nos muestran como personas con menos hazañas: el sentimiento de vanidad se debe alimentar todo el tiempo, y por eso, solamente se hacen las cosas que proporcionan vanidad -como incluso juegos en internet donde se "gana", videojuegos etc-, y se dejan para más adelante las tareas más administrativas que, en sí mismas, no son hazañas y no suministran placer de vanidad. Se trata de evadir la responsabilidad principal a cualquier costa, porque esa responsabilidad es la que pone en conexión con la propia realidad, con la propia vida, una vida que se siente como una identidad estereotipada de anti-hazañas, o como una vida de anti-hazañas.

Adicción a personas:

No podemos negar que el Amor es importante en la vida, y hace bien. Sin embargo, pegado al Amor genuino, está, a veces, la etiqueta de la "hazaña", el Amor de una persona como trofeo personal. La Adicción a personas se da, sobre todo, como adicción a sentimientos favorables de esas personas. Sentimientos como "respeto", "reconocimiento", "amor", y "gustar" viniendo de alguna persona en especial, se convierten en adictivos. Y el adicto necesita esos sentimientos porque, de ellos, sostiene su Autoestima. Cuando esos sentimientos disminuyen, cae en Autoestima Derrumbada. La Adicción a personas (que es, en realidad, adicción a sentimientos de esas personas) se cuando hay Admiración hacia esas personas que genera idealización – por ejemplo Amor Romántico- o, cuanto menos, cuando se trata de personas que, por tener hazañas importantes, son prestigiosas o se ven como en una posición superior. El adicto a la personas vale cuando es "reconocido" y aprobado por esa persona, y deja de valer cuando es despreciado o rechazado, lo que genea una permanente angustia y deseo de aprobación. A veces, la adicción a la persona se produce tras un abandono, siendo el abandono la anti-hazaña que destruye la Autoestima, y la esperanza de que vuelva la "hazaña" que se busca para que se reconstruya, en una situación de dependencia.

15.3 Autoestima Fuerte.

No debe confundirse con Autoestima Invencible, porque todos tenemos alguna fragilidad a las circunstancias de la vida, y a la posible llegada de las anti-hazañas. Se describe como fuerte, por su fortaleza ante la llegada de las anti-hazañas, lo que se observa en conductas tales como el poder asumir un error propio, no temerle tanto a equivocarse, etc.

Se parece más a la Humildad, porque se aprecia a sí misma sin sostener ese aprecio de una imagen de superioridad ni de hazañas determinadas, lo que hace más fuerte a esa autoestima, mas inmune a la posible aparición de decisiones equivocadas, imperfecciones, vergüenzas, etc. y, por lo tanto, requiere mucho menos de estas estrategias.

Los ejercicios de auto-compasión, influidos por las tradiciones budistas, pueden ayudar en mucho a generar una Autoestima Fuerte.

APENDICE: "TODOS CONOCEN EL MAPA DE LA AUTOESTIMA".

En las narraciones antiguas y en las fábulas, a menudo aparece retratado un personaje importante: el sabio, el maestro. Casi siempre es una persona adulta, que pasó por muchas experiencias y que de ellas aprendió muchas cosas.

Me refiero especialmente al "sabio emocional". La sabiduría emocional es el cúmulo de conocimientos que tienen aquellas personas que están acostumbradas a prestarle atención a sus emociones, a las emociones de quienes los rodean, y pueden luego utilizar ese conocimiento en su beneficio.

Y bien, lo que quiero mostrarte en este Apéndice es que todas las personas conocen el Mapa de la Autoestima (M.A.), ya que las fuerzas que estudiamos son muy potentes y, de una u otra manera, todos han lidiado con ellas en distintos momentos de su vida. El grado en que cada uno conoce el M.A. varía de persona a persona y, por lo general, quienes son más observadores de sí mismos y de las emociones ajenas comprenden mejor el M.A

Te habrás topado con personas que "conocen" a la gente, que tienen empatía y un mayor auto-conocimiento. Te hablo, en suma, de quienes tienen sabiduría natural sobre las emociones. Al escucharlos hablar, al prestar atención a la forma en que estas personas empáticas hablan de sus relaciones y de sus sentimientos, podemos concluir que conocen "El Mapa de la Autoestima", porque, aun sin nombrar las cosas con nuestras palabras, pueden de todas maneras saber que están allí.

Lo importante es que el M.A. es universal: no solo lo conocen personas especiales con carisma o "don" en nuestro entorno, sino que, en todas las épocas y culturas, algún sabio emocional dejó testimonio de este conocimiento.

En este Apéndice haremos un breve repaso de algunas citas que demuestran conocimiento del "M.A." en la sabiduría que surge de todas las tradiciones, distintos maestros, distintas fábulas: el testimonio de que "conocían" esto y habían advertido, dentro del alma humana, las mismas fuerzas que estudiamos nosotros referidas al impacto de las hazañas y las anti-hazañas en las personas.

El Corán relata que, en cierta ocasión, Mahoma dijo:

-Nadie que tenga el peso de un átomo de orgullo en su corazón entrará en el paraíso.

Un hombre le preguntó:

- ¿Y qué hay acerca de un hombre al cual le gusta lucir sus ropas y su calzado?

El profeta entonces dijo:

-Al-lah, Glorificado sea, Es bello y Ama la belleza. El orgullo significa rechazar la verdad y menospreciar a la gente.

Este hombre había advertido que algunos hombres de su tiempo utilizaban la ropa como motivo de orgullo, como un objeto para hacer alarde, y para pavonear, es decir como lo que aquí hoy llamamos "hazaña".

Varios siglos después de aquella pregunta anónima a Mahoma, y al otro extremo del mundo, encontramos una interesante leyenda tradicional mexicana: la leyenda del murciélago.

El murciélago, relata el mito, una vez fue el ave más bella de la Creación. Al principio no era tal y como lo conocemos hoy y se llamaba biguidibela (biguidi = mariposa y bela = carne; el nombre venía a significar algo así como mariposa desnuda).

Un día frío subió al cielo y le pidió plumas al creador, como había visto en otros animales que volaban. Pero el creador no tenía plumas, así que le recomendó bajar de nuevo a la tierra y pedir una pluma a cada ave. Y así lo hizo el murciélago, eso sí, recurriendo solamente a las aves con plumas más vistosas y de más colores.

Cuando acabó su recorrido, el murciélago se había hecho con un gran número de plumas que envolvían su cuerpo. Consciente de su belleza, volaba y volaba mostrándola orgulloso a todos los pájaros, que paraban su vuelo para admirarle. Agitaba sus alas ahora emplumadas, aleteando feliz. Una vez, como un eco de su vuelo, creó el arco iris. Era todo belleza.

Pero era tanto su orgullo que la soberbia lo transformó en un ser cada vez más ofensivo para con las aves. Con su continuo pavoneo, hacía sentirse chiquitos a cuantos estaban a su lado, sin importar las cualidades que ellos tuvieran. Hasta al colibrí le reprochaba no llegar a ser dueño de una décima parte de su belleza.

Cuando el Creador vio que el murciélago no se contentaba con disfrutar de sus nuevas plumas, sino que las usaba para humillar a los demás, le pidió que subiera al cielo, donde también se pavoneó y aleteó feliz. Aleteó y aleteó mientras sus plumas se desprendían una a una, descubriéndose de nuevo desnudo como al principio.

Durante todo el día llovieron plumas del cielo. Desde entonces, el murciélago permanece desnudo, refugiado en cuevas y olvidando su vista para no recordar los colores que una vez tuvo y perdió.

Esta leyenda tradicional mexicana es muy rica en cuanto confirmar observaciones importantes que se ven desde *El Mapa de la Autoestima*. Probablemente fue creada por alguien que, sin llamarlo M.A., había llegado a conclusiones propias de esta teoría tras observar a su entorno y a sus propias emociones. Una persona que calificaríamos como "persona sabia", en cuanto conocedora de los sentimientos y, dentro de su sabiduría, estaba el conocimiento de las cosas que estudiamos. Es decir, una persona que había prestado atención a estas mismas emociones, como lo hizo también aquel observador que, siglos antes y en otro punto del planeta, le hizo la pregunta a Mahoma.

Desmenucemos la historia del murciélago. Primero, las plumas lindas y belleza fueron las "hazañas" de nuestro amigo el murciélago. Es interesante subrayar que, en principio, esas hazañas despertaron admiración y prestigio social en su portador. De hecho, los pájaros paraban su vuelo para admirarlo. Incluso tanto era su esplendor que creó el arco iris. Tenía entonces el murciélago prestigio social y recibía admiración de los demás animales gracias a "sus hazañas".

Más tarde, el murciélago realizó una conducta distintiva del efecto que provocan las hazañas: pavonear, hacer alarde. Las hazañas generan un placer interno que llamamos orgullo, ego, vanidad, y, para aumentar ese placer, la conducta típica y que distingue a las hazañas es las ganas de hacer alarde. Y así fue la conducta del murciélago. Pavoneó de sus plumas y de su belleza, pavoneó de sus hazañas, las presumió, las ostentó, delante de las otras aves que, entonces, se sintieron humilladas.

Vino la consecuencia o castigo, que culminó en la humillación del murciélago. La humillación y la soberbia son temas más complejos, pero esta leyenda revela un profundo conocimiento de lo que hoy llamamos "Mapa de la Autoestima". Su creador anónimo, sin nombrarlo así, había explorado los mismos mares del alma humana y observado las mismas fuerzas que aquí estudiamos.

El Bhagavad Gita, un libro religioso hinduista, escrito alrededor siglo III A.C., señalado por muchos como uno de los libros religiosos más importantes del mundo, sostiene la siguiente máxima:

"El hombre que abandona el orgullo de la posesión, libre del sentimiento del "yo" y de "lo mío", alcanza la paz suprema ".

Esta vez no es la ropa como hazaña, sino la posesión como

hazaña. Hoy vemos la riqueza como una hazaña muy vigente: más riquezas, más orgullo, más deseo de hacer alarde y más prestigio social. Muchos siglos después del antiguo y sagrado libro hindú, Erich Fromm escribiría el libro *"Del tener al ser"*. El psicólogo occidental también se preguntaría sobre estas personas que sostienen su ego sobre el "poseer", y lo peligroso que esto puede llegar a ser para su salud mental.

En el libro de los Hechos de los Apóstoles, se nos refiere sobre Simón el Mago.

Simón el mago practicaba la magia en Samaria y con ello asombraba a la gente, teniendo un gran renombre. Luego, intentó comprar los dones de los apóstoles, demostrando la importancia, superior al dinero, que tenían para Simón el Mago el tener dones milagrosos con los cuales deslumbrar a la gente. Desde entonces se habla del pecado de simonía.

Y también vemos la coincidencia con el "M.A". Las "hazañas" generan prestigio social y admiración, y eso era lo que lograba Simón el Mago y lo que a él le interesaba, incluso más que el dinero.

En uno de los textos del Canon Pali (el Canon Pali es una colección de textos que son fundacionales dentro del budismo, pasados a lenguaje escrito en el tercer concilio budista, alrededor del siglo III A.C.) se reporta un incidente de un comerciante de Rajagaha, quien adquirió un zoquete sándalo e hizo un bello tazón de madera de él. El comerciante desafió a cualquiera que reclamara posesión de un *iddhi*, a ir por él en la copa de un bambú muy alto; si lo conseguía, el tazón sería de él.

Varios acariciaron la idea, pero no fueron más allá de ello.

Finalmente, el venerable monje Bharadvaja se adelantó, y, alzándose en el aire, tomó el tazón, y fue tres veces alrededor del comerciante, el asombrado Rajagaha. Los aldeanos se quedaron extáticos, y empezaron a gritar y a correr detrás del monje. Para averiguar la causa de esta conducta fuera de lo normal, Buda llamó a reunión a los monjes. Cuando Bharadvaja declaró que él, ciertamente, había tomado el tazón mediante el uso de un *iddhi,* Buda le dijo a él en la asamblea de monjes:

-Esto es incorrecto, Bharadvaja, no es según las reglas, es inapropiado, indigno de un Samana... ¿Cómo puedes tú, Bharadvaja, por el amor a un miserable tazón de madera, exponer ante los legos la cualidad sobrehumana de tu facultad milagrosa de iddhi?.

Después de esta reprensión, Buda disertó sobre temas espirituales y luego volvió sobre el tema y le manifestó a la asamblea de monjes que ello era inapropiado, y le ordenó a Bharadvaja que rompiera en trizas el tazón.

Aquí, en este relato, vemos que la "hazaña" del monje Bharadvaja de elevarse en el aire y alcanzar el tazón, despertó sorpresa, prestigio social, y admiración en la multitud. Tras la hazaña, la gente empezó a gritar y a correr detrás del monje.

La palabra "iddhi", término budista asociado a poderes milagrosos y perfección, encaja perfectamente en lo que aquí llamamos "hazaña". Y esta antigua historia budista, al igual que la historia mexicana del murciélago, confirma la relación que hay entre la hazaña y la admiración. Los legos admiraron al monje por su hazaña, y corrieron detrás del ídolo, de igual modo en que las aves detenían su vuelo para admirar la belleza del murciélago cuando era bello.

Muchos siglos después de aquella historia ahincada en las raíces del budismo, existe una rama de la publicidad harto practicada y estudiada por los expertos: "la publicidad aspiracional".

El consumidor aspiracional adquiere productos asociados a personas que encarnan lo que él quiere ser o sueña con ser: símbolos de estatus social. La publicidad aspiracional presenta figuras con grandes "hazañas" —una supermodelo cuya belleza, juventud y delgadez son vistas como logros admirables, un deportista de élite, una persona de éxito— con la expectativa de que la admiración que despiertan impulse a la multitud a imitarlos, seguir sus pasos y consumir los mismos productos. Es, en esencia, el mismo mecanismo observado en la historia del monje que demostró su iddhi: la multitud, fascinada por su hazaña de elevarse hasta la copa del árbol para alcanzar el tazón, corrió detrás de él, movida por la misma admiración que hoy empuja a tantos a seguir a sus ídolos.

Dentro de las distintas tradiciones budistas, los maestros espirituales tienen un discurso ambiguo con respecto a los "iddhi". Por un lado, estos dones sobrenaturales se alcanzan gracias a la meditación, al avance espiritual, son un signo de elevación espiritual. Y, por el otro, son una prueba para el orgullo. El "iddhi" budista puede significar los poderes supranormales que pueden ser desarrollados mediante el reposo mental, tales como levitación, caminar sobre el agua, la clarividencia, el recuerdo de vidas pasadas, la habilidad de leer las mentes de otros, y la finalización de los flujos mentales.

En el análisis budista, solo el último de estos poderes es trascendente. La finalización de los flujos mentales, es el único "iddhi" necesario en el camino al despertar, pero todos ellos pueden suponer un peligro en tanto posibilidad de orgullo. De ahí que es interesante esta doble condición del "iddhi", su presencia puede demostrar un avance espiritual, pero si provoca ego, orgullo, vanidad, y lleva al yogui a hacer alarde, entonces puede ser una perdición, porque la arrogancia se considera una cadena que le impide seguir avanzando en el sendero espiritual, una peligrosa impureza que lo puede perder.

En suma: vemos la relación entre "las hazañas", y las emociones que producen: orgullo, admiración, y prestigio social. Es decir: distintas tradiciones, distintas épocas, veían lo mismo.

No conocían el Mapa de la Autoestima con este nombre, pero llegaban a las mismas conclusiones y realizaban observaciones similares. Y, aunque transitaban caminos distintos, encontraban las mismas formas en los paisajes interiores. Estas coincidencias muestran que, en última instancia, todos somos muy parecidos.

También podemos considerar un sermón sobre el orgullo que dio el cura de Ars, sacerdote católico del siglo XIX, canonizado, muy reconocido por sus biógrafos por la gran cantidad de horas diarias que destinaba al sacramento de la confesión. Dentro de la Iglesia Católica, se considera al Orgullo como uno de los peores pecados capitales, pero, a su vez, es interesante rescatar la agudeza que tienen algunas reflexiones de religiosos sobre la manera sigilosa en que el pecado de Orgullo opera.

Hablando del orgullo, dice el párroco francés:

"¿Se trata de una joven agraciada, o que tal cree ser? La veréis andar con un aire de afectación, con una vanidad cual de princesa. ¿Está bien provista de vestidos y adornos? Pues con el mayor disimulo dejará muchas veces su ropero abierto para que se enteren de ello los que frecuentan su casa.

Quién se enorgullece de su hogar y de sus bestias; Quién de saber confesarse, de saber orar bien, de presentarse con mayor modestia en el templo. Una madre se enorgullecerá de sus hijos; un labrador, de tener las tierras mejor cultivadas que otros a quienes critica y se envanecerá de su saber. Un joven petimetre lleva con ostentación una gran cadena en el chaleco; pero, si se le pregunta qué hora es, no puede decirlo porque no tiene reloj; otro, que lo lleva, a cada momento habla de si es tarde o temprano, para tener ocasión de lucirlo ante los demás".

Es interesante, de este fragmento del sermón, cómo el sacerdote vincula el orgullo a distintas hazañas, a muy distintas hazañas unas con otras. Y, además, muestra una de las típicas características que distinguen a lo que llamamos hazañas: el deseo de darlas a conocer, de exhibirlas, de hacer alarde.

Por ejemplo, el que considera su reloj una hazaña habla del tiempo a cada rato para tener la ocasión de lucirlo ante los demás, y la jovencita que considera sus adornos y vestidos una hazaña deja disimuladamente su ropero abierto, para que otros las puedan ver.

Luego, el sacerdote nos da una lección reveladora sobre lo que él piensa sobre el orgullo:

" Escuchadme un momento y lo vais a ver. Jesucristo nos presenta un ejemplo en el Evangelio, al hablarnos de aquel fariseo

que fue al templo a hacer su oración, permaneciendo de pie ante todo el mundo y diciendo en alta voz: «Os doy gracias, Señor, porque no soy cómo los demás lleno de pecados; empleo mi vida haciendo el bien y procurando agradaros». Aquí tenéis el verdadero carácter del orgulloso: en vez de dar gracias a Dios por haberse dignado servirse de él para el bien, mira a todo aquello como si procediese de sí propio y no de Dios. Entremos a examinar esto con más detención y veremos cómo casi nadie escapa a las redes del orgullo. Así los viejos como los jóvenes, así los pobres cómo los ricos, todos se alaban y glorían de lo que son y de lo que hicieron, o mejor, de lo que no son y de lo que no hicieron. Todos se aplauden y gustan de ser aplaudidos; todos corren de una parte a otra mendigando las alabanzas de los hombres, y cada uno trabaja por atraerse a los demás a su partido. Así pasa la vida la mayor parte de la gente.."

Lo interesante es que el fariseo también conocía "algo" sobre El Mapa de la Autoestima. Porque él especulaba que haciéndole saber a todos su hazaña (emplear su vida haciendo el bien y agradar a Dios), le iba a aumentar el prestigio social. Por ende, sabía que hay una relación entre las hazañas y el prestigio social. A lo seguido, denuncia el santo cómo muchos se alaban y se glorían de lo que son y de lo que hicieron (apuntamos: no es otra cosa que gloriarse de sus hazañas). Pero, además, este fragmento revela dos cualidades de las hazañas: por un lado quien las tiene pretende mendigar con ellas el aplauso y la alabanza de las gentes (las hazañas se usan para aumentar el prestigio social), y, por el otro, provocan por sí mismas una satisfacción, un placer -por el sólo hecho de exhibirlas, de presumir y de pavonear-.

Más adelante, en su mismo sermón, el cura denuncia el error técnico que tienen estas personas que exhiben sus hazañas para aumentar su prestigio social:

"Aquí hallaréis a un hombre que os llenará la cabeza dándoos cuenta de las herencias que le han tocado para hacer ostentación de la importancia de su fortuna. Toda su preocupación está en que le alaben y le tengan en mucho. ¿Se ha visto coronada por el éxito alguna empresa suya?, pues le falta

tiempo para darlo a conocer, a fin de hacer ostentación de su saber. ¿Ha dicho algo digno de aplauso?, no cesa ya de repetirlo a cuántos le quieren escuchar, hasta fastidiarlos y dar pie a que se burlen de su fatuidad. ¿Ha realizado, por Ventura, algún viaje? preparaos, pues, a oír cien veces sus narraciones, hinchadas y exageradas, hablando de lo que vio y de lo que no vio con tanta desaprensión que llega a inspirar lástima a los que le escuchan. Los pobres orgullosos piensan que de esta manera lograran ser tenidos por personas de talento, más lo que ocurre es que en la intimidad todo el mundo los desprecia. Ante las bravatas de cierta gente, una persona seria no sabe abstenerse de formular para sus adentros este o parecido juicio: ¡he Aquí un soberbio; el pobre piensa ser creído en todo cuanto afirma!"

El sacerdote denuncia que el método de exhibir nuestras propias hazañas para ser respetados y prestigiosos no funciona, sino que nos atrae el desprecio porque las gentes dicen "He aquí un soberbio".

Más adelante, el párroco francés profundiza esta reflexión sociológica acerca de la mala impresión que causa en la persona el pavonear y presumir de las propias hazañas:

"Mirad: no tenéis más que poner la mano y los ojos sobre la verdad para reconocerla. Una persona, es decir, un orgulloso, corre a mendigar las alabanzas de los hombres; ¡y veréis que apenas si es conocido en una parroquia! Mas aquel que hace cuanto puede para ocultarse, que se desprecia a sí mismo y se tiene en nada, hallareis que en veinte o cincuenta leguas a la redonda son elogiadas y conocidas sus buenas cualidades. En una palabra: su fama se esparce por las cuatro partes del mundo; cuanto más se oculta, más conocido es; mientras que cuanto más el otro quiere hacerse visible, más profundamente se hunde en las tinieblas, lo cual hace que nadie le conozca, y él mucho menos que los demás."

¿Qué es lo más interesante de esta reflexión? Que el cura denuncia que los orgullosos que él había visto conocían "El Mapa de la Autoestima", porque sabían la relación que hay entre las hazañas y el prestigio social (alabanzas de los hombres). Sin embargo, demuestra que él está un paso adelante sobre ellos en su conocimiento sobre el "M.A.": si bien es cierto -sabe el cura y lo saben los orgullosos que él denuncia- que las hazañas generan prestigio social, también es cierto que la misma conducta de presumir y alardear de las propias hazañas causa una pésima impresión, causa rechazo y hasta destruye el poder de las hazañas para generar prestigio.

Por ello, según el conocimiento del cura del M.A., se razona que las personas realmente prestigiosas, al mostrarse humildes, logran que sean los otros quienes hablen de sus hazañas, y de esa manera, sus hazañas cobran brillo, y estas personas humildes ganan el prestigio social. En cambio, los orgullosos, al hablar siempre de sus hazañas, al ostentarlas todo el tiempo, obtienen un rechazo de las demás personas, que los predispone a que sean odiados, y, como odiados, desmerecidos. Además, como las hazañas son señales, cuando una persona pavonea o presume de su hazaña demuestra que esa hazaña está por encima de lo que esa persona es.

En definitiva, el cura francés propone una tesis sociológica bastante ambiciosa. Si presumes de tus hazañas nadie hablará de ellas y serás despreciado, pero si te humillas y eres humilde, los otros serán los que hablarán y de esa manera esas mismas hazañas, fortalecidas por tu humildad, construirán tu prestigio social.

Es una reflexión muy profunda desde el punto de vista del "M.A." porque también está relacionado con la diferencia entre Envidia y Admiración frente a la hazaña ajena. La contemplación de la hazaña ajena rara vez es desinteresada. En el caso de la Admiración, usamos la hazaña ajena para darnos corte nosotros. Y, en el de la Envidia, resulta que esa hazaña nos lastima nuestro propio orgullo. Por eso, la reflexión del cura es importante porque demuestra cómo la reacción del otro puede ser distinta: si nuestra hazaña lo enaltece, la agrandará y hablará de ella, y si lo achica, la desdeñará y la despreciará.

Sin embargo, esto, apuntamos, puede no ser tan lineal. Sirve para demostrar que el cura había observado que sus contemporáneos conocían el "M.A." –en tanto sabían de la relación entre hazañas y prestigio social-, y que él, como persona sabia y observadora del alma, conocía aún mejor que ellos el "M.A." – en tanto sabía que si bien es cierto lo anterior, también es cierto que el orgulloso, al alardear de sus hazañas, consigue ser despreciado y olvidado-.

Ahora, veamos otra postura que parece bastante distinta al consejo del párroco francés. Nelson Mandela, en su discurso inagural como presidente de la república sudafricana dijo las siguientes palabras:

"Nuestro miedo más profundo no es creer que somos inadecuados.

Nuestro miedo más profundo es saber que somos poderosos más allá de la mesura.

Es nuestra Luz y no nuestra oscuridad lo que más nos asusta.

Nos preguntamos ¿Quién soy yo para sentirme brillante, atractivo, talentoso, fabuloso?

Pero en realidad ¿Quién soy yo para no serlo?

Yo soy un hijo de Dios.

El juego de ser o parecer insignificante no te sirve ni le sirve al mundo.

No hay nada de iluminación en hacerte pasar por menos, con el fin de que otras personas no se sientan inseguras.

Todos podemos brillar tal y como lo hacen los niños.

Todos nacimos para manifestar la Gloria de Dios que está en nuestro interior.

Esta Gloria no está dentro de unos cuantos, sino que está dentro de todos nosotros.

Y cuando permitimos que nuestra Luz brille, también le estamos dando la oportunidad a otras personas para hacer lo mismo.

A medida que nos vamos liberando de nuestros miedos, nuestra presencia libera a otros automáticamente."

Esto a primera vista parece contradecir las reflexiones psicológicas y sociológicas del párroco francés. Sin embargo, quizá las contradicen en tanto "consejo de vida", pero, desde el punto de vista del M.A., también ratifica que el gran líder sudafricano conocía muy pero muy bien de las fuerzas emocionales que aquí estudiamos.

Es muy reveladora la frase *"No hay nada de iluminación en hacerte pasar por menos con el fin de que las otras personas no se sientan inseguras"*.

En efecto, cuando las otras personas conocen nuestras hazañas, se sienten inseguras. De esto advertía justamente la fábula tradicional mexicana sobre el murciélago. Las aves, ante el aletear presuntuoso del murciélago que ostentaba sus bellas plumas, se sintieron humilladas por su menor belleza. Finalmente le fueron quitadas sus plumas.

A resultado de observar estas cosas, parece que existiera una técnica de pose de humildad para construir prestigio social. Parece que hubiera personas que esconden sus hazañas para evitar que sean envidiadas por las demás personas, o, incluso, como si fuera una especie de iluminación, o forma de ser superior a los demás.

Ahora bien…. Nosotros, aquí, estudiosos del "M.A." no podemos ignorar que, al referirnos a Mandela, hablamos de un líder carismático. Los líderes carismáticos, generalmente, conocen de manera sabia muchas de las emociones que estudiamos con el "M.A.", y las utilizan a su favor en todos sus discursos, y todos sus discursos pueden tener el anzuelo de su carisma, un anzuelo que desate dentro de nosotros la fuerza de la Admiración. Cuando muchas personas admiran al líder, ese líder se convierte en carismático.

Al estar asumiendo la presidencia, muestra una hazaña personal muy importante. Pero… ¿Qué hace con ella? La comparte: la corta en porciones como si fuera una pizza, y nos ofrece un pedazo. Porque dice que "todos" podemos brillar como los niños, y él es una persona que está brillando. Es una forma de decirte "esta hazaña puede ser tuya", o mejor aún, "siente como tuya mi hazaña", y es típica estrategia de líder carismático que usa sus propias hazañas para seducir a las masas, para generar tras de sí admiración. En el caso de

Mandela tiene la característica de ser de piel negra, y en el "Mapa de la Autoestima Social" de Sudáfrica, esta característica era gravísima anti-hazaña que quitaba todo orgullo y status social: cuando una persona que tiene esa característica que tienen muchos considerada anti-hazaña, está brillando al alcanzar el máximo honor de representar a todos los sudafricanos, y dice "todos podemos brillar", está dando un mensaje muy potente, muy fuerte, un clarísimo líder carismático que impacta cambiando *El Mapa de la Autoestima Social*" de su época, con toneladas de Admiración que lo apoyan, logrando cambiar los valores racistas. Además, el líder carismático puede usar sus propias anti-hazañas para generar carisma, pero esto sería motivo de mayores investigaciones y de otros libros.

Resulta muy poderosa la denuncia de Mandela sobre el hecho de "no brillar" para evitar que los demás se sientan inseguros. ¿Hay un miedo a mirar dentro de nosotros y descubrirnos grandes? Nos habla de un miedo muy peligroso que late en el fondo de nosotros: ser mediocres para que las demás personas no se enojen. Una vida entera tallada hacia el intento de agradar a personas que disfrutan al vernos fracasar.

Muchas personas se hallan inmersas en este tipo de manipulación. Cuando fracasan, cuando toman decisiones que los hunden, cuando dejan de esforzarse, reciben aceptación, complicidad y simpatía. Cuando se esfuerzan por hacer algo realmente grandioso, entonces son castigadas con ironía, críticas, y humillación. Por eso, debido al ambiente en que viven y a las personas que los rodean, se ven empujadas a llevar una vida de mediocridad, solo para no irritar a los demás.

Además, la envidia es más fuerte según el rol que se tiene. Hay quienes lograron que los demás acepten que ellos van a brillar y a destacarse, es su lugar. Y otros que, en cambio, deben relacionarse desde un lugar de inferioridad permanente no sea cosa de irritar a quienes, con Envidia de Satisfacción, disfrutan, se complacen, y se consuelan en verlos siempre debajo.

José Ingenieros en su libro "El hombre mediocre" sostiene: "*A su vez, el hombre mediocre entra en una lucha contra el idealismo por envidia, intenta opacar desesperadamente toda acción noble, porque sabe que su existencia depende de que el idealista nunca sea reconocido y de que no se ponga por encima de sí*".

Aquí también se reitera lo que había pasado con el murciélago, y también con lo que había señalado Nelson Mandela. Brillar puede irritar demasiado a quienes no solamente no brillan, sino que ya están resignados a no hacerlo nunca, y entonces adoptan una máscara de cinismo y escepticismo, con una fuerte envidia.

Dentro del sufismo (antiguas tradiciones místicas vinculadas al Islam), hay numerosas historias en fábula que ilustran la sabiduría de las emociones, y allí en muchas encontramos que ellos conocían las fuerzas que aquí reconocemos con el "M.A". Veamos el siguiente cuento sufí.

Un discípulo estudió durante varios meses con un maestro sufí.. Un día dijo:

- Maestro, usted es el hombre más grande en el mundo, y sin embargo relativamente desconocido. Siento que es mi deber viajar a través del mundo y contarle a la gente su grandeza. ¿Cómo puede ser que el hombre infinitamente perfeccionado permanezca desconocido?

El maestro dijo:

- Si yo dijese que soy el hombre infinitamente perfeccionado, o permitiese que alguien lo dijese sabrías que no soy tal hombre. Sentir que debes representar a tu maestro con el nombre más grande en la tierra es un signo de tu propia arrogancia.

Este cuento muestra, con mucha certeza, el mecanismo que describimos como Admiración, algo muy sutil y que sólo es posible advertirlo con un conocimiento muy elevado del "M.A."

Mientras que, con la Envidia, sufrimos la hazaña ajena, y, para dejar de sufrir, tendemos a desmerecer, ningunear, desvalorizar a quien envidiamos, con la Admiración, al contrario, se da un canal especial que permite que disfrutemos la hazaña ajena en nuestra propia Vanidad, y para aumentar ese disfrute, tendemos a sobre-estimar, engrandecer, hasta finalmente idealizar al otro. La Admiración es una fuerza emocional muy estudiada en el "M.A." porque es la base del carisma, es la que forma los líderes carismáticos, es la que hizo nacer los mitos, los héroes, las leyendas, es la que origina el Amor Romántico –una de las formas más intensas de Admiración- y es muy importante considerarla para todo orador, para todo líder, y para toda persona si practica la creación de personajes y el ejercicio de la Auto-admiración.

El maestro sufí demuestra conocimiento de los patrones que desencadenan la Admiración, y eso es un conocimiento avanzado del "M.A."

Veamos su sabiduría. Como él ocupaba, dentro del mundo de su discípulo, el lugar de "Su" maestro, entonces, cuanto más valioso era el maestro, más valioso podía sentirse el discípulo. Al decir "yo represento al hombre más grande de la tierra", el discípulo se pavoneaba, pues parte del mérito recaía en él por ser "su" maestro y "su" representado. Y, por lo tanto, el discípulo engrandece al maestro, lo eleva, lo idealiza, como forma de disfrutar su propia vanidad... es la arrogancia del discípulo lo que impulsa, y da fuerza a esta idealización, y este mecanismo es el que se da siempre en la fuerza emocional de la Admiración cuando genera las idealizaciones, porque la hazaña ajena produce Admiración cuando nos sirve para engrandecer el ego propio.

En conclusión, desde distintas épocas, distintas miradas, diferentes culturas, muy diferentes puntos geográficos en el mapa del mundo, todos muestran algún grado de conocimiento de lo que aquí estudiamos como "*El Mapa de la Autoestima*". Y eso es lo que conduce a la conclusión de que las fuerzas emocionales que estudiamos con el M.A. son universales.

Si te gustó este libro, por favor deja un comentario donde lo adquiriste. Me ayudarás a difundirlo. ¡ Gracias!

BOOKS BY THIS AUTHOR

Surfers De Mar Del Plata

Es una novela negra psicológica que explora distintas facetas en los personajes, tanto como la psicosis, la paranoia, el crimen, la psicología de grupos anarquistas, entre otras.

Un Viaje De Surf

Es una historia de amor y que está relacionada con la intuición y -particularmente- con la psicología mística de Jung.